AF531915

KNUT DIERS

Mörderisches Emsland

ENGELSTROMPETEN UND HORNISSENGIFT Der angesehene Anwalt Dr. Ludwig Meyerbeer wird an der verlassenen »Alten Dorfstelle Wahn« zwischen Lathen und Sögel tot aufgefunden. Seit 1877 werden dort Waffen getestet. Waren hier vielleicht Waffenhändler aktiv? Oder hat der Mord doch mit einer heimlichen Geliebten zu tun – immerhin war die Leiche nackt? Ein schwerer Fall für das Ermittlerteam aus der 39 Jahre alten Jana Kuhlmann und dem 58-jährigen Jan-Hinnerk Eilers. Beide stammen aus dem Emsland und sind bestens vor Ort verdrahtet. Leider fällt es Eilers immer noch schwer, die junge Frau als seine Vorgesetzte zu akzeptieren. Doch schon liegen die nächsten Fälle auf dem Tisch: Ein toter Mann, an einen Pfahl gebunden, treibt auf der Ems, eine Frau mit Totenmaske aus dem indonesischen Batakhaus in Werpeloh liegt vergiftet im Steinkreis, und der Meppener Chef des Bauamts verunglückt tödlich am Kraftwerk.

Knut Diers, Jahrgang 1959, liebt das Emsland über alles. Als studierter Geograf, ausgebildeter Redakteur und Autor radelt er am liebsten durch die grandiose Landschaft rechts und links der Ems. Es sind die Menschen, die ihm hier ans Herz gewachsen sind. Hautnah, faktenreich und höchst originell spürt er die Kriminalfälle auf und beschreibt sie mitfühlend und spannend.

KNUT DIERS

Mörderisches Emsland

11 KRIMIS UND 125 FREIZEITTIPPS

GMEINER

Bei Fragen zur Produktsicherheit gemäß der Verordnung über die allgemeine Produktsicherheit (GPSR) wenden Sie sich bitte an den Verlag.

Immer informiert

Spannung pur – mit unserem Newsletter informieren wir Sie regelmäßig über Wissenswertes aus unserer Bücherwelt.

Gefällt mir!

Facebook: @Gmeiner.Verlag
Instagram: @gmeinerverlag

Besuchen Sie uns im Internet:
www.gmeiner-verlag.de

Im Ehnried 5, 88605 Meßkirch
Telefon 07575/2095-0
info@gmeiner-verlag.de

7. Auflage 2026

Lektorat: Claudia Senghaas, Kirchardt
Satz: Mirjam Hecht
Karte auf Seite 8: © Julia Franze
Umschlaggestaltung: U.O.R.G. Lutz Eberle, Stuttgart
unter Verwendung eines Fotos von: © Angelika Bentin / Fotolia.com
Druck: Custom Printing Warschau
Printed in Poland
ISBN 978-3-8392-2060-3

INHALT

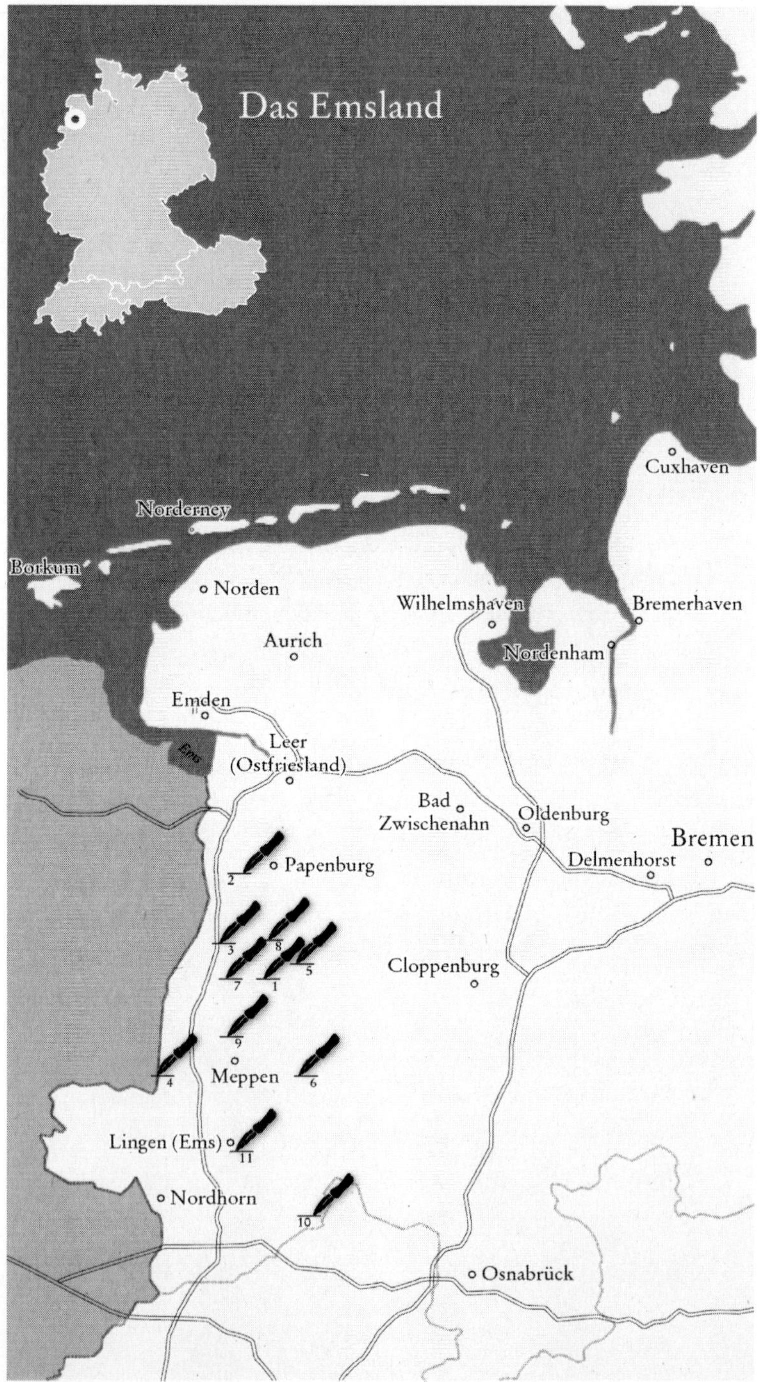
Das Emsland
Cuxhaven
Norderney
Borkum
Norden
Wilhelmshaven
Bremerhaven
Aurich
Nordenham
Emden
Ems
Leer
(Ostfriesland)
Bad
Zwischenahn
Oldenburg
Bremen
Papenburg
Delmenhorst
2
3
8
5
7
1
Cloppenburg
9
4
Meppen
6
Lingen (Ems)
11
Nordhorn
10
Osnabrück

1. DER NACKTE WAHN

WO EIN DORF DEM WAFFENTESTGELÄNDE WICH, ENTLÄDT SICH MÖRDERISCHE ENERGIE

Der Tote liegt im Gebüsch. Laub bedeckt den Körper. Es sind nur ein paar Schritte bis zur viel befahrenen Straße von Lathen nach Sögel, doch wer soll ihn hier finden? Besucher vielleicht, die zur Alten Dorfstelle Wahn 1 kommen und sich die Reste des Ortes und die Informationstafeln ansehen. Es ist Frühling. Die ersten grünen Knospen sind an den Zweigen zu sehen, während unten noch das herbstliche Laub den Boden weitgehend bedeckt. Dr. Ludwig Meyerbeer aus Lingen ist erst vor zwei Tagen hier in seinem Laubbett sorgfältig abgelegt worden, und niemand hat ihn bislang entdeckt.

Reinhard Püngel, Nachfahre einer alteingesessenen Wahner Familie, schlendert mit seinem österreichischen Gast Jo Barnsen durch das Waldgebiet Wahn und erzählt. »Wo gibt es das sonst auf der Welt? Ein ganzes Dorf stand in der Schusslinie des Militärs: Wahn heißt es, und das war hier«, regt Püngel sich auf. »Einst wohnten hier 1000 Menschen. Das Dorf im Hümmling existierte schon um das Jahr 1000. Meine Familie ist schon im Viehschätzungsregister von 1545 erwähnt. Wir hatten vier Pferde, sechs Kühe, vier Ochsen und 120 Schafe. Von der Schafherde auf Püngels Feld gibt es sogar ein berühmtes Bild. Das Ende unseres schönen Dorfes begann, als die Firma Krupp 1877 bei Meppen einen Schießplatz baute. Die Kaiserliche Marine testete großkalibrige Schiffsgeschütze«, doziert Püngel weiter. »Im Ersten Weltkrieg kam die ›Dicke Bertha‹ hier zum Einsatz. Das war ein Mörser mit 42 Zentimeter Kaliber, verstehen Sie?«, fragt Reinhard Püngel seinen Gast und hält ihm zwei gespreizte Hände vor die Augen. Das soll den Durchmesser veranschaulichen. »Wenn so ein Ding losknallt, werden Sie wahnsinnig! Wahn, wie gesagt, was passierte, war wahnsinnig.«

Der Tourist starrt auf den beschämenden Rest eines Bodenmosaiks der St. Antoniuskirche **2**, die hier einmal stand. Jo Barnsen schweigt weiter. Ein seltsamer Typ, denkt Püngel, warum sagt er nichts? Er kennt ihn erst seit einer Stunde, als sein Nachbar Winfried ihn fragte, ob er seinem Gast aus Klagenfurt mal ein bisschen die Gegend zeigen könne. Gesagt hat Jo Barnsen seitdem nur »Guten Morgen« und öfter »Danke, iss scho' recht«. Aber Püngel ist so ergriffen von Wahn, diesem einstigen Dorf seiner Vorfahren, dass er fast ohne Pause weiter erzählt. Sie stehen vor den Resten der Kirche. »Sie wurde 1744 im Dorf gebaut und ersetzte eine noch ältere. Der Dom des ›Hümmling‹, wie sie ihn nannten, hatte einen hübschen Zwiebelturm mit großer Uhr, aber er fiel dann 1942«, beschreibt er genau das Ende von Wahn. »Abgerissen haben sie die Höfe, selbst diese Kirche haben sie nicht im Dorf meiner Großeltern gelassen, alles wurde systematisch zerstört«, erzürnt sich Reinhard Püngel, der sich wie andere Nachfahren meist einmal im Jahr hier trifft. Das Wahner Treffen **3** am dritten Sonntag im Juni dient dem Gedenken an das ehemalige Dorf. Püngel zitiert sogar aus der Abschiedspredigt des Pfarrers Bernardus Reckers, der von 1919 bis 1942 als letzter Pfarrer in Wahn lebte. »Was nützt es dem Menschen, wenn er die ganze Welt gewinnt, aber Schaden leidet an seiner Seele«, hatte Reckers gemahnt. »Mein Großvater Johann Theodor Püngel und seine Frau Anna wohnten mit ihren sechs Kindern in Wahn«, erzählt Püngel weiter. »1941 siedelten alle nach Belm, das ist eines der 67 Dörfer, auf die die Bewohner damals aufgeteilt wurden, einige zogen sogar bis nach Mecklenburg um.« Die letzten Familien verließen im März 1943 den Ort – für immer.

Sie gehen den Rundweg ab und besehen sich die ehemalige Hofstelle Nummer 64, wo die Püngels wohnten. »Ein ganzes Dorf wich vor und im Zweiten Weltkrieg dem Druck der eigenen Kanonen, auch heute wird hier fast täglich geschossen, hören Sie das?« Der Gast schweigt weiter und staunt, reißt seine Augen auf. »Da hinten auf der Wiese stehen 22 alte Panzer«, erläutert der Abkömmling einer Wahner Familie seinem stummen Besucher, »aber das wissen nur wenige.«

Püngel spricht wie vom Tonband. »Während der Schießübungen der Wehrtechnischen Dienststelle für Waffen und Munition 91 in Meppen muss sogar die Straße gesperrt werden. Die Autos halten an der Ampel, an der dann die Wartezeit angezeigt wird. Bis zu 60 Minuten kann das dauern. Wo gibt es das denn sonst auf der Welt?«, fragt der 55-Jährige scheinbar ins Leere, denn sein Gegenüber wirkt abwesend. Sie gehen weiter durch die alte Dorfstelle und nähern sich wieder der Straße Lathen – Sögel. Ganz in der Nähe steht das Auto, mit dem die beiden gekommen sind. Es raschelt unter den Bäumen. »Wahrscheinlich sind Mäuse unterwegs«, sagt Reinhard Püngel und schaut flüchtig hin, dann bleibt sein Blick jedoch hängen. »Wahnsinn«, schreit er plötzlich, »da, sehen Sie das auch? Eine Hand!«

Püngel fegt mit der Rückseite seiner rechten Hand das Laub zur Seite. Der nackte Oberkörper eines Menschen kommt zum Vorschein; die Augen sind geschlossen, der Mund ist verzogen. Äußerlich sind keine Wunden zu erkennen. »Ich glaube, der ist tot«, sagt Püngel und alarmiert mit seinem Handy die Polizei. Bei der Kripo in Lingen ist Jan-Hinnerk Eilers am Telefon. Der Kommissar fährt sofort zum Fundort der Leiche.

»Jan-Hinnerk Eilers, Kripo Lingen. Mein Kollege sagt, Sie haben uns benachrichtigt, kennen wir uns nicht von den jährlichen Wahn-Treffen? Mein Großvater hat hier bis 1940 gelebt und ist dann nach Haselünne umgesiedelt worden«, sagt der 58-Jährige zu Püngel. »Kann gut sein«, meint der nur. »Den Toten kenne ich, das ist Dr. Meyerbeer, ein Lingener Anwalt«, sagt Eilers und vernimmt die beiden Zeugen, doch das allein wirft mehr Fragen auf, als es beantwortet.

»Herr Püngel, Sie haben mir ja schon geschildert, wie es am Fundort aussah, aber wie erklären Sie sich, dass der Tote nackt war?« Eilers liebt die direkte Frage. Er ist hier im Emsland groß geworden, beruflich bei der Polizei. Das verdankt er zum großen Teil seinem engmaschigen Netz aus Kontakten zu Bauern, Bauunternehmern und Banausen. Was ihn nur ärgert, ist seine junge Kollegin Jana Kuhlmann und die Tatsache, dass sie seit einem Jahr seine Vorgesetzte ist.

Diese 39-jährige Göre, denkt er dann. Aber insgeheim gibt er zu: Gut ist die ja, aber ich wäre halt dran gewesen! Doch jetzt zeige ich der mal, was ich so drauf habe.«

Im Bericht der Rechtsmedizin ist als Todesursache ein gezielter Rückenschuss ins Herz genannt, andere äußere Verletzungen hat der Tote nicht. Es gab offenbar keinen Kampf, sondern einen schnellen Tod. Eilers zeigt Püngel die Fotos von Dr. Meyerbeer, den er von einer Gerichtsverhandlung her kennt. Da hat er mal eine ganze Blattsammlung vom Tisch geniest, erinnert sich Eilers, der nun als Ermittlungsführer die ins Leben gerufene Mordkommission »Nackter Wahn« leitet. Warum war er nackt?, fragt Eilers sich.

Während Püngel bereitwillig Auskunft gibt, bleibt der Österreicher sehr wortkarg und hinterlässt einen seltsamen Eindruck bei Eilers. »Herr Barnsen, Sie haben mir ja schon erzählt, dass Sie aus Österreich zu Besuch sind und bei Ihrem Freund Winfried Wennemer wohnen, Sie sind 44 Jahre alt, ledig, arbeitslos und wollten mal die Gegend kennenlernen. Dazu hat Ihr Freund Sie an Herrn Püngel vermittelt, mit dem Sie zuerst Wahn besuchten. Sie haben dann den Toten zuerst gesehen, oder?«

Jo Barnsen verzieht das Gesicht zu einer Grimasse, rümpft die Nase, dann mündet der Ausdruck in ein breites Grinsen. »Nein, erst hat ihn Herr Püngel gesehen, dann ich, aber ich sah sofort, der ist tot. Die Augen zu, der Kopf zur Seite, tot, dachte ich da«, gibt der Österreicher zu Protokoll. Barnsen grinst wieder.

Eilers weiter: »War es Ihr Wunsch, sich Wahn anzusehen, das Dorf, das es nicht mehr gibt, oder wer hatte die Idee dazu?« Barnsen schaut kurz zur Zimmerdecke hinauf und sagt dann: »Meine Idee, ich wollte sehen, wo die schießen. Finde ich toll.« Eilers wird hellhörig und fragt:

»Schießen Sie denn selbst auch, Herr Barnsen, im Schützenverein vielleicht?« »Na«, antwortet der nur.

Eilers belässt es dabei, denn er vermutet eine leichte geistige Eintrübung seines Gesprächspartners. Doch die Erfahrung aus der Vielzahl seiner Fälle sagt ihm: Wer weiß, vielleicht nur gespielt. Vorsichtshalber lässt er prüfen, ob der Klagenfurter in Österreich auffällig geworden ist. Ebenso lässt Kommissar Eilers sich die aktuellen zehn größten Fälle des ermordeten Anwalts und Notars aus Lingen schildern.

In der Sozietät Dr. Meyerbeer ist man am Telefon zunächst zurückhaltend. Doch als Eilers sich dort extra mit einem Polizeiauto vorbei bringen lässt, wird die Vorzimmerdame Julia Behrens doch gesprächig.

»Nein, kein Aufsehen, wir liefern Ihnen, was Sie möchten«, sagt sie rasch. Der Kommissar hat Zeit. »Wir gehen mal ins Nebenzimmer, und Sie schildern mir die Mandanten und deren Umgangsformen etwas genauer bitte«, besteht er auf einer längeren Unterredung. Die 29-jährige Rechtsanwaltsfachangestellte legt den inneren Schalter um. Nach einer halben Stunde hat Eilers erfahren: Dr. Meyerbeer hat eine von ihm getrennt lebende Frau, zwei erwachsene Kinder, die sich schon seit ein paar Jahren in den USA aufhalten. Er wohnte in einem Anwesen nahe der Hümmlinger Kreisbahn [4] in Werlte und wollte sich noch dieses Jahr zur Ruhe setzen. Seine letzten Mandanten waren zwei Nachbarn aus Sögel-Bögel, die Land am Wacholderhain und Schafstall haben. Dort soll eine Umgehungsstraße gebaut werden. Er hat sie gerichtlich vertreten. Dr. Meyerbeer war aber auch Unterstützer der Heimatforschung. Die Straße der Megalithkultur [5] hatte es ihm angetan. Das Königsgrab in Groß Berßen [6] wollte er näher untersuchen lassen und hatte dazu verschiedene Anträge beim Land gestellt, was ihm aber immer wieder abgelehnt wurde. Dann gab es da zwei Waffenhändler aus dem Libanon. Das lässt sich Eilers dann doch genauer erklären. »Die waren zweimal hier, kamen immer piekfein gekleidet, braun gebrannt und ein Parfum, mein lieber Scholli, das hat mich umgehauen, ich wollte gleich wissen, wie das heißt. Beide sprachen kaum Deutsch, aber ein tadelloses Englisch, lieber Mann, die hatten schwarze Lederkoffer …«, schildert Julia Behrens begeistert.

Eilers hebt die linke Hand und den Unterarm und entgegnet: »Moment, da brauche ich die Akte, und was wollten die genau, die haben doch nicht als Beruf ›Waffenhändler‹ angegeben?« Die Rechtsanwaltsgehilfin gewinnt langsam Vertrauen: »Nein, die wollten, dass Dr. Meyerbeer sie begleitet, wenn sie die 500.000 Euro, offenbar Bestechungsgeld, das sie in ihren Koffern trugen, an Herrn Winfried Wennemer übergeben. Das lehnte unser Anwalt natürlich ab, denn uns war klar, dass da etwas gekungelt wurde. Es ging um neu erprobte Waffen, die hier auf der Wehrtechnischen Dienststelle für Waffen und Munition 91 in Meppen, kennen Sie doch, getestet wurden. Herr Wennemer sollte eine der beiden Haubitzen, die erprobt wurden, an die Libanesen liefern. Dafür sollte er die halbe Million als Anzahlung bekommen, später eine ganze noch obendrauf.«

Eilers ist einigermaßen geschockt. Erst dieser Name – Winfried Wennemer. »Das war doch der, der seinen österreichischen Freund an Reinhard Püngel vermittelte, und der unbedingt Wahn sehen wollte und Waffen toll findet«, sinniert er. Dass dann außerdem ein ehrwürdiger Anwalt aus Meppen auch nur in die Nähe eines solchen Milieus gerät, hatte Eilers nicht vermutet. Und dass die Vorzimmerdame derart genau darüber Bescheid weiß, ist ihm auch fast unheimlich. »Hat Dr. Meyerbeer denn abgelehnt, oder hat er die ganze Sache verzögert, oder wollte er gar zu uns damit kommen – was meinen Sie, Frau Behrens?«

»Er weihte mich sofort ein, denn es war ihm unheimlich, ich hörte alles über die Mikrofonanlage in seinem Zimmer mit und zeichnete es sogar auf«, plaudert die Gehilfin drauflos. »Ich glaube, er wollte zum Schein auf das Ganze eingehen, Beweise sichern und dann die Polizei einschalten.« Eilers empört sich: »Damit dürfen Sie doch nicht so lange warten, um Himmels willen! Sie sehen doch, das mündete in einen gezielten Rückenschuss. Mensch, Frau Behrens, warum haben Sie nicht sofort angerufen?« »Weil Dr. Meyerbeer, mein Chef, es nicht wollte, glauben Sie mir, er wollte noch ein paar Tage warten, bis es Beweise gegeben hätte, denn die Dokumente sollten über ihn laufen. Wennemer musste unterschreiben, eine Art Vertrag war das, den hatten die beiden mitgebracht.«

Der Kommissar fährt wieder in die Dienststelle. Er muss das Bundeskriminalamt einschalten, die Personalien der beiden Libanesen prüfen lassen, er will aber auch die anderen Spuren mit den übrigen Mandaten mal durchgehen. Doch alles das wird jäh unterbrochen. Helga, seine Frau, ruft an.

»Du Jan, unser Struppi, der hat das ganze Sofa vollgekotzt, hier muss Gift herumliegen, komm bitte, da muss ermittelt werden«, herrscht Helga Eilers ihren Mann an. »Natürlich, meine Perle, ich komme vorbei, ist ja auch schon weit nach Dienstschluss, bis gleich.« Herrchen als Autorität bei dem Mischling – so hatte sich das Ehepaar Eilers das vorgestellt. Doch auch wenn der Kriminalkommissar klare Ansagen gewohnt ist, hier führt ein Jaulen zum Herzerweichen des Ermittlers und seiner Frau Helga. Was der zwölf Jahre alte Struppi Ungesundes gefressen hat, ist nicht mehr zu ermitteln, von Gift gibt es jedenfalls keine Spur.

Am nächsten Morgen wird der Ermittlungsführer im Fall »Nackter Wahn« von seiner Kollegin Jana Kuhlmann fröhlich begrüßt. »Na, wie war der Urlaub auf Malle?«, fragt er sie im Gegenzug, »ist denn schon Mandelblüte?«

Die Kriminaloberkommissarin lächelt und erwidert: »Bei uns blühte das Familienleben, alles bestens, und bei euch? Du hast den ›Nackten Wahn‹ ins Leben gerufen, da kennst du dich ja aus, in Wahn meine ich.«

Jan-Hinnerk nickt stumm und stöhnt: »Läuft alles auf einen dubiosen Waffenschieber hinaus, einen Herrn Wennemer und seinen möglichen Komplizen, diesen Österreicher, der so stumm und unwissend tut, Typ geistiger Tiefflieger. Ich bin mittendrin, aber ich denke, in ein paar Tagen haben wir das gelöst.«

Jana Kuhlmann ist erstaunt: »So schnell kannst du das aufklären? Respekt! Übrigens kommen auch meine Vorfahren aus diesem Dorf Wahn. Ein Onkel hieß Bernhard Kuhlmann und siedelte in den Jägerhof kurz vor Sögel um, das kennst du, da ist die Indoorschießanlage **7**.« »Ach wirklich?«, fragt Eilers. »Dann haben unsere Vorfahren sicher zusammen Schweine in Wahn gehütet«, fügt er fröhlich grinsend hinzu.

Jana denkt sich: Vertrauen in Eilers ist gut, seine Kontrolle besser, und zieht sich in ihr Büro zurück, um sich die Akten zum »Nackten Wahn« mal am Bildschirm durchzulesen. Sie möchte als Chefermittlerin im Emsland schon wissen, was in diesem Fall so vor sich geht. Schließlich ist sie Eilers' Vorgesetzte, überlässt ihm aber weiterhin die Führung bei den Ermittlungen. Auch Dr. Ludwig Meyerbeer ist für sie eine bekannte Lingener Größe gewesen. Sie grübelt etwas über seine vielfältigen Verbindungen nach. Da platzt Susanne herein.

»Na, wieder zurück von Mallorca? Ist doch besser als sein Ruf, oder? Ich war mit meiner Freundin auch mal da, weißt du noch, damals hatten wir diesen irren Wanderführer vom Kloster Lluc aus?« Jana blickt stumm auf. »Moin, Susanne, ja, ich erinnere mich, davon hast du erzählt, und wie läuft es bei dir, wir müssen uns mal zum Tee verabreden, unbedingt«, meint die Kommissarin zu ihrer einstigen Schulfreundin. Sie ist wie sie 39 Jahre alt, wohnt in Lingen, ist neugierig und patent und arbeitet als Raumpflegerin in der Polizeiinspektion Emsland/Grafschaft Bentheim, wie das Kommissariat offiziell heißt. Ihr enger Kontakt hat sich mehr oder weniger über die Jahre gehalten. »Hast du das mit dem Meyerbeer schon gehört?«, fragt Susanne etwas ziellos, »das ist ja Stadtgespräch, der war nackt. Die Leute hier sagen, der hatte bestimmt eine Geliebte, lebte ja getrennt von seiner Frau. Mit 66 Jahren, da fängt das Leben an, kennst du doch, von Udo, naja, ihr werdet das schon alles herausfinden …«

Jana lächelt nur und macht mit ihr noch rasch einen Termin für diesen Freitag aus. »Wir sehen uns in der ›Alten Posthalterei‹ am Markt, große Freude«, ruft sie Susanne zu. Einen Tag später hat Eilers weitere Details parat, die er Jana mitteilt. »Wir haben jetzt Unterlagen vom Bundeskriminalamt über die beiden Libanesen, und ich werde sofort beim Staatsanwalt beantragen, diesen Wennemer unter dringendem Tatverdacht festzunehmen, der hat sich bei seiner Zeugenvernehmung gestern Abend ja sehr in Widersprüche verstrickt. Im Moment sieht alles danach aus, dass dieser Österreicher in seinem Auftrag handelte, also Dr. Meyerbeer erschoss. Er gab ja an, nie eine Waffe in der Hand gehabt zu haben, dabei ist er Sportschütze in Klagenfurt, wie ich gerade erfahren habe. Ich wollte dich nur informieren«, erzählt der Kommissar etwas gedehnt.

Jana ist überrascht und meint nur: »Die Emsländer schießen wohl schnell, aber hast du da ausreichend Gründe für die Festnahme, ich meine, das erregt ja Aufsehen, und den ganzen Bereich Bundesamt für Ausrüstung, Informationstechnik und Nutzung der Bundeswehr, zu dem das Testgelände gehört und die für die getesteten Waffen zuständig sind, hast du doch noch gar nicht überprüft, oder?«

»Läuft alles parallel bei mir, weißt du doch, ich bin doch nicht blöd«, erwidert Eilers und geht in sein Büro zurück. Janas Kollege Eilers knöpft sich tatsächlich diesen Winfried Wennemer vor. Den vorläufigen Haftbefehl hat er allerdings nicht beantragt. Er vernimmt ihn nochmals als Verdächtigten. Derweil ist Jana mit Susanne Koop verabredet, ihrer Freundin aus alten Schultagen. »Mensch, du siehst aber gut aus«, schwärmt Jana, »bist du neu verliebt?«

Susanne steht weniger auf Männer, sondern hat schon

mehrere Liebschaften mit Frauen hinter sich. »Ne, ich suche noch, war aber gerade mal wieder bei netten Frauen in Osnabrück, das peppt mich immer auf«, plaudert sie drauflos. »Die Szene in Hannover ist auch ganz gut«, versichert Jana, »ich hatte damals Kontakt zu einigen lesbischen Frauen, ich habe nächste Woche eine Besprechung zu einem explosiven Thema in Hannover und wollte eine Nacht privat dranhängen. Hast du nicht Lust mitzukommen?«

Nach ihrer Polizeiausbildung in Hannover arbeitete Jana in der Landeshauptstadt ein paar Jahre bei der Kripo, aber sie wollte schon immer in ihre alte Heimat zurück. Ihre Eltern wohnen in Papenburg, und die beiden Kinder Birte, neun Jahre, und Ole, sechs Jahre, sollten Oma und Opa doch öfter mal sehen. Ihr Mann Jörn, der sein Informatik-Studium abgebrochen hatte, kümmert sich um die Kinder und gestaltet nebenbei Internet-Seiten. Doch zurück nach Papenburg wollte sie nicht. Lieber Lingener Luft genießen, dachte sie sich, da leben wir freier. »Und das studentische Umfeld, da fühlt sich meine Stadtkindseele ein bisschen zu Hause«, hatte ihr Mann sie bestärkt. Jörn und Jana treffen sich gern oft zum Mittagessen in der Mensa vom Campus Lingen, der zur Hochschule Osnabrück gehört.

Susanne ist erfreut: »Gute Idee, Jana, drehen wir eine Runde durch Hannover! Aber ist denn nun was dran an der Freundin von Dr. Meyerbeer? Du weißt, ich putze ja bei zehn Stellen, und wirklich alle wollen davon etwas gewusst haben.« Jana lächelt und meint nur: »Du weißt doch, Verschwiegenheit ist die Tugend der Polizistin.«

»Och, Janachen, ich kann mich auch revanchieren mit

Neuigkeiten, die ich so in den Papierkörben in den Häusern finde, was meinst du, lässt sich da das Polizistinnenherz erweichen?« »Höre ich mir gern an, ja, aber erweichen, nein«, bleibt die Polizeihauptkommissarin verschlossen. »Was hast du denn so gefunden zu unserem Fall, den im Übrigen mein Kollege federführend bearbeitet. Du müsstest dich ihm anvertrauen.« »Wie, der alte Eilers? Da fliegen doch eher alle Sargnägel heraus, bis der in die Strümpfe kommt. Eilers – der Name klingt so dynamisch, aber der schläft doch bei seinen Ermittlungen langsam ein. Dem ist sein Struppi wichtiger als alles andere, und Helga führt Regie.«

Als Susanne sieht, wie ihre Freundin die Augen verdreht und nur lächelt, ist ihr klar: Sie hat den Bogen mal wieder überspannt. Doch da überrascht Susanne Jana mit ein paar Details: »Also der Meyerbeer wollte sich Ende des Jahres zur Ruhe setzen. Er hat eine Sozietät mit seinem aalglatten Anwaltskollegen Frank Schuhnagel, der ist so Mitte 40, kennst du vielleicht. Ein geschniegelter Affe, sage ich mal unverblümt, aber soll wohl so etwas wie der willige Vollstrecker vom alten Meyerbeer sein. So, und nun hat der Junge Dreck am Stecken, ich weiß nicht, was das ist, aber dem Alten wird klar: Mit dem hier ist das der Untergang meiner Kanzlei, die ich 30 Jahre lang aufgebaut habe. Also wollte er ihn ausbooten. Er war dabei, ihn kalt abzuservieren. Das pfeifen jedenfalls meine Spatzen vom Dach.«

Jana holt tief Luft. »Und du putzt nicht zufällig auch bei dem Schuhnagel?«, fragt sie ihre Vertraute.

»Nein, ich kann mich ja mal bewerben«, versichert Susanne lächelnd. Die kleine Teestunde in der »Alten

Posthalterei« nimmt einen fröhlichen Verlauf. Die beiden Freundinnen bestellen sich noch jeder ein lauwarmes Rhabarberkompott mit Joghurt-Minz-Mousse-Crumble. »Göttlich, oder?«, sagen sie sich zeitgleich und genießen. »Nervt der Eilers immer noch so, weil er seit einem Jahr dich zur Chefin hat?«, lässt Susanne jetzt neugierig einfließen. »Nur manchmal. Oft gibt er sich als der Boss aus, nach außen hin, so als stämmiger Polizist mit harter Stimme«, erzählt Jana. »Sehr stämmig und mit Airbag vorn, der hat ja bedenklich zugenommen, findest du nicht auch?«, fragt Susanne. »Dabei schickt Helga ihn doch morgens und abends mit Struppi zum Gassi gehen«, pflichtet Jana ihr bei.

Jan-Hinnerk Eilers ist derweil ins Schwitzen geraten. »Aus diesem Wennemer ist doch nichts Anständiges herauszubekommen«, sagt er zu sich. Inzwischen hat sich Petra Dunkern in der Polizeiinspektion Emsland in Lingen gemeldet, eine 44-jährige Lastwagenfahrerin aus Ahmsen. »Kann ich eine Aussage zu dem Fall Meyerbeer machen?«, leitet sie ihre Worte bedeutungsvoll ein. »Ich hole mal den Kommissar«, beeilt sich die junge Polizistin im Eingang. Eilers ist zur Stelle. Er geht mit ihr ins Verhörzimmer. »Also, ich habe in der Zeitung gelesen, dass der Ludwig, der Ludwig Meyerbeer, am vergangenen Mittwoch gestorben ist. Ich dachte, vielleicht ist es wichtig, dass ich mich an dem Tag mit ihm getroffen habe, äh, wir hatten nämlich sexuellen Kontakt – sagt man das so?«

Eilers ist zwar noch überrascht von den Sätzen der handfesten, leicht rundlichen Frau, die den Eindruck vermittelt, einen 40-Tonner locker auch ohne Servolenkung steuern zu können. Aber er fragt schnell: »Wie war Ihre Beziehung zu ihm, wie standen Sie zueinander?« »Wir haben uns an der Autobahn kennengelernt. Ich parkte mit meinem Sattelschlepper am ›Kanneloni‹ in Heede, kennen Sie bestimmt, ist so eine Biokaffeerösterei mit schickem Restaurant und Weinbar. Er hielt da mit seinem Mercedes-Cabrio. Ich hatte meinen Kaffee fertig, er wollte essen. Wir lächelten uns an, es war Liebe auf den ersten Blick. Da stand noch dieser schöne Spruch an der Wand: *Wo die Liebe den Tisch deckt, schmeckt das Essen am besten.*«

Eilers wittert eine neue Spur. »Und dann?« »Dann ging es schnell, Nummern ausgetauscht, hin- und hergesimst, am selben Abend war er bei mir und wir sind uns, naja, sehr nahe gekommen. So ein toller Mann! Der hatte Stil. Mit Jüngeren kann ich nichts anfangen. Und großzügig ist er gewesen, er gab mir 500 Euro, die ich erst gar nicht annehmen wollte. Ich bin doch keine Professionelle! Am nächsten Abend war er dann wieder bei mir. Ach, was für ein schöner Abend. Und wir sind natürlich wieder im Bett gelandet.«

»Wann haben Sie ihn denn zuletzt gesehen und mit wem?«, hakt Eilers nach. »Mittwochnachmittag. Er sagte, dass er für ein paar Tage nach Amsterdam muss und mich vorher gerne noch einmal treffen würde. Ich hätte eigentlich noch 'ne Tour gehabt am Nachmittag, aber für den Abend war er schon mit seinem Kollegen im ›Grill Rohr‹ in Sögel verabredet. Ich wusste natürlich, dass es ihm bei mir fast nur um Sex ging. Aber das war mir egal. Ich habe ihn dann am Abend noch mal angerufen und auch ein paar SMS geschickt, aber keine Antwort erhalten. Erst dachte ich: Arschloch. Doch wieder nur so ein alter Sack, der glaubt, mit Geld alles kaufen zu können, und fing an, in seinem Leben herumzuspionieren. Konnte ich mich so getäuscht haben? Aber deshalb komme ich doch, Herr Kommissar. Hören Sie sich das mal an, was er auf mein Handy gesprochen hat, ich hatte den Rufton auf Leise gestellt und seine Anrufe nicht mitbekommen, da sprang die Mailbox an. Es war das Letzte, was ich von Ludwig gehört habe.«

Die Frau spielt dem verblüfften Eilers eine erste rund acht Minuten lange Sequenz vor, die ihn erstarren lässt. Der Anwalt ist zu hören, wie er sich mit Schuhnagel unterhält, als sie durch die Alte Dorfstelle Wahn gehen. Als Eilers alles gehört hat, überlegt er lange, vielleicht zu lange. Denn schon stürmt Jana Kuhlmann zu ihm ins Büro, in der auch die Frau sitzt. »Entschuldigung, wir müssen mal kurz was besprechen!«, bittet sie ihn auf den Flur. Eilers erhebt sich. »Wir müssen dringend den Sozius von Dr. Meyerbeer überprüfen, der wohl Schuhnagel heißt. Der soll nicht ganz echt sein. Ist dir in der Richtung schon etwas untergekommen bei den Ermittlungen, in den Akten steht ja noch nichts von dem?«

»Wir? Spricht da etwa wieder Volkes Stimme? *Ich* habe da schon meine Erkenntnisse! Ganz ohne Putzfrauengewäsch und Parkettmasseusen. Den Schuhknecht oder Schuhnagel habe ich schon so gut wie festgenagelt, muss ihn nur noch vernehmen«, erwidert Eilers. Mist, denkt er sich, jetzt muss ich den schnell herzitieren, sonst ist die wieder schneller. Eilers bittet zwei Kollegen, sofort Frank Schuhnagel ins Kommissariat zu holen. »Sie bleiben bitte solange hier, Frau Dunkern.«

Frank Schuhnagel ist allerdings nicht zu erreichen. Eilers hat dafür die Rechtsanwaltsfachangestellte Julia Behrens am Telefon. Sie ist fassungslos: »Mein Chef tot, und jetzt verpisst sich der Sozius. Die Telefone laufen heiß, und ich weiß überhaupt nicht mehr, wo mir der Kopf steht. Ich könnte wetten, der Schuhknecht ist zum Schießen in Sögel. *Schießen zentriert und bringt dich zurück in deine Mitte*«, äfft sie ihn nach.

Das hämische Grinsen sieht Eilers plastisch vor sich. »Meine Zukunft hängt doch an der Kanzlei. Arbeitsplätze gibt es hier jetzt nicht wie Sand am Meer, und diese Niete geht sich seelenruhig zentrieren! Da bin ich mir sicher. Von wegen krank!«, zischt Julia Behrens. Eilers schickt sofort zwei Kollegen in die Indoorschießsportanlage in Sögels, Ortsteil Jägerhof. Schuhnagel ist nicht überrascht, als die beiden Polizisten ihn zur Vernehmung nach Lingen bringen wollen. Eilers weiß, dass er nicht viel in der Hand hat, und Jana will auch noch bei dem Verhör dabei sein. Er versucht es auf die Kumpeltour. Und tatsächlich, Frank Schuhnagel erzählt von einem Streit zwischen ihm und Dr. Ludwig Meyerbeer. Schuhnagel sollte den Laden zum Ende des Jahres übernehmen. Doch bei dem Treffen im »Grill Rohr« in Sögel kam er ihm mit dubiosen Ermittlungen eines Wirtschaftsprüfers. »Er hatte sich ja nie um die buchhalterischen Sachen gekümmert. Wir unterstützen seit Jahren einen karitativen Verein, der Reisen für Menschen mit Beeinträchtigungen anbietet. Und auf einmal unterstellt er mir, dass ich die Zahlungen auf mein Konto umgeleitet hätte. Was für ein Unsinn!«, empört sich Schuhnagel. »Das entbehrt jeglicher Grundlage. Außerdem hat ihn dieser Wirtschaftsheini davon überzeugen wollen, dass ich Mandantengelder von mehreren 100.000 Euro veruntreut habe. Da ist nix dran, aber der Ruf ist erst mal ruiniert. Ich hätte meine Zulassung als Anwalt verloren. Ich hatte eine irre Wut!«

»Ach, und Sie trafen sich wann in Sögel? Und was war mit den Anschuldigungen, lieferte er Ihnen Beweise?«, bohrt Eilers tiefer, während Jana zuhört. »Wir waren für 18 Uhr im ›Grill Rohr‹ in Sögel am Marktplatz verabredet. Dr. Meyerbeer hatte einen Nischentisch reserviert, er kam zu Fuß.« Ihr Essen sei dann um 19.30 Uhr zu Ende gewesen. Dr. Meyerbeer habe bezahlt. Dann seien sie zusammen nach Lingen in die Kanzlei gefahren, und Schuhnagel habe alle Vorwürfe ausgeräumt. »Er konnte aber auch nichts beweisen, nichts!«, behauptet Schuhnagel.

Nach der Aussage der Lastwagenfahrerin war Dr. Meyerbeer jedoch entschlossen, den Anwaltskollegen zu feuern. »Die Sache ist eindeutig, ich kann ihn anzeigen und vernichten, aber auf jeden Fall darf er nicht mein Nachfolger werden«, soll der bekannte Lingener Anwalt gesagt haben. »Herr Schuhnagel, wir haben hier ein Telefongespräch, das zufällig aufgenommen wurde. Ich spiele es Ihnen mal vor«, eröffnet Eilers das große Finale. Das erste Gespräch, das das Handy Dr. Meyerbeers an die Mailbox von Petra Dunkerns Handy übertrug, beginnt so – offenbar noch im Restaurant in Sögel: »Sie haben da ein paar Leichen im Keller, verehrter Kollege.« Dann fährt Meyerbeer fort: »Ich bringe Ihnen die Beweise mit, wir müssen dann entscheiden, was wir tun wollen und wie es um Ihre Übernahme bestellt ist. Ich kann mir nur einen sauberen Nachfolger vorstellen, verstehen Sie?«

»Alles Blödsinn, Fälschungen, Unterstellungen«, braust Schuhnagel auf. »Ich werde Ihnen in der nächsten Stunde alles beweisen, was ich sage«, ist Schuhnagels Stimme deutlich auf der Mailbox zu hören.

Dann kommt sein Vorschlag: »Wir fahren nach Wahn, die Alte Dorfstelle, da habe ich bei der früheren Hofstelle Nr. 48 einen geheimen Bodenschacht. Darin sind alle Papiere und auch das Geld. Sie bekommen alles zurück, was ich Ihnen schulde.«

Dr. Meyerbeer zeigte sich offenbar beeindruckt. »Ach, dann habe ich es doch mit einem Ehrenmann zu tun«, antwortet er. Dann spult Eilers die nächste Aufnahme vor, die offenbar schon am Infopavillon von Wahn spielt.

»Wo geht es denn zur Hofstelle Nr. 48?«, ist Dr. Meyerbeer zu hören.

»Hier entlang«, weist Schuhnagel den Weg. Schritte sind zu hören, ein Rascheln folgt. Dann sind wieder Schritte zu vernehmen. Plötzlich fällt ein Schuss. Ein kurzer Schrei ertönt. Dann endet die Aufzeichnung.

Schuhnagel schweigt und verweigert jegliche Aussage. Er wird vorläufig festgenommen. Eilers lässt dessen Wohnung sowie dessen Auto durchsuchen. Im Kofferraum liegt sogar die Tatwaffe – eine Pistole mit Schalldämpfer. Der Sportschütze hatte sein Opfer von hinten ins Herz getroffen wie ein Profi. Eilers vernimmt den Verdächtigten erneut. »Die Beweislast ist nun erdrückend, Herr Schuhnagel. Es kommt in Kürze zur Anklage. Aber Sie kennen ja die Abläufe genau als Jurist. Sie haben Dr. Meyerbeer erschossen, das ist klar, aber warum haben Sie ihn entkleidet und wollten ihn sozusagen nackt verabschieden?«

Schuhnagel zögert nicht und meint: »Ach, ich war es leid mit diesem Getue um Dr. Meyerbeer. Ich wollte ihn demütigen. Er sollte sich endlich entblößen, schutzlos sein, das war meine Rache für alle seine fiesen Angriffe gegen mich in den vergangenen Jahren. Nach außen hin war er der edle Ritter, der barmherzige Samariter und gläubige Heilsbringer, aber Kollegen wie mich hat er gequält mit Vorhaltungen, war rechthaberisch, wollte mich ständig bevormunden, verbessern und einfach klein halten. Wichtige Fälle, die hereinkamen, schnappte er sich weg, ich bekam die Verkehrsdelikte. Das war eine Tortur für mich.«

Schuhnagel triumphiert irgendwie, als er das erzählt. Es klingt wie eine Befreiung. Er fügt noch etwas hinzu: »Dann sollte es auch wie ein Sexualverbrechen aussehen. Er hatte ja wohl eine Freundin, die ihn gern umgebracht hätte, weil sie erfuhr, dass sie nicht die Einzige war. Ich wollte vortäuschen, dass es eine dieser Frauen war, die ihn auslöschte. Jawohl!«

Der Hümmling
Die Region im Nordosten des Emslands ragt als Geestrücken aus dem flachen Fluss- und Moorland hervor. Mit 73 Metern ist der Windberg bei Werpeloh die höchste Erhebung im »Herz des Emslandes«. Seit 2016 ist der Hümmling als Naturpark anerkannt. In dem wald- und heidereichen Gebiet liegen die drei Samtgemeinden Nordhümmling, Sögel und Werlte. Großsteingräber erinnern an die Megalithkultur aus der Jungsteinzeit (3500–2800 vor Christus). Der hier stark verankerte christliche Glaube lässt sich an den vielen Kirchen, Hofkreuzen und Klöstern sowie Gärten ablesen. Schmuckstück ist das Schloss Clemenswerth in Sögel mit seiner Klosteranlage.

Weitere Freizeittipps zum Hümmling finden sich in den Mordgeschichten Nr. 5 (Batakhaus in Werpeloh) sowie Nr. 8 (Der Tote an der Wippinger Mühle).

1 **Alte Dorfstelle Wahn**
(Infostand zwischen Lathen und Sögel, Heimatverein Sögel und Kreisarchiv Meppen) Auf einem frei zugänglichen zwei Kilometer langen Rundweg erinnern Hinweistafeln mit der Geschichte der Bauern und Hofbesitzer an die Vergangenheit. Die Umsiedlung begann 1939. Schon um das Jahr 1000 war das Dorf als »Walinoon« im Einkünfteregister des Klosters Corvey erwähnt worden. In einem überdachten

Infostand am Eingang steht ein Modell des ehemaligen Dorfes.

2 **St. Antoniuskirche**

Sie wurde auch »Dom des Hümmling« genannt. Einst Mittelpunkt des Dorfes Wahn, in dem rund 1000 Menschen lebten. Es sind nur noch Fundamentreste vorhanden. Der Kirchengrundriss wurde freigelegt. Fußbodenmosaike sind zu erkennen. Pfarrer Bernardus Reckers war hier von 1919 bis zum Schluss 1942 aktiv, als die Kirche abgerissen wurde.

3 **Wahner Treffen**

Zum Gedenken an das ehemalige Dorf Wahn veranstalten die Angehörigen der ehemaligen Bewohner jährlich am dritten Sonntag im Juni das »Wahner Treffen«. Es beginnt am frühen Nachmittag mit einer gemeinsamen Messe im Rund der wieder freigelegten St. Antonius Kirche. Im Anschluss wird bei Kaffee und Kuchen munter geplaudert. Dabei sind auch Gäste herzlich willkommen. Oft sind es 250 Teilnehmer, wovon etwa ein Drittel noch in dem einstigen Dorf lebte. Heute ist das Gelände ringsum der größte mit Messinstrumenten ausgestattete Schießplatz Europas, 31 Kilometer lang, fünf bis sieben Kilometer breit, maximale Schussweite 28 Kilometer. Die Bundeswehr übernahm 1957 den Schießplatz von der Firma Krupp, die ihn bereits 1877 errichtet hatte.

4 **Hümmlinger Kreisbahn**

Die Museumseisenbahn fährt zwischen Lathen, Sögel und Werlte. Aus technischen Gründen musste die Strecke 2011 gesperrt werden, im Oktober 2017 wurde der Abschnitt bis Werlte freigegeben. Es gibt keinen Fahrplan. Charterfahrten können über den Verein angefragt werden. (Marktstraße 1, 49757 Werlte, www.museumsbahn-huemmlingerkreisbahn.de).

5 Straße der Megalithkultur

Rund 70 Großsteingräber erinnern an die Menschen, die vor rund 5000 Jahren in Nordwestdeutschland lebten. Auf 330 Kilometern führt die beliebte Radroute zu 33 archäologischen Stationen. Dort wird über das Naturverständnis und den Alltag der damaligen Bewohner informiert. Von Osnabrück über Freren, Thuine, Lingen, Meppen und Sögel verläuft die Straße bis Oldenburg (www.strassedermegalithkultur.de).

6 Königsgrab in Groß Berßen

Umgeben von Heide erhebt sich das bekannteste Megalithgrab des Emslandes aus den Resten eines 24 mal zwölf Meter großen Grabhügels (im Wald nördlich der Landstraße zwischen Groß Berßen und Hüven, Parkplatz vorhanden). Die Trag- und Deckensteine sind noch gut erhalten. Der Heimatforscher Korte aus Münster kam 1927 an den Ort und nannte es Königsgrab, da er es für das schönste im Hümmling hielt. Nur 100 Meter entfernt liegt ein rekonstruiertes Großsteingrab.

7 Indoorschießanlage

Das »Schießkino« (Jägerhof 3, 49751 Sögel) gehört zu den modernsten und größten in Europa. Ohne Jagdschein dürfen Menschen ab 18 Jahren mit scharfer Munition schießen. Es gibt genaue Anleitung und rund 200 jagdliche Filme. Auch Laserwaffen sind im Einsatz. Anmeldung ist erforderlich.

2. TOTAL VERPIXELT

TAMME NEUDECKER, DER AVANTGARDE-KÜNSTLER DES EMSLANDS, ERLEIDET EINEN HERZANFALL BEI DER VERNISSAGE IM GUT ALTENKAMP

Jana Kuhlmann, die junge Kommissarin aus Lingen, freut sich auf diesen Abend schon seit Tagen. Sie hat frei, von der Arbeit – ihr Motto: »Heute mal kein Mord!« – und von der Familie. Ihr Mann Jörn kümmert sich um die beiden Kinder. Sie kann sich mit ihrer alten Freundin Henrikje austauschen, die sie noch aus gemeinsamen Schultagen in Papenburg kennt. Seit Jana wieder im Emsland wohnt, besucht sie öfter ihre Freundinnen von früher sowie auch ihre Eltern, die in Papenburg leben.

»Erst einmal gehen wir auf diese Vernissage im Gut Altenkamp in Aschendorf«, erzählt sie am Nachmittag ihren Eltern, die sie noch besucht hat. Sie hat einen Termin im Historischen Rathaus 8 und schlendert wie früher am Freilicht-Schifffahrts-Museum 9 entlang am Hauptkanal. »Grandios, bei diesem Wetter«, freut sich Jana. Sie holt Henrikje, die wie Jana Golf spielt, im »Golfclub Gutshof« ab. Ach, alles wie früher, denkt Jana.

»Wie war deine Runde?«, erkundigt sich die Kommissarin, die mit Handicap 23 schon auf eine gute Spielpraxis verweisen kann.

»Nicht gerade so prickelnd!«, antwortet ihre Freundin knapp. »Lass uns mal während der paar Kilometer bis Aschendorf über etwas Schöneres reden. Wie ist es denn mit diesem Künstler Tamme Neudecker, kennst du den?«, fragt Henrikje.

»Ist das nicht dieser coole Oberstufensprecher von früher in unserem Gymnasium, der schon immer Sakko trug und keine langen Haare hatte?«, erkundigt sich Jana.

»Ja, der kann das sein, schrill, ich bin mal wieder nicht gut vorbereitet auf die Vernissage. Der Tamme war doch ein paar Klassen über uns in Papenburg, müsste jetzt so Anfang 40 sein. Damals war der mit dieser Jessica zusammen, der öfter die Jeans platzten«, ergänzt Henrikje und kramt die Einladung aus ihrer Tasche.

»Heute scheint er ja ein international angesehener Künstler zu sein. Wer hätte das gedacht – New York, Tokio, Bremerhaven steht auf der Einladung – mal sehen, wer sich da heute so auf der Vernissage herumtreibt. Hast du schon Bilder von ihm gesehen, Jana?«, fragt Henrikje weiter und fügt rasch hinzu: »Die Einladung lässt vermuten, dass er sich immer noch mit seiner Herkunft beschäftigt. Der nimmt ja offenbar alles aufs Korn, was Schlagzeilen macht, die Leiharbeiter auf der Meyer Werft 10, die Hähnchenmast und die Emsvertiefung.«

»Ehrlich? Nee, ich kenne seine Bilder nicht, aber dann ist das ja ein Revoluzzer, ein Linker, eine Speerspitze der Avantgarde«, beschreibt Jana ihn in ihrer Fantasie.

Jana findet nur schwer einen Parkplatz am Gut Altenkamp, so viel Zulauf hat die Eröffnung der Ausstellung »Neudeckers Piktogramme – Emsland plakativ«. Da laufen die örtlichen Bürgermeister auf, da sind Galeristen von Bremen bis Düsseldorf zu sehen, und da haben sich Unternehmer eingefunden. Die Künstlerszene ist auch vertreten, obwohl Tamme Neudecker da einen schweren Stand hat. »Zu abgehoben, zu berechnend und zu geschliffen in seinen Worten«, argwöhnen einige Gäste schon am Eingang. Viele bescheinigen ihm aber ein gutes Gespür für Themen und die passende Zeit, sie zu bearbeiten. Gut Altenkamp 11, dessen Herrenhaus im holländisch-norddeutschen Barock mit dem weiträumigen Park der Stadt Papenburg gehört, ist eine würdige Umgebung, um Kunst zu präsentieren. Die Vernissagen hier gehören zu den gesellschaftlichen Höhepunkten im Emsland.

Werner Stöber, Vorsitzender des »Freundeskreises Gut Altenkamp«, begrüßt die rund 120 Gäste schwungvoll.

»Ich bin froh, dass wir seit Jahren hier Ausstellungen der Stiftung ›Preußischer Kulturbesitz‹ präsentieren können«, beginnt er seine kurze Ansprache. »Heute wird Professor Ludger Klemm-Ventoux von der Universität Osnabrück die Laudatio auf unseren international erfolgreichen Papenburger Künstler Tamme Neudecker halten, den ich hiermit herzlich begrüße«, fährt Stöber fort. Ein großes Hallo setzt ein, alle klatschen, jubilieren und stoßen mit ihrem Prosecco fröhlich an. Es herrscht schon jetzt eine ausgelassene Stimmung.

Professor Ludger Klemm-Ventoux ist Kunstpädagoge, auch an der Kunstschule Lingen aktiv und im Emsland bestens vernetzt. »Den lieben Tamme«, wie er den Künstler aus Papenburg nennt, »kenne ich schon seit Jahren. Er ist so etwas wie die Avantgarde der Gesellschaftskritik im Piktogrammstil, der uns ja alle fasziniert. Er hat diesen Stil gewissermaßen kreiert.« Klemm-Ventoux, der sich immer wieder die herabfallende Stirnlocke nach oben streicht, redet, wie ein Formel-1-Fahrer fährt – in endlosen Schleifen röhrt er durch die Thematik. »Avantgarde«, kichert Jana zu ihrer Freundin, beide haben ein Prosecco-Glas in der Hand, »habe ich das nicht gesagt?« »Ja, Jana, ich bin gespannt, was du seinen Bilder so entlockst«, will Henrikje wissen.

»Hier, sehen Sie«, versucht der Professor, konkret zu werden, »Tamme Neudecker malt einen Schiffsrumpf, abstrahiert natürlich, und zeichnet viele Uhren hinein, Zeitarbeit. So etwas gab es bisher noch nicht. Es geht um eine große Werft und die Leiharbeiter. Das zweite Bild zeigt die Uhren, deren Zeiger auf zwölf Uhr stehen. Was will uns der Künstler sagen?« Henrikje und Jana arbeiten sich zu den großen Fenstern vor und schauen in die Parkanlage.

»Warst du in letzter Zeit mal hier zu anderen Ausstellungen?«, flüstert Henrikje und zieht ihre Freundin in eine stillere Ecke, denn beiden ist der Vortrag nun doch etwas zu schwülstig geworden.

»Nein, schon lange nicht, Henrikje: Ich bekomme zwar immer die Einladungen vom Kulturkreis Papenburg, aber wenn ich in Papenburg bin, dann fahre ich ja eher zu meinen Eltern und gehe mit ihnen in den Stadtpark 12. Und die Kinder wollen dann lieber in den Zeitspeicher 13, das Forum Alte Werft 14 oder das Freilichtmuseum Von-Velen-Anlage 15. Das finden die klasse. Aber neulich, da war ich hier, um meine beiden an der Kunstschule »Zinnober« zum Schnuppern anzumelden, vielleicht werden Ole und Birte mal Künstler wie unser Tamme hier«, meint Jana und schmunzelt.

Professor Klemm-Ventoux ist wieder zu hören: »Er hat Legosteine gemalt und sie aufgeschichtet, es entsteht ein

Schiff, hoch und bunt, es ähnelt einem Kreuzfahrtdampfer. Doch es sind Saboteure am Werk, denn immer wieder fehlen Steine im Rumpf.« »Was ist das hier?«, flüstert Jana weiter und zeigt auf die ausgestellten Bilder, »diese drei Pixelbilder mit den vielen unterschiedlichen Farbpunkten zeigen wohl den Verlauf der Ems, die Bagger, die die Ems vertiefen, sind rot durchgestrichen. Eine klare Kritik an der Vertiefung zur Überführung der riesigen Schiffe. Dann, schau mal, malt er Stoppschilder ans Ufer.«

»Wie er die Esterweger Dose malt, wie eine Dose, braun und schwarz, das ist die Farbe des Moores, denn Dose ist ein anderes Wort dafür«, ist wieder der Kunstpädagoge zu hören. »Tamme Neudecker schreckt auch nicht vor Stacheldraht und der bitteren Vergangenheit im Konzentrationslager Esterwegen zurück. Von 1933 bis 1945 saßen überwiegend osteuropäische Kriegsgefangene ein, mussten sich totarbeiten. Es gab Massengräber, die Zahl der Toten lässt sich nur schätzen. Es waren rund 25.000. Das Grauen ist in der 2011 eröffneten Gedenkstätte einfühlsam präsentiert, sie ist ein Aushängeschild für unseren Umgang mit dieser bitteren Vergangenheit.«

Die Leiterin der Gedenkstätte Esterwegen **16**, die auch gekommen ist, nickt kurz. Später sagt sie in kleiner Runde: »Auch der Friedensnobelpreisträger Carl von Ossietzky saß dort ein und starb an den Folgen. Das ist doch nichts, was man mit Pixelbildern darstellt. Künstler und Laudator sollten mal in unsere Gedenkstätte kommen. Da könnten sie lernen, wie man einfühlsam mit dieser schrecklichen Vergangenheit umgeht.«

Henrikje geht mit ihrer Freundin zum Rand der Veranstaltung, weiter an die Außenmauern. Die beiden Frauen sind ganz gespannt auf die Worte des Künstlers. Tamme Neudecker betritt das Podium, bedankt sich und hält keine Rede im üblichen Sinne. Er offeriert seinen staunenden Zuhörern eine Art Wortwolke. Er liefert Stichworte, statt ganze Sätze zu sprechen. »Esterwegen – Goldregenpfeifer – letztes Brutgebiet Mitteleuropa – Pixelbild – gern hin – begeistert …«, perlt es aus seinem Mund. Die Zuhörer sind teils amüsiert, teils verstört.

Neben den beiden Frauen steht zufällig Enno Holteimer. Sie kennen seine Bilder, denn er hat mit Anfang 40 seine größten Erfolge in der Landschaftsmalerei schon hinter sich.

»Hat der was genommen?«, sagt Enno Holteimer leise. Henrikje hört das und flüstert ihm zu: »Nein, das ist eine Art Design-Sprache, sie besteht aus bunt zusammengewürfelten Adverbien und Adjektiven, also etwa super, geil und überaus.« Sie lächelt.

»Wie, überaus, überaus was?«, erkundigt sich Holteimer bei ihr. »Das bleibt leider offen, wie bei der Kunst überhaupt, interpretieren müssen Sie schon selbst«, sagt sie und lacht ein wenig dazu. Enno Holteimer schaut ernst bis grimmig. Henrikje erinnert sich an Bilder von Holteimer, die Kühe am Emsufer und spielende Kinder am Deich zeigen. Es ist eine Art getupfte Leichtigkeit. »Seine Landschaftsbilder bewegen sich auf den Spuren der Impressionisten wie etwa Claude Monet«, meint sie zu ihrer Freundin Jana.

»Dieser Holteimer ist ja wohl genau das Gegenteil zu dieser Avantgarde-Nummer von Tamme, oder?«, raunt Henrikje

Jana zu, als es Holteimer nicht mehr hören kann. »Gefällt dir das?«, will sie wissen.

»Von dem Holteimer hängt eines bei meinen Eltern, denen gefällt das. Moränen, Flussauen oder Hochmoore im Abendlicht, das verzaubert doch. Menschen sehnen sich nach Ruhe, mit dem Kanu über die Ems, das ist Meditation pur. Morgennebel, mystisch schön, oder? Er zeigt schon Stimmungen, die mich auch anziehen. Oder diese letzte erhaltene Bockwindmühle an der Wiek 17 in Papenburg …«, beschreibt Jana ihre Gefühle zu den Bildern. »Aber der Tamme provoziert mit seinen Bildern, das gefällt mir auch, doch würde ich mir diese Dinger nicht in meine Wohnung hängen.«

Zwei Herren vom Unternehmerverband, die die Bilder Neudeckers gerade unter die Lupe nehmen, unterhalten sich eine Tonstärke zu laut über diese »abartigen Anspielungen auf die Landwirtschaft als Naturzerstörer«. Einer der beiden sagt: »Das Gegenteil ist der Fall, die Bauern sind die größten Naturschützer, dieser Maler ist doch nur ein Klischeemaler, wie einer aus der Großstadt sich vorstellt, dass es auf dem Lande zugeht, dabei kommt der doch von Papenburg, verstehe ich nicht, arrogante Typen wie er werden heute wohl hoch gefeiert.«

Der Abend hätte auch für Jana so schön werden können. Ablästern über Kunst, Kichern über Bilder, die die Wirklichkeit verpixeln, oder Kritik an der Gesellschaft in Gerüste aus Legosteinen verpacken, sind neben diesem bunten Gemisch an Gästen eine amüsante Grundlage. Henrikje ist blendender Laune, hört hier zu, teilt dort aus und greift ihren Gesprächspartnern gern auf den Unterarm, während sie ihnen etwas zuflüstert. Ein neuer Prosecco steht immer irgendwo bereit. Nur Jana hält sich da zurück und steigt auf Wasser um. Dann öffnen sich die Türen. Es geht hinab in den Barockpark. Die hohen Büsche, die Fluchten, die Brunnen – es ist der perfekte Abend in der späten Dämmerung. »Lau und lustig« könnte das Motto des Abends lauten. Doch nach einer weiteren knappen halben Stunde lässt ein schriller Aufschrei einer Frau die Stimmung des Abends kippen.

Nach diesem lang gezogenen »Aaaaaaaaah« von Swantje Deiters aus den Tiefen des Parks stürmen ein paar andere Gäste an die Stelle und sehen das Unglaubliche: Der Künstler, soeben noch hoch gefeiert und bis vor wenigen Minuten bester Trinklaune, liegt mit geschlossenen Augen am Boden. Tamme Neudecker wird vom herbeigerufenen Notarztteam künstlich beatmet. Eine Herzdruckmassage soll ihn wiederbeleben. Schließlich wird er in den Krankentransporter geladen und zur Klinik gefahren. Henrikje besorgt: »Das muss ihm zu viel geworden sein, hat der denn ein schwaches Herz?«

Jana atmet tief durch, packt ihr Taschentuch aus, hält damit das Glas Tammes, das noch am Boden liegt, fest und riecht dran. »Ich rieche nichts außer Prosecco, aber ich fürchte, ich muss mal telefonieren, hilft nichts«, stöhnt sie und packt das Glas in eine Pappschachtel, die sie sich bringen lässt.

Die Spurensicherung vom Kriminaltechnischen Dienst aus Lingen ist überraschend schnell zur Stelle. Die Gäste werden ins Herrenhaus gebeten. Werner Stöber vom Freundeskreis spricht noch ein paar salbungsvolle Worte über diese unerwarteten Wende der Vernissage. »Alles Gute, mögest du rasch genesen, lieber Tamme«, lauten Stöbers Schlussworte. Er erhebt sein Glas wie fast alle der restlichen 30 bis 40 Gäste.

Jana schaltet blitzschnell auf ihre Rolle als Kommissarin um. Sie hat sofort ein Bild vor Augen, das sich von Antworten auf diese Fragen speist: Der Künstler ist nicht zufällig jetzt zusammengesackt. Es könnte ein Gift gewesen sein. Wem nützt das? Wer hat ein Motiv? Wer möchte ein Zeichen setzen, hier in aller Öffentlichkeit? Wird er das überhaupt überleben? Doch zunächst bittet sie Stöber: »Ich brauche die Namen aller Gäste, wenn es geht mit Adresse und Telefon, und bitte schließen Sie die Türen. Jeder soll kurz zu mir kommen, ich baue hier einen Tisch in der Ecke hinter der Bilderwand auf. Sagen Sie, es sei ein Unfall, und ich bräuchte ein paar Zeugen, die ihn gesehen haben.«

Der Vorsitzende des »Freundeskreises Gut Altenkamp« reagiert blitzschnell genau in Janas Sinn. Er möchte keine Panik verbreiten und bittet die Gäste höflich zum Plausch mit der Kommissarin. Henrikje, die Jana noch nie in dieser Rolle als Kripo-Frau erlebt hat, ist zunächst irritiert, dann beeindruckt. Sie braucht etwas, um auch umzuschalten. Dann arbeitet sie Jana zu, indem auch sie Gäste befragt – auf ihre Art. »Sah er nicht gleich so blass aus?«, erkundigt sich Henrikje bei einem Mann namens Sten Mechtheimer. »Ja, finde ich auch, bestimmt gestresst, der Gute«, erwidert der gelernte Facharbeiter. Mechtheimer arbeitet auf der Meyer Werft. »Ich finde seine Bilder zu negativ. Was er wohl gegen unsere Kreuzfahrtdampferschmiede hat? Ohne die wäre es hier ja ziemlich dunkel«, empört er sich.

Inzwischen hat Jana für ein paar Telefonate ihre Zeugenbefragung unterbrochen, der bislang alle, ausnahmslos alle der verbliebenen Gäste gefolgt sind. Sie geben ihre Namen und Adressen an und erläutern, was sie gesehen haben. Einige nichts, andere einen vermeintlichen Schlangenliniengang Tamme Neudeckers kurz vor seinem Sturz am vier Meter hohen Nadelbusch in Sichtweite des ehemaligen Lusthauses. Andere können sich an die letzten Gesprächspartner des Künstlers genau erinnern.

Jana spricht mit dem leitenden Arzt der Klinik, der ihr die traurige Nachricht überbringt: Neudecker ist tot.

»Wir haben nichts mehr tun können, ein Herzanfall, der Herzmuskel ist gelähmt.«

Für Jana ist klar: »Ein Gift, vermute ich, bitte prüfen Sie auf Drogen, Gifte aller Art, es muss schnell gehen, manche sind ja bald nicht mehr nachweisbar.« Der Oberarzt Dr. Swen Duisenberg kontert nur: »Liebe Frau Kommissarin, wie bitte sollen wir auf Gifte aller Art prüfen?« Jana ist auf solche Fragen vorbereitet. Sie hat schon die Rechtsmediziner in Oldenburg alarmiert, doch bis die in der Papenburger Klinik sind oder die Leiche in Oldenburg, wie es üblich ist, wäre es zu spät. Die gängigen Gifte hat sie mal in der Polizeischule gelernt. Eher intuitiv gibt sie an Dr. Duisenberg den Befehl: »Sie testen jetzt bitte sofort auf Polonium, eine radioaktive Metallverbindung, auf Zypriol, auf Pflanzenschutzmittel E 605 sowie auf Frostschutzmittel, verstehen Sie, es muss sehr schnell passieren, sonst ist nichts mehr nachweisbar.«

Dr. Duisenberg, der es nicht gewohnt ist, in diesem Ton angeredet zu werden, wird etwas abweisend und sagt nur: »Jawoll, Frau Hauptfeldwebel, wir werden unverzüglich alles einleiten, verstanden, Ende!«

Er wendet sich an seine Assistentin: »Die hat doch nicht alle Tassen im Schrank, als ob ich ihr Lakai wäre, und dann soll ich noch Frost- und Pflanzenschutz testen. Bauern im Winter oder was?«

Jana ist zwar sauer auf den Oberarzt, kehrt aber sofort mit fröhlicher Miene zu ihrem Arbeitsplatz hinter der Bilderwand zurück, wo sich vor ihrem Tisch noch eine kleine Menschenschlange befindet. Die Nachricht über den Tod Tammes behält sie vorerst lieber für sich.

Sie befragt weiter, hakt nach, macht sich ein Bild von der Situation kurz vor dem Zusammenbruch. Die Kollegen von der Spurensicherung haben alle Gläser eingesammelt, beschriftet und können mehr als die Hälfte davon noch den jeweiligen Gästen zuordnen. Es ist Mitternacht, als sie Henrikje zu Hause in Papenburg absetzt. Jana dankt ihr für die Mithilfe: »Wir werden morgen auch deine Aussagen noch mal auswerten, komm bitte um elf Uhr zu mir ins Büro in Lingen.« »Klar, bin dabei«, sagt Henrikje und drückt ihre Freundin fest. Jana beschließt, die Nacht bei ihren Eltern in Papenburg zu verbringen. Sie will sich morgen Früh den Tatort noch einmal in Ruhe ansehen.

Der Täter ist aufgewühlt. Die Nacht über schläft er kaum. Erst gegen Morgen dämmert er auf seinem Sofa im Wohnzimmer ein. »Habe ich das richtig gemacht?«, fragt er sich, »es war doch nur so im Affekt, aber mein Gift hatte ich ja immer dabei.«

Dr. Swen Duisenberg, der die harsche Anweisung der Kommissarin befolgte, hat tatsächlich noch den Beweis erbringen können. »Es war kein Frostschutz, kein Pflanzenschutz, auch kein radioaktives Material, es war Zypriol«, bestätigt er Jana Kuhlmann am Telefon am nächsten Tag gegen zwölf Uhr, »ein tödliches Gift, das innerhalb von Minuten wirkt. Es lähmt den Herzmuskel. Die Symptome gleichen denen eines Herzanfalls. In geringen Dosen wirkt das Zeug bewusstseinserweiternd.«

Duisenberg hatte sich bei den Rechtsmedizinern noch einmal telefonisch genauer erkundigt. Und er ist nach wie vor überrascht, wie präzise die Kommissarin dieses sonst bei Geheimdiensten gern angewandte Gift schon als Vermutung genannt hatte. Eine Stunde später wäre der Nachweis nicht mehr gelungen.

»Nun, ich bewundere Ihr Gespür«, lobt Dr. Duisenberg die Beamtin, »das Zeug ist ja gefährlicher als Arsen oder Zyankali, ich habe etwas dazu gelernt. Das Zypriol wird aus den Raupen eines Schmetterlings gewonnen, eines Zwergkaulbaumzipris, der in Zentralafrika lebt. Kompliment.«

Jana bedankt sich für »die gute und reibungslose Zusammenarbeit« und läuft langsam zur Hochform auf. Selbst ihr Kollege Jan-Hinnerk Eilers kann sie nicht bremsen. »Ich gehe mit unserem Mischling Struppi gleich heute Mittag wieder ins Feld«, quält er sie mit einem Thema, das ihr gerade nicht im Geringsten am Herzen liegt.

»Du hast wohl früher auch ›Tim und Struppi‹ als Comic gelesen, oder wie kamst du eigentlich zu dem Namen für euren Mischling?«, führt sie den Small Talk über Hunde locker fort.

»Genau, das war der Auslöser«, meint ihr Kollege kurz und verabschiedet sich.

Die Kommissarin erwartet ihre Freundin Henrikje, die leicht verspätet eintrifft. »Du, ganz viel Neues, ich habe noch recherchiert für dich, meine Liebe«, leitet sie ihren Vortrag über die Haupt- und Nebenverdächtigen des Aschendorfer Künstlermordfalls ein. Es wird ein munteres Gespräch, das sich fast eine Stunde hinzieht. Die beiden lachen viel dabei. Jana verpflichtet Henrikje zum Schweigen gegenüber Dritten in diesem Mordfall. Und so ergibt sich ein umfangreiches, aber klares Bild über die möglichen Täter.

Es beginnt bei einem gewissen Sten Mechtheimer, Mitarbeiter der Meyer Werft, der nicht nur während der Vernissage gegen den Künstler polterte, sondern auch sonst schon einmal eine Anzeige von ihm erhielt. Mechtheimer hatte Neudecker öffentlich beleidigt, indem er von einem Neo-Nazi-Grafiker sprach, der »die Welt verpixelt, wie sie euch gefällt«. Das sollte eine Anlehnung an eine Liedzeile von Pippi Langstrumpf sein. Aber »Neo-Nazi-Grafiker« hat das Gericht eindeutig als Beleidigung eingestuft.

Dann sind zwei Frauen unter Verdacht geraten. Sie standen beide bis zum Schluss neben dem Künstler und haben ihm aus einer Flasche sogar Prosecco oder eine ähnliche Flüssigkeit nachgeschenkt. Sandra Drubeck und Jacqueline Sommerfeld heißen die beiden, leben als Galeristinnen in New York, stammen aus dem Emsland und warten seit zwei Jahren auf Geld vom Künstler. Sie hatten Tamme Neudecker einen viel zu hohen Vorschuss gezahlt, und er lieferte die versprochenen 22 Bilder einfach nicht ab. Die beiden Galeristinnen haben ihn bis hierher verfolgt, um ihm gewissermaßen die Pistole auf die Brust zu setzen. Gut möglich, dass sie ihm den tödlichen Cocktail verabreichten. Nur müssten sie jetzt das Geld von möglichen Erben Neudeckers eintreiben.

Infrage käme auch Enno Holteimer. Das kurze Gespräch mit Jana hat sie noch in Erinnerung. Aber hinzu kommt eine tiefer liegende, lange anhaltende Abneigung gegen diesen aufstrebenden Tamme, der wie Holteimer 42 Jahre alt ist und den er für einen Dilettanten hält. Die Zeiten, in denen sich Holteimers Landschaftsbilder gut verkauften, sind lange vorbei. Immer wieder den Hümmling in leuchtenden, harmonischen Farben, den Windmühlenberg bei Freren, die höchste Erhebung des Emslandes, im herrlichen Abendlicht – das will offenbar niemand mehr sehen. Alles Tragische liegt bei dem Künstler fern hinter dem Horizont.

»Du, dem Holteimer traue ich das aber nicht zu, der ist eher ein Weichei«, meint Henrikje zu Jana. Auch die Kunstwelt kennt Abgründe. Ein anderer tut sich in Gestalt von Professor Ludger Klemm-Ventoux auf. Zwar lobte der Kunstpädagoge den »Avantgarde-Künstler« über alle Maßen und titulierte ihn ständig als »lieben Tamme«, aber in Wahrheit ist er ihm ein gefährlicher Konkurrent. Tamme war auf dem Sprung, neben dem Professor eine Stelle als Dozent an der Universität Osnabrück zu bekommen. Alle im Institut und den Gremien stimmten für den Künstler, nur der Professor nicht. Er machte intern sogar ausgesprochen vehement Stimmung gegen Neudecker, wie Henrikje jetzt von einer Studentin erfuhr. Warum ausgerechnet er dann die Laudatio hielt, ist aus Sicht dieser jetzigen Erkenntnis unbegreiflich, wie Jana findet.

Jana bewegt vor allem die Frage: »Warum wollte der Täter so viel Öffentlichkeit? Warum wollte er Tamme Neudecker ins Rampenlicht ziehen und dort vernichten? Wo liegt der Nutzen, wo der Lustgewinn? Wem gehören denn wohl die meisten Bilder?« Jana greift zum Telefon. »Jan-Hinnerk, du bist doch bei Geldanlagen ein Fuchs. Um wie viel werden jetzt Neudeckers Pixelbilder im Preis steigen, so nach seinem Tod, und wer profitiert davon am meisten?«, fragt sie ihn.

»Ich wittere da eine Recherche, verehrte Kollegin, also du meinst, wer hat im Moment die meisten Bilder von ihm, und der könnte ein Mordmotiv haben. Richtig?«, erkundigt sich Eilers. »Präzise, kannst du da bis heute Abend etwas finden, ich glaube, wir müssen hier schnell zur Sache kommen«, fügt sie hinzu. »Oh das geht nicht so schnell, ich fange mal an, aber da müssen Galeristen befragt und Rechnungen geprüft werden«, verabschiedet sich Eilers.

Seine Anrufe in den Galerien im Emsland, bei Kunsthändler und Museen führen nach einigen Tagen schon zu der überraschenden Erkenntnis, dass es neben dem Privatbesitz des Künstlers und seiner Frau nur wenige weitere Eigentümer von Werken des Verstorbenen gibt – darunter ist Professor Ludger Klemm-Ventoux.

»Du, Frau Kommissarin«, beginnt Eilers sein Gespräch mit Jana in ihrem Büro, die er so gut wie nie bei ihrem Vornamen nennt. »Sehr viele der Bilder gehören Klemm-Ventoux, es müssten rund 100 Stück sein, hast du den schon mal durchleuchtet?«

»Nein, ich weiß nur, dass er verhindern wollte, dass der Neudecker neben ihm Dozent in seinem Institut wird, warum auch immer. Er scheint ihn gehasst zu haben«, sagt Jana. »Verstehe ich nicht, er hat doch die Laudatio gehalten, aber ein Motiv hat er, denn nun sind die Bilder von Tamme sicher das Dreifache wert, also aus 2.000 Euro für ein ›Stoppt die Emsvertiefung‹ sind nun etwa 6.000 Euro geworden, die Galerien in New York rufen bestimmt schon reihenweise an«, poltert Eilers. »Ich werde mir aber keinen echten Neudecker kaufen, der liegt mir nicht, das ist doch keine Kunst. Noch vor ein paar Jahren, da hätte ein Idyllen-Pinsler wie dieser Holteimer den Markt beherrscht, und so einer wie dieser Design-Fritze Tamme mit seinen Verkehrsschild-Männchen und Legosteinen, der hätte von der Rente seiner Mutter gelebt«, fügt der Kommissar hinzu.

»Du bist ja bestens im Bilde«, lobt ihn Jana und lächelt. »Dann habt ihr zu Hause wohl einen Holteimer hängen?« Eilers nur kurz: »Nein, obwohl Helga das immer wollte.« Seine Frau liebt das übersichtliche kleine Karo, hat dichte Gardinen und einen Vorgarten, der Wildwuchs nicht kennt, keine Chance. Ihr Mann hat nur wenig für diese Ordnungsliebe übrig, aber er duldet sie. »Wir haben ein anderes Idyll im Wohnzimmer, es heißt ›Pferde an der Ems‹ von einem Grünhagen oder so ähnlich.« Eilers beendet die Kunstexpertise schlagartig, als sein Freund Mike vom Modelleisenbahnklub in der Tür steht.

»Heute müssen wir noch mal das neue Tunnelgebirge gestalten«, sagt er und bittet Eilers, doch in Kürze in den Vereinsraum zu kommen. »Du ich muss los, Feierabend«, verabschiedet er sich von Jana, die langsam annimmt, er sei schon im Vorruhestand. Sie ruft ihm nur halblaut nach: »Der Faule trifft eine Entscheidung und macht Dienstschluss, der Emsige verzettelt sich.«

»Ich verzettle mich gerade, und er geht in den Feierabend«, ermahnt sie sich selbst. »Ich brauche jetzt Abstand.«

Jana fährt nach Papenburg, besucht kurz ihre Eltern, und hat den Wunsch, sich in der Sternwarte 18 mal durch die unendlichen Weiten gedanklich abzulenken. Jana malt sich ein Piktogramm in ihre Kladde. Alle Verdächtigten sind dort mit roten Quadraten zu finden. Es entstehen Linien, die über die Beziehungen zum Opfer Auskunft geben. Es wird ein großes Gemälde, passend zum Fall sozusagen. Plötzlich gewinnt ihre Intuition Oberhand über alle Logik von Wertsteigerung der Gemälde bis zu Schulden in New York. Die vielen Fäden auf ihrem Gemälde führen in die Irre, wie sie findet.

Am nächsten Morgen bestellt sie Enno Holteimer zum Verhör. Sie belehrt ihn über seine Rechte. Der 42-Jährige will gern aussagen, denn er habe nichts zu befürchten, wie er betont. »Sie haben mich ja an dem Abend gesehen«, sagt er der Kommissarin, »Sie sind sozusagen mein Alibi.« Jana lächelt nur. Das Verhör zieht sich in die Länge. Jana will dem Mann bewusst Zeit lassen, sich auszusprechen. Er erzählt von seiner Kindheit in Papenburg, was Jana gut nachvollziehen kann, denn sie ist – ein paar Jahre später – ja auch dort aufgewachsen.

»Sehen Sie, meine Kunst, das ist etwas Ehrliches. Die Menschen wollen meine liebevollen Darstellungen der Heimat. Ich habe eine harte Schule hinter mir. Ich habe viel investiert in meine Ausbildung, meine Werke, und betreibe einen Riesenaufwand für jedes Bild. Ich verbinde die Impressionisten wie Claude Monet mit Expressionisten wie August Macke und auch Franz Marc. Kennen Sie den? Der hat die Bewegung ›Der Blaue Reiter‹ mitgegründet. Alles hervorragende Künstler.« Jana nickt.

Holteimer holt Luft. Von der leisen, verständlichen Sprechweise wechselt er nun in ein anklagendes Gebell. »Dann gibt es diese Avantgarde-Affen wie den Neudecker, die haben aber auch nichts kapiert. Die malen Spaghetti, wenn sie ein wirres Netz darstellen wollen. Die zeichnen Piktogramme, wie wir sie sonst nur von Hinweisschildern kennen. Mann, Ufer, Brücke – so in etwa. Das heißt dann: Achtung an der Böschung, bitte die Brücke nehmen. Bei ihm ist das vermutlich die Kritik am Umgang mit der Ems. Es ist aber so unprofessionell, es ist keine Kunst. Wenn niederländische Ölbohrer demnächst ihr geklärtes Bohrwasser in den Fluss leiten, dann hätte es sicher Riesen-Neudecker-Bilder gegeben: Gepixelte Enten mit den Füßen zum Himmel treiben auf der Ems, und am Ufer brüllen Männchen ›Stoppt den Einleitungswahnsinn!‹ Dieser Neudecker spricht auch noch so abgehackt, weil er dieses Infografik-Gestammel schon verinnerlicht hat, abartig, sage ich nur …«

Jana Kuhlmann hat bis hierhin geduldig zugehört, doch langsam wird ihr der Vortrag über Kunst und Können zu viel. Sie geht nun langsam zum Angriff über: »So, ich höre, Sie haben gerade Ihren Intimfeind beschrieben. Er ist der erfolgreiche gefeierte Star und formt Ihrer Ansicht nach nur plakative Kritik in Pixelfiguren und Piktogramme, während Sie, der solide ausgebildete Künstler, weitgehend missachtet werden, ist das so richtig?«

»Ich fühle mich gekränkt durch diesen Burschen, ja, aber was wollen Sie von mir? Der Tamme starb doch an Herzversagen, das stand jedenfalls in der Zeitung«, sagt der Künstler plötzlich, als müsse er sich gegen einen Sog wehren, der ihn auf einmal als Mörder erscheinen lässt. Jana geht nicht darauf ein. Sie beschreibt den Abend aus ihrer Sicht: »Dann haben Sie mit ihm ein Gläschen Prosecco getrunken, dann noch eins, und in das haben Sie in einem Moment, als niemand hinsah, ihr Gift gekippt, Herr Holteimer. Sie wussten, dass das Zypriol in wenigen Minuten den Herzmuskel lähmt. Es hätte auch fast niemand bemerkt, aber wir konnten in der Klinik noch im letzten Moment das Mittel nachweisen, Herr Holteimer. Sonst hätten alle gesagt, ›ach wie schade, nun ist der Künstler bei seiner Vernissage vor Aufregung zusammengeklappt, ein Herzanfall, ach, ja‹, dann die vielen Krokodilstränen. So hatten Sie es geplant, aber nun muss ich Sie leider verhaften, Mord ist das, Töten mit Vorsatz. Wir wissen aus Befragung von Freunden von Ihnen, dass Sie Zypriol bei sich haben. Ist das so richtig?«

Jana blickt in das ausdruckslose Gesicht des Künstlers. Er schweigt. Er reißt seine braunen Augen groß auf. Was in ihm vorgeht, lässt sich nur vermuten. Es scheint eine Mischung aus Erleichterung zu sein, das Ziel erreicht zu haben, das Auslöschen eines unliebsamen Kollegen und der großen Befriedigung, dieses eigene Minderwertigkeitsgefühl endlich besiegt zu haben. Hinzu schleicht aber auch die dumpfe Erkenntnis: Die aus einer Stimmung heraus ausgeführt Zypriol-Attacke ist leider aufgeflogen. »Ja«, sagt er schließlich leise, »ich habe Zypriol immer bei mir, weil ich depressiv bin. Ich nehme das selbst in kleinen Dosen.«

Holteimer wirkt zerstört. Er scheint um Jahre gealtert zu sein, so grau wirkt er jetzt. Er verteidigt sich nicht. Er rennt nicht gegen dieses »jetzt muss ich Sie leider verhaften« an. »Dürfte ich wohl ein Glas Wasser haben?«, fragt Holteimer. Das ist alles. Jana holt es ihm, wird aber durchs Klingeln ihres Handys abgelenkt. »Ich gehe kurz raus, ein wichtiger Anruf, entschuldigen Sie bitte«, sagt sie ihm. Es ist Henrikje, die noch ein paar Details zu Holteimers Freunden beisteuert, von denen sie gerade gehört hat. Doch diese etwa fünf Minuten reichen schon, denn Holteimer sackt kurz nach dem Leeren des Glases zusammen. Als Jana das Zimmer wieder betritt, liegt er regungslos am Boden.

»Herr Holteimer!«, schreit sie und beugt sich zu ihm. Mist!, denkt sie. Zypriol! Verdammt! Hätte ich ahnen müssen! Sie verständigt den Notarzt, ruft Kollegen herbei und macht selbst sofort Wiederbelegungsversuche. Vergebens. Holteimer ist tot, wie der Notarzt der Lingener Klinik nach einer kurzen Untersuchung bescheinigt. Jana schüttelt nur den Kopf und ist den Tränen nahe. Ihre Kollegen versuchen, sie zu trösten – vorerst vergeblich.

Papenburg
Die nördlichste Stadt im Emsland ist die älteste und längste Fehnkolonie in Deutschland. Die Besiedlung des Moores begann mit dem Trockenlegen durch den Pionier Dietrich von Velen schon 1631. Mit Kanälen durchzogen ist das »Venedig des Nordens« gleichzeitig der südlichste deutsche Seehafen. Regelmäßig verlassen Kreuzfahrtriesen, die in der Meyer Werft gebaut werden, über die dann aufgestaute Ems die Stadt Richtung Nordsee. Mit historischen Gebäuden, weißen Klappbrücken und einer maritimen Note ist die 38.000-Einwohner-Stadt an der Ems ein Besuchermagnet. Der Stadtteil Aschendorf mit 8.500 Einwohnern ist eine der ältesten Siedlungen in Niedersachsen und wurde schon im achten Jahrhundert erwähnt. Sehenswert ist das Gut Altenkamp.

8 **Historisches Rathaus**
Das Lieblingsmotiv der Fotografen steht dicht am Hauptkanal. Das schmucke rote Gebäude von 1913 wird heute noch als Rathaus genutzt (Rathaus Hauptkanal rechts 68-69, 26871 Papenburg).

9 **Freilicht-Schifffahrts-Museum**
Sechs Segler liegen im Hauptkanal für immer vertäut und erinnern an die stürmischen Zeiten, als sie noch unterwegs waren. Allen voran ist die Brigg »Friederike von Papenburg« das Wahrzeichen der Stadt. Sie

liegt gegenüber vom Historischen Rathaus und beherbergt eine Nebenstelle der Tourist-Information (Rathaus Hauptkanal rechts 68–69, 26871 Papenburg). Es macht Spaß, die Cafés und Geschäfte am Hauptkanal abzulaufen und sich die Schiffe näher zu betrachten.

10 **Meyer Werft**

Seit mehr als 230 Jahren ist die Familie Meyer im Schiffbau aktiv. Wie die riesigen Kreuzfahrtschiffe entstehen, lässt sich bei einer Tour durch die Erlebniswelten im Besucherzentrum der Werft (Industriegebiet Süd, 26871 Papenburg) hautnah erleben. Für die zweistündige Tour muss man sich frühzeitig bei der Papenburg Marketing GmbH (www.papenburg-marketing.de) anmelden. Per Bus geht es vom Rathaus oder Zeitspeicher aus los. Der Besuch ist ein Must-have für jeden Emsland-Urlauber!

11 **Gut Altenkamp**

Der Architekt Peter Pictorius schuf das Herrenhaus in Aschendorf 1728–1732 im holländisch-norddeutschen Barock für den emsländischen Drosten (Am Altenkamp 1, 26871 Papenburg-Aschendorf, www.gut-altenkamp.de und www.kulturkreis-papenburg.de). Mächtige Taxushecken zieren das jedem offenstehende Areal. Der Weg durch den Lustgarten ist imposant. Die stattlichen Räume sind für Kulturveranstaltungen und Ausstellungen bestens geeignet. Ein Besuch lohnt sich.

12 **Stadtpark**

Seit der Landesgartenschau 2014 ist der zwölf Hektar große Park in der Innenstadt noch schöner (Am

Stadtpark, 26871 Papenburg). Wasserläufe, ein See und Brücken locken ebenso wie Staudengärten.

13 Zeitspeicher

Es ist der Anlaufpunkt für Touristen, denn unten gibt es alle Informationen zur Stadt und dem Emsland, oben erleben die Gäste auf zwei Etagen, wie Papenburg entstand (Ölmühlenweg 21, 26871 Papenburg, www.papenburg-marketing.de). Das geschieht höchst amüsant mit Bildschirmgesichtern und Stimmen aus alter Zeit. Die interaktive Ausstellung ist eine Zeitreise zum Thema Moor. Doch es geht auch um das Automobilprüfgelände ATP östlich von Papenburg – zum Fahrtraining bitte einsteigen!

14 Forum Alte Werft

Als die Meyer Werft noch kleinere Schiffe baute, liefen sie hier vom Stapel (An der Alten Werft, Ölmühlenweg 9, 26871 Papenburg). Heute bietet das Haus als Kulturzentrum famose Stücke und Shows vor der Industriekulisse. Im Hotel lässt sich bestens übernachten.

15 Von-Velen-Anlage

Wie die ersten Siedler ab 1631 im Moor lebten, kann der Besucher anhand von Plaggenhütte, Feuerstellen und spannenden Erläuterungen in der Freilichtanlage schnell nachvollziehen (Splitting rechts 56, 26871 Papenburg, www.von-velen-anlage.de). Der Gründer hieß Dietrich von Velen. Später fuhren die Siedler in kleinen Schonern, die hier gebaut wurden, über die Ems sogar bis New York oder Rio de Janeiro.

An den weltweiten Handel erinnert das Kapitänshaus am Eingang.

16 **Gedenkstätte Esterwegen**
Zur Erinnerung an die 15 Emslandlager informiert diese Gedenkstätte seit 2011 modern und eindrucksvoll, oft durch Schlichtheit, die die Fantasie in Gang setzt (Hinterm Busch 1, 26897 Esterwegen, www.gedenkstaette-esterwegen.de). Der europäische Gedenkort setzt ein Zeichen gegen Diktatur, Gewaltpolitik und Terror, gegen Nationalismus und Rassismus. Das Besucherzentrum zeigt abgedunkelt die Geschichte von 1933 bis 1945, als hier Zwangsarbeiter in Lagerhallen hausten und starben. Schicksale werden deutlich. Es waren überwiegend Osteuropäer, die hier inhaftiert waren. Auch der Schriftsteller und Friedensnobelpreisträger Carl von Ossietzky (1889–1938) war dort Zwangsarbeiter unter der Nummer 562. Regelmäßig gibt es an diesem Ort noch Treffen von ehemaligen Insassen, die überlebt haben. Der Eintritt ist frei, nur für Führungen wird ein Beitrag erhoben. Es gibt eine Cafeteria.

17 **Bockwindmühle an der Wiek**
An der Wiek in Papenburg steht die letzte erhaltene Bockwindmühle des Emslandes. Sie ruht auf einem Untergestell, dem Bock, in dem sich das eigentliche Mühlenhaus befindet. Dieser Ständer lässt sich in die jeweilige Windrichtung drehen, sodass der Wind von vorne auf die Flügel bläst und sie in Bewegung setzt.

18 **Sternwarte**

Die Papenburger Hobbyastronomen führen ihre Gäste gern in die unendlichen Weiten des Alls ein (Bethlehem rechts 51b, 26871 Papenburg, www.sternwarte-papenburg.de). Am besten nach den Öffnungszeiten erkundigen. Ein fester Termin ist montags 20 Uhr.

3. AM INDIANERPFAHL DIE EMS ABWÄRTS

PLÖTZLICH TREIBT AM MARINAPARK EMSTAL IN WALCHUM EINE LEICHE VORBEI

Mein Haus, mein Boot, mein Steg – der Marinapark Emstal liegt idyllisch an einem kleinen Nebenarm der Ems bei Walchum südlich von Dörpen. Häuser mit roten Satteldächern reihen sich aneinander, über die grüne Böschung führt der Steg hinab zur Jacht. Wer hier anlegt, hat es geschafft – und das im doppelten Sinne. Er ist ein Stück auf der Ems geschippert. Und er wird sich keine Sorgen machen müssen, was das Materielle angeht. Jedenfalls denkt das jeder, der dieses Stück maritimen Luxus betrachtet. Ein Radweg führt vorbei. Ein kleines Lokal lädt zum Sitzen am Ufer ein, und es werden passende Speisen serviert, die man im Emsland gern hat. Von frischem Schollenfilet »Emstal Art« über Fleisch vom Bentheimer Landschaf bis zum Korn aus Haselünne verkostet der Gast hier ortstypische Erzeugnisse.

Albert Johannsen aus Dortmund sitzt auf der Terrasse und schaut der fließenden Ems hinterher.

»Was für ein schöner Fluss«, schwärmt der 64-jährige Skipper, »ich bin schon oft im Urlaub mit meinem Boot von Meppen aus bis hierher gefahren, ich mag diese kleinen Ausflüge. Das Boot liegt da das ganze Jahr.« Er hat sich zu Enno Dürken mit an den Tisch gesetzt, der sein Lünner Craft Bier trinkt.

»Na, Skipper, dick hepp ick schon öfter sa'n«, fängt der 70-jährige Walchumer ein Gespräch auf Emsländisch an. So verschlossen, wie viele meinen, sind die Einheimischen hier an der Ems gar nicht. Enno duzt bei dem Fremden auch fröhlich drauflos. Albert gefällt das, und so ergibt sich ein inniger Meinungsaustausch über die Schifffahrt, die hier schon seit römischen Strafexpeditionen auf der Ems betrieben wird, bis zu Eigenarten von Ehe und Frauen. Enno, der Witwer, erzählt auch gern von der Walchumer Pünte. Sie wurde 1534 erstmals urkundlich erwähnt, vermutlich aber gibt es diese Fährverbindung mit einem Holzkahn, der an einem Seil über den Fluss gezogen wird, schon länger. Die Dörfer links der Ems waren nur so zu erreichen, denn sie lagen eingeschlossen zwischen dem Moor, das niemand lebend durchqueren konnte, und diesem Fluss im Osten.

»Eine Brücke gab es nicht«, berichtet Enno nun auf Hochdeutsch weiter, denn sein Gast musste in der plattdeutschen Version zu oft nachfragen. Wendungen wie »das ist mir mitgefallen« (*toll, davon bin ich angenehm überrascht*) bis »das ist mir abgefallen« (*nicht toll, was soll der Mist ausgerechnet jetzt*) konnte er einfach nicht deuten. Abgesehen von »strumpelduhne«, das übersetzte er richtig mit volltrunken, megabesoffen und rattendicht.

Wenn also nun die Menschen aus Walchum, Sustrum und Dersum zur Pfarrgemeinde nach Steinbild, das auf der anderen Seite der Ems liegt, wollten, musste sie sich dieser Pünte bedienen.

»Das war gefährlich, besonders im Winter bei Eis oder bei Hochwasser«, holt Enno aus, »und du als Skipper, na, was meinst du, was passierte? Die Pünte kenterte, denn sie war zudem noch überladen, bist du schon mal gekentert?«

»Nee, das nicht, aber ich habe mal einen aus dem Wasser gerettet«, freut sich Albert. »Also es war nass und kalt an jenem 25. Januar 1754«, erzählt Enno seine Pünten-Geschichte, »alle wollten noch auf die Fähre, die fuhr so 200 Meter nördlich von da, wo heute die Emsbrücke ist. Sie wollten schnell zum Gottesdienst in die Kirche, und dann war die Pünte überladen. Sie ging mitten im eiskalten Fluss unter, 22 Menschen waren ertrunken, einen haben sie noch an Land gezogen, der atmete noch, aber bald war auch der hinüber.«

»Teufel noch mal«, stöhnt Albert. »Warum erzählst du mir das?«

»Pass auf, wir sprachen doch über Frauen, jetzt kommt es ja erst«, kündigt Enno die Pointe seiner Geschichte an.

»Nu stinkt de Buck!«, lacht er und übersetzt gleich selbst: »Nun ist die Misere da! Also, die Leichen lagen ja im Wasser, aber eine Frau wurde noch vermisst. Sie war auf Deubel komm raus nicht zu finden. Ihr Mann weinte bitterlich. Zwei Jahre war er schon Witwer, seine Frau war nicht wieder aufgetaucht, da entschloss er sich, wieder zu heiraten. Er hatte da ein nettes Mädel in Dersum gefunden. So, und nun stand er da mit seiner jungen Braut an der Ems, sie betraten die Pünte und wollten zur Kirche übersetzen, denn sie wollten heiraten, oder wie wir sagen: Se willt de Backebäärn to haope schmiiten, sie wollten die gebackenen Birnen zusammenwerfen. Also, Albert, was meinst du, was da vorbei trieb? Kommst du nicht drauf!«

Albert zieht die Augenbrauen hoch und ranzt ein »Nee, sag mal«. Enno holt Luft und presst die Antwort hinaus: »Seine tote Frau treibt vorbei. In dem Moment, mehr als zwei Jahre nach dem Unglück, ist das nicht toll?« »Oh je«, stellt Albert fest, »hat er sie aus dem Wasser gefischt?« Enno zieht die Mundwinkel herunter: »Er nicht, er stand unter Schock, hat die Hochzeit abgesagt und nie mehr geheiratet, oder he is so kaolt es 'ne Pogge, er macht sich nichts mehr aus Frauen, ja, die anderen haben die Leiche dann herausgefischt, und sie wurde bestattet.«

Albert schüttelt den Kopf: »Das hat ihm wohl den Appetit auf die Hochzeit vertrieben, der Arme, aber so was gibt's doch selten, oder?« Albert schaut ihn an. »Selten ja, glaube ich auch, deshalb kannst du die Geschichte auch hier gleich vorn an der Kreuzung in Walchum, wo die alte Pünte steht, auf einer Tafel nachlesen.« Die beiden Männer schauen betroffen in ihre leeren Biergläser. »Darauf nehmen wir noch einen«, schlägt Albert vor und bestellt. Dann steht er auf, um zur Toilette zu gehen und blickt kurz auf die Ems. »Enno, das gibt es nicht, eine Leiche!«, schreit er. »Da, die treibt da vorbei, gerade wie du erzählt hast.«

Enno springt auf, weil er denkt, Albert will ihn auf den Arm nehmen, weil der vielleicht seine Geschichte nicht glaubt. »Je näher man zur Küste kommt, desto dichter wird das Seemannsgarn«, meint Enno kurz.

Doch das ist eindeutig ein Mann, der an einen Pfahl

gebunden ist, der im Wasser treibt. Der Körper liegt auf dem Rücken, das Gesicht schaut in den Himmel.

»Schnell, ruf Polizei und Feuerwehr, wir müssen die Leiche aufhalten«, schreit Albert.

Polizeihauptkommissar Jan-Hinnerk Eilers schreckt ein Anruf seiner Kollegen aus Dörpen auf. »Du, Jan-Hinnerk, Arbeit für dich, ein Toter in der Ems!«

Er fährt sofort hin und alarmiert die Spurensicherung vom Kriminaltechnischen Dienst aus Lingen. Eilers kennt die Marina, weil er hier gern mit Helga und Struppi einkehrt, und hält auf dem Parkplatz, wo ihn immer wieder die eisernen kleinen Figuren aus verrostetem Stahl amüsieren. Irgendwie ist er heute bei dem schönen Wetter gut gelaunt, und das trotz der Wasserleiche. Er besieht sie sich kurz, meint, das Gesicht zu kennen, und widmet sich den beiden Entdeckern Enno und Albert.

»Moin, na ihr habt ja zum Nachtisch einen schönen Schrecken serviert bekommen«, beginnt er sein Gespräch, das fast fröhlich verläuft. Albert erzählt von seinen Schiffsreisen auf der Ems, Enno von seinen Bootsgeschichten. »Kennt ihr die Geschichte vom Mann, der heiraten wollte, da seine Frau beim Unglück mit der Pünte im Winter ertrunken war und nie wieder auftauchte, und sie am Tag der Hochzeit plötzlich vorbei trieb, das war doch hier …«, trägt Eilers seine Ortskenntnis zur Schau.

»Ja, das habe ich ihm gerade erzählt gehabt, da schwimmt schon die Leiche vorbei«, sagt Albert.

»Ich bin nicht verheiratet, Herr Kommissar, war es

denn eine tote Frau, ich hoffe doch nicht, das brächte mir bestimmt auch Unglück«, will er noch wissen.

»Nein, es war ein Mann«, beruhigt ihn der Kommissar.

»Eine letzte Frage noch an den Skipper«, beginnt Eilers seine Verabschiedung, »Holz ist doch leichter als Mensch, oder? Der Baumstamm müsste oben schwimmen, der daran angebundene Mensch darunter im Wasser hängen. Aber hier war es anders herum, oder?«

Albert denkt nach und meint: »Ja genau, hier trieb der Mensch auf dem Rücken mit Himmelsblick sozusagen die Ems hinunter zum großen Meer, da müsste unter dem Stamm noch ein Gewicht gewesen sein, der das so ermöglicht.« »Danke, na dann noch einen schönen Nachmittag«, ruft Eilers den beiden zu.

Der Kommissar macht sich eine kleine Skizze von der Ems und kramt aus seinem Handschuhfach eine Landkarte hervor. »So, wir sind hier bei Steinbild ungefähr beim Ems-Kilometer 198. Wenn ich den Todeszeitpunkt von der Rechtsmedizin habe, dann kann ich doch ausrechnen, wo der Täter die Leiche zu Wasser ließ. Das Wasser der Ems bewegt sich mit etwa 50 Zentimetern pro Sekunde talwärts Richtung Nordsee …«

Mitten in seine Spekulationen platzt der Anruf seiner Kollegin Jana Kuhlmann, seiner Vorgesetzten.

»Eilers hier«, ruft der Kommissar, der noch in seinem Auto sitzt, ins Telefon. Es klingt ebenso förmlich wie abwimmelnd und soll so etwas bedeuten wie »Stör mich jetzt doch nicht«. »Jana ist hier. Jan-Hinnerk, wie sieht es mit der Wasserleiche aus? Brauchst du Hilfe? Willst du den Fall federführend übernehmen?«, ruft die Kommissarin ins Telefon. »Ja, kann ich machen«, antwortet er mechanisch. Dabei denkt er: Janas Mann Jörn hat doch gerade den Bootsführerschein gemacht, die beiden könnten da bestimmt schneller weiterkommen, ich kann mit diesen Skippern nichts anfangen.

»Läuft alles gut hier, lass mir ein paar Stunden, ich bin so gegen 16.30 Uhr wieder zurück«, teilt er ihr mit.

Mist, denkt er, jetzt habe ich bestimmt bald ihren Mann als sogenannten Fachmann an der Backe, kein Emsländer zwar, aber dafür wirklich knorke, doch dass der mir dreinredet, nee, da habe ich ja keinen Bock drauf. Soll sie doch den Fall übernehmen, das werde ich ihr nachher vorschlagen.

Eilers fährt etwas weiter nördlich zur Leher Pünte 19, wo seit 2001 der Fährbetrieb wieder läuft. »Ich will mich mal etwas umschauen bei so einem Kahn, der noch in Betrieb ist«, sagt er zu sich. Es ist nur ein Vorwand, denn die viele Schreibtischarbeit der vergangenen Jahre hat bei ihm den Eindruck hinterlassen, zu wenig herumzukommen. Außerdem hat er beschlossen, jetzt mit 58 Jahren habe er das Recht, auch mal ein paar Pausen in seinen Tagesablauf einbauen zu dürfen – bei den vielen Überstunden.

Er fährt sogar nach Dörpen, schaut sich das Naherholungsgebiet Heeder See 20 mit der Wasserskianlage an. Er sieht auch das Schild zur Papierwelt Dörpen 21 und denkt: Das kenne ich ja gar nicht, muss ich auch mal hin. Die Gebetsstätte in Heede 22 und die 1000-jährige Linde 23 liegen auf dem Weg nach Hause.

»Frau Kommissarin, es gibt neue Erkenntnisse«, leitet er seinen kleinen Vortrag in der Polizeiinspektion bei seiner jungen Vorgesetzten Kuhlmann am nächsten Tag ein. »Der Tote ist der 43-jährige Klimatechniker Steffen Nösig, er ist verheiratet mit Julia Nösig, er arbeitete im Lathener Industriegebiet, gleich neben den Miniwelten Lathen [24], kennst du doch, eine der größten Playmobil-Sammlungen. Da bist du bestimmt mit deinen Kindern schon gewesen.«

Jana kurz: »Ja, da waren wir schon fünfmal, ist lustig, immer was Neues zu sehen, meine Birte, die ist neun, die will immer wieder hin. Für Ole ist das nicht so spannend. Aber sag mal, wie ist dieser Nösig denn gestorben?«

»Erwürgt, er hatte Alkohol im Blut, so knapp zwei Promille, und er rauschte mit Himmelsblick auf diesem Stamm die Ems hinunter, das ist wirklich spektakulär, habe ich noch nicht gesehen«, beschreibt Eilers seine Abneigung gegen Todesfahrten dieser Art. »Wobei es nicht nur ein Stamm war, wie die Spurensicherung jetzt herausfand, er hatte seitliche Ausleger zum Stabilisieren, das Ganze war ein kleines Floß. Ach, und ich glaube, du solltest das besser übernehmen, ich bin kein Wassersportler, habe zu den Skippern nicht so einen Draht. Du hast mit deinem Mann ja beste Voraussetzungen.«

Jana wirkt etwas überfahren und meint: »Oh, wie du meinst, klar übernehme ich das, ich dachte nur, du wärst gern mal wieder im Außendienst.« Eilers verabschiedet sich in den Feierabend. Für die Kommissarin wirft das Verhalten ihres Kollegen Fragen auf: Warum wehrt er sich, die Ermittlerrolle zu übernehmen, er spielt doch sonst gern Chef? Warum beklagt er sich über zu viel langweilige Routinearbeit und nimmt dann nicht so einen Fall an, der mit spannender Recherche und viel Herumfahren am Wasser verbunden sein wird? Warum achtet er so genau auf die Dienstzeiten? Da muss etwas dahinter stecken!

Die beiden Kinder freuen sich, als ihre Mutter sie auf dem kleinen Hausrasen empfängt. Sie spielen Federball mit ihrem Vater. Jana gibt Jörn einen Kuss. »Na, Rasenspiele, bei dem Wetter fantastisch, da mache ich gleich mit«, erklärt sie ihrem Mann und den Kindern. Bis es den frisch gepflückten Salat, die Käseplatte und den Rhabarbersaft gibt, was Jörn schon alles vorbereitet hat, vergeht die Zeit sehr schnell. Als die Kinder zu Bett sind, kündigt Jana ihrem Mann eine Bootstour an. »Du Jörn, wir haben da einen Toten im Wasser, der trieb an einen Pfahl gebunden die Ems hinunter. Ich finde, du könntest am Sonnabend mal zeigen, was du als neuer Besitzer des Bootsführerscheins so drauf hast. Hast du Lust?«

Jörn wittert zwar, dass er hier für einen dienstlichen Auftrag »missbraucht« werden soll, willigt aber gern ein.

»Du möchtest das Ufer absuchen, oder wie soll das gehen, welchen Abschnitt fahren wir denn?«, erkundigt sich der neue Skipper.

»Wir legen in Lathen ab und wollen emsabwärts – so weit du willst. Also die Leiche wurde am Marinapark Emstal gefunden, das ist …« Jörn unterbricht Jana: »Kenne ich, da habe ich schon mal angelegt, das ist nördlich von Steinbild. Wir können aber weiter bis Dörpen fahren, da zweigt der Küstenkanal ab.« Dann schlägt er noch vor: »Es gibt da doch das Dünenbad Dörpen 25. Und wir könnten sogar bis Papenburg fahren und deine Eltern besuchen.«

Als Jana am nächsten Tag die näheren Berichte zum Mordfall Nösig durchschaut, knetet sie mehrmals mit dem rechten Daumen und Zeigefinger ihre Unterlippe, was sie gern tut, wenn sie nachdenkt. Diese Angewohnheit wollte sie sich schon abgewöhnen, aber das ist schwer, denn sie läuft unkontrolliert ab. Jörn fand heraus, dass ihr Lippenkneten ein Signal an die Umwelt ist: Jetzt wird es ganz schwierig, ich muss nachdenken, Ruhe bitte.

In ihrem Polizeibüro erkennt anscheinend niemand dieses Signal, denn schon stürzt ihr Kollege Matthias auf sie zu: »Moin, Jana, schon gehört? Die Frau des toten Nösig liegt hier in Lingen in der Klinik, sie wollte sich offenbar das Leben nehmen. Überdosis Schlaftabletten. Fährst du hin?«

»Danke Matthias, ja, ich telefoniere gleich mal, ob sie vernehmungsfähig ist, ich hatte sie für heute sowieso auf dem Zettel. Sag mal, haben wir den Todeszeitpunkt schon?«

Matthias guckt in sein neues Polizei-Tablet: »Ich schaue mal unter Aktuelles, ja, hier, erwürgt zwischen 22 und 23 Uhr am Mittwoch. Dann muss er einige Stunden an Land gelegen haben, ins Wasser tauchte er sehr wahrscheinlich erst gegen 5.30 Uhr. Das haben die Rechtsmediziner ermittelt.«

Jana meint: »Danke, dann können wir ja die Berechnung unseres älteren Kollegen fortsetzen. Er wollte vom Todeszeitpunkt ausgehen, die Fließgeschwindigkeit der Ems berücksichtigen und vom Fundort aus die Strecke zurückrechnen, wo die Leiche zu Wasser ging.«

»Äh, schon mal was von Wehren und Schleusen gehört? Dein Mann wird dir das auch sagen, der ist doch Skipper«, wendet Matthias ein. »Die Ems ist keine Rutschbahn, da bleibt so ein Marterpfahl oder Floß schon mal öfter hängen. Vielleicht hat der Mörder ihn ja immer wieder flott gemacht, wenn das Totholz mal quer lag«, amüsiert sich Matthias. »Bitte mehr Respekt vor dem Toten«, sagt Jana halb ernst. »Wir wollen am Sonnabend mal die Strecke mit einem Boot abfahren. Willst du mit, wird so eine Art Familienausflug«, schlägt Jana vor.

»Darf ich? Gern. Jörn kann mir mal zeigen, was er so gelernt hat, ich will ja in sechs Wochen die Prüfung zum Bootsführerschein machen«, erwidert Matthias.

Die Ärzte in der Klinik gewähren der Ermittlerin nur zehn Minuten. »Wie geht es Ihnen, Frau Nösig? Jana Kuhlmann mein Name, Kripo Lingen«, beginnt sie ihre Befragung. »Müde, sehr müde.« »Mein Beileid, Frau Nösig«, führt sie das Gespräch fort. »Ja, alles schrecklich.« »Das ist einfach nur traurig«, zeigt sich Jana einfühlsam, »ich verstehe. Ein großer Verlust für Sie nach so langen Ehejahren. 20 Jahre. Sie hatten ihn ja vermisst gemeldet, und meine Kollegen haben sich am Donnerstag Nachmittag gleich bei Ihnen gemeldet.«

»Ja danke, es war ein Schock für mich. Aber nun, es geht jetzt schon, ich muss da halt durch.«

»Wie können wir uns Ihren Mann vorstellen? Was war er für ein Typ? Er spielte ja, wie ich gelesen habe, im Fußballverein SV Meppen [26] hobbymäßig«, erkundigt sich Jana Kuhlmann.

»Ach ja, er war nicht unbedingt die Sportskanone mehr, früher schon, aber jetzt ist er doch ein alter Herr, doch überall beliebt, Typ lustiger Vogel, hatte gern Frauen um sich«, redet sie drauflos.

»Frauen um sich, wie meinen Sie das, hatte er Freundinnen?«, will die Kripofrau genauer wissen.

»Ja, viele, aber nur so natürlich, wir waren doch verheiratet. Aber er war halt viel unterwegs.«

»Was hat der Tod Ihres Mannes bei Ihnen ausgelöst, Frau Nösig, warum erlitten Sie diesen Zusammenbruch?«, erkundigt sich Jana vorsichtig. »Ach, ich fühlte mich so einsam, ich wollte nicht mehr, das kam ganz plötzlich.«

Der Arzt schaut ins Zimmer und nickt bedächtig, offenbar ein Zeichen, die Befragung zu beenden.

»Frau Nösig, ich wünsche Ihnen alles Gute. Ich möchte Sie mal zu Hause besuchen, in ein paar Tagen, wenn es Ihnen besser geht.« »Oh je, was soll das? Die soll mich in Ruhe lassen«, murmelt Julia Nösig unhörbar vor sich hin. Sie wird schon am nächsten Tag entlassen und bringt ihr Haus in Ordnung. »Ich muss mal gründlich aufräumen, bevor die hier aufschlägt«, sagt sie sich immer wieder.

Die Bootstour am Sonnabend wird zu einer lustigen Wasserpartie. Jörn hat das kleine Motorboot eines Freundes in dieser Saison übernommen, weil der sechs Monate auf Weltreise gegangen ist. Die »Mathilda« ist als Saisonlieger beim Wassersport Club Lathen vertäut. Da geht die Reise los. Neben Jana und Jörn sind ihre beiden Kinder Birte und Ole sowie Janas Kollege Matthias an Bord.

Jörn begrüßt Matthias besonders herzlich: »Na, du bist ja auch bald amtlich geprüfter Steuermann.«

Sie legen in Lathen ab und notieren den Ems-Kilometer 190 als Start. Der Tote wurde bei Kilometer 198 gefunden, in Steinbild. Kaum haben sie die erste Brücke passiert, biegt die Ems links ab, während der Kanal geradeaus nach

Düthe weiterführt. Sie fahren ein Stück links, werden aber schnell durch ein Wehr gestoppt. Dann geht es zurück und rund drei Kilometer weiter nach Norden. »Schon die erste Schleuse«, stöhnt Jörn.

»Ist wohl schlecht für eine Leiche am Pfahl, die zu passieren, oder wird die automatisch durchgeschleust«, macht sich Jana ein wenig lustig über die Vorstellungen ihres Kollegen Eilers, der ja zugab, mit diesem Element nicht so viel am Hut zu haben. Von hier bis zum Marinapark sind es nur noch 3,5 Kilometer. Sie fahren unter der Brücke bei Steinbild durch, stellen den Motor in Leerlauf und machen Fotos.

»Hier müssen die beiden Männer von der Terrasse des Lokals da drüben den treibenden Pfahl im Fluss gesehen haben«, erklärt Jana, die in Gegenwart der Kinder das Wort »Leiche« bewusst vermeidet. Jörn biegt dann zur Marina ab und macht fest. Die fröhliche Runde hat an Bord gerade Tee, Kekse und Kaltgetränke zu sich genommen. Die Landpartie startet. Sie sehen sich die Häuser, die Jachten und das Lokal an, gehen auf die Terrasse. Sie fahren dann wieder weiter an Dörpen vorbei, machen einen Abstecher in den Küstenkanal, dann nach Papenburg. »Wollen wir mal anlegen und meine Eltern kurz besuchen?«, schlägt sie vor.

»Jaaa!«, rufen die Kinder. Und so zieht die »Mathilda« an Heede und Aschendorf vorbei.

In Rhede lockt der Spieksee zum Baden. »Nächstes Mal halten wir da zum Schwimmen, bei unserer nächsten Radtour von Oma und Opa aus fahren wir auch mal zum Melkhüsken von Specker-Dünhöft **27** und durch die Bauerndörfer Borsum, Brual und Neurhede **28**, das möchte ich euch mal zeigen, da gibt es selbst gemachten Joghurt und Kuchen, Birte und Ole«, schlägt Jana vor.

»Falls ihr das Landwirtschaftsmuseum Rhede (Ems) **29** nicht kennt, da könnt ihr auch stoppen, und die Alte Rheder Kirche **30** hat gotische Rankenmalereien«, steuert Matthias noch von seiner Ortskenntnis bei. Dann ist die Meyer Werft in Sicht. Hinter der Schleuse wird angelegt. »Da, Oma und Opa warten schon«, rufen die Kinder. Jana hatte sie rechtzeitig vorher angerufen.

Am Montag in ihrem Dienstbüro trifft sie den Kollegen Eilers. »Na, Wochenende gut gewesen?«, fragt er fast tonlos, als erwarte er keine Antwort. »Ja, wir waren mit dem Boot auf der Ems unterwegs und haben im Marinapark Emstal in Walchum angelegt.« Jana spürt diese mürrische Note bei ihrem Kollegen.

»Wo ging denn jetzt die Leiche zu Wasser, ich habe noch mal nachgerechnet, das muss irgendwo bei Haren gewesen sein«, greift Eilers seine alte Rechnung wieder auf. Jana will ihm heute nicht widersprechen oder ihn gar damit enttäuschen, dass er Wehre und Schleusen übersieht. Sie sagt nur: »Wir rechnen noch, aber ich habe eine Frage. Hältst du es für möglich, dass nach 20 Jahren Ehe die Frau ihren Mann erwürgt und dann per Marterpfahlreise die Ems hinunterschickt? Was wäre das für ein Zeichen, was würde sie damit bezwecken?«

»Wieso das jetzt? Die Frau als Mörderin ihres Mannes? Gibt es dafür Hinweise oder ist das wieder so eine Intuition Komma weiblich?«, will Eilers wissen. »Ich stelle mir nur vor, diese Ems-Abfahrt, tja, das ist rätselhaft. Ich denke da an eine letzte Talfahrt, allen am Fluss wird der

Tote noch mal präsentiert, bevor er in den ewigen Jagdgründen verschwindet. Aber warum nachts? Wäre er denn bis zur Nordsee gekommen?«, will er wissen.

»Ewige Jagdgründe sagst du, Indianer spielen, Nordsee? Nee, da sind viele Schleusen und Wehre. Er wäre vom Marinapark aus weiter nach Norden maximal bis zur Schleuse Bollingerfähr in Heede gekommen«, wird Jana präzise und hat gleich eine neue Aufgabe für Eilers parat: »Kannst du nicht mal das Leben des Nösig auf dunkle Flecken untersuchen? Wir brauchen Hinweise auf mögliche Täter.«

Zur Befragung der Nösig-Witwe in ihrem Haus drei Tage später hat Jana sich eine besondere Strategie zurechtgelegt. Sie heißt Überraschungsangriff. Irgendwie will ihr die Idee nicht aus dem Kopf gehen, die Frau habe ihren Mann ermordet. Hinweise hat sie allerdings keine. Und weil sie sich beruflich gut mit Saskia Gehrs von der Polizeistation Hümmling-Sögel versteht, bittet sie sie dazu. Die 25-Jährige ist hoch erfreut. Sie bereiten sich vor und wollen die Frau mit verteilten Rollen in die Zange nehmen.

Jana beginnt so: »Ihnen geht es wieder besser? Das freut mich, Frau Nösig. Sie hatten schwere Tage. Erzählen Sie uns doch, wie Ihre Ehe so funktionierte. Ich meine, wie standen Sie zueinander?« »Es waren lange Jahre, vielleicht zu viele, aber nein, es war okay, wir waren nicht ein Herz und eine Seele, aber wir hielten zusammen«, sagt Julia Nösig. Dann macht sie eine Pause. »Naja, dass mein Mann so von den Frauen gemocht wurde, das hat mich schon gestört. Welche Frau stört das nicht? Aber er hatte ja nichts mit denen …« Saskia prescht vor, wie mit Jana abgesprochen: »Wir haben uns mal im Verein umgehört, Ihr Mann hatte sehr wohl eine Affäre mit einer jungen Frau, das soll ein paar Jahre lang gelaufen sein. Sie wussten davon, oder?«

Julia Nösig blickt betroffen auf den Teppich. »Dazu möchte ich jetzt nichts sagen«, beginnt sie leise. »Ich weiß nicht, wer Ihnen das erzählt hat. Das mit diesem Flittchen Meggi, das, na, das …«, sie schluchzt kurz auf, »das war ja wohl vorbei.« »Ihr Mann ist erwürgt worden, Frau Nösig«, führt Jana das Gespräch fort. »Glauben Sie, dass er Feinde hatte? Wer kommt für so eine Tat infrage? Eher ein Mann, weil man dazu Kraft braucht? Sehen Sie irgendwo Verdächtige?«

»Nein, sehe ich nicht, Feinde hatte er nicht. Ich kann mir keinen Täter vorstellen. Ja, ein Mann, das glaube ich auch. Erwürgt sagen Sie? Wie schrecklich!«, antwortet die Frau, deren Augen wohl vom Weinen so rot sind. Sie trocknet sich ein paar Tränen ab.

»Denken Sie noch an Meggi, dieses Flittchen, wie Sie sagten, Frau Nösig? Hat Sie das so verletzt?«, bohrt Saskia weiter. »Ja, diese Kuh müsste man umbringen, die hat doch unsere Ehe gestört wie ein Störsender den Empfang«, wird Julia Nösig wieder lauter. »Frau Nösig, wenn Sie und Ihr Mann zusammen lustig sein wollten, haben Sie dann Alkohol getrunken, und wenn ja, was haben Sie bevorzugt?«, will Jana wissen.

»Bier und Korn, das haben wir beide gern getrunken, er mehr als ich«, meint Julia Nösig. Saskia kontert derweil so: »Hätten Sie Meggi gern umgebracht, und wenn ja, wie?« Die Befragte schaut auf und ruft entschieden:

»Erwürgt! Vielleicht mache ich das noch!« Saskia will mehr über die Ehe der Nösigs wissen: »Fühlten Sie sich unterdrückt von Ihrem so beliebten Mann, ist es das, was Sie störte?«

»Klar, er trampelte auf meinen Gefühlen herum. Ich habe meinen kleinen Putzjob, er verdiente das gute Geld als Klimatechniker. Ich habe fast keine Freunde, er war der Liebling des Emslandes, aber er bezog mich nie ein. Er wollte geliebt werden, aber von all den anderen. Meine Liebe erwiderte er nicht. Es war wie verhext. Ich bin leicht reizbar, daher warf ich ihm oft Sachen an den Kopf, die er kaum verstand. Er haute dann einfach ab. Weg, verschwunden, keine Ahnung, wann er wieder auftauchen würde. Von dieser einen Liebschaft wusste ich, aber vielleicht waren es noch mehrere.«

Jana fasst Julia Nösig am Arm. »Warum haben Sie sich nicht getrennt?« Sie antwortet und schluchzt: »Ich konnte nicht, ich hing an ihm, aber er nicht an mir. Das war wie Folter, der ich mich nicht entziehen konnte. Ich sah keinen Ausweg. Mein Leben war am Ende, ich drehte durch.« Saskia nickt Jana zu, denn nun scheinen sie an einem Punkt zu sein, den sie vorher schon besprochen hatten. »Frau Nösig, es tut mir leid, das sagen zu müssen, aber wir halten es für möglich, dass Sie Ihren Mann erwürgt haben«, stellt Jana fest. »Es gibt Indizien dafür.«

Julia Nösig wirkt plötzlich benommen. Ihre Augen kreisen, sie sucht innerlich Halt, das merken die beiden Polizistinnen. Sie lassen sie einen Moment taumeln. »Sie müssen nichts sagen, Frau Nösig, Sie haben das Recht auf einen

Anwalt, wir vernehmen Sie nun als Verdächtigte, nicht mehr als Zeugin«, stellt Jana klar.

Saskia wählt hingegen den anderen Pfad, indem sie sagt: »Sie sind ein Opfer Ihres Mannes, er hat sie vermutlich 20 Jahre unterdrückt. Hat er Sie auch misshandelt? Sie konnten irgendwann nicht mehr und wollten ihn beseitigen. Wut hatte sich aufgestaut, Sie fanden kein anderes Ventil. Erwürgen erfordert wahnsinnige Wut, die hatten Sie und die Kraft gleich dazu. Waren Sie stärker als Ihr Mann?« Die Frau empfindet Verständnis bei Saskia, sie will reden, sie schluchzt. »Das Leben mit ihm war unerträglich, aber ohne ihn wollte ich auch nicht sein. Aber es war ein Unfall, ganz ehrlich.«

Jana und Saskia sehen sich an. Ihre Strategie hatte gezündet. Sie hatten schon jetzt eine Art Geständnis, dabei war Janas Beweislage recht dünn. Zwar hatte Eilers durch Befragungen im Fußballverein die Sache mit Meggi herausgefunden und durch den Abgleich von DNA-Spuren am Hals des Opfers auch eine Spur zu Julia Nösig, doch waren die Zusammenhänge noch recht lückenhaft. Klar ist nur: Jemanden mit eigenen Händen die Luft am Hals abzudrücken, das erfordert sehr viel Wut und Kraft. Es sind aber selten Fremde, die so etwas tun. Eilers vermutete jedoch einen Auftragsmord der Frau, weil die selbst zu schwach gewesen sein könnte. »Haben Sie mit Ihrem Mann an dem Abend, bevor er starb, zusammen einen genommen, wie man so schön sagt?«, will Jana wissen.

Zunächst schweigt sie betroffen. Dann sagt die Befragte: »Ja, wir haben uns hinter dem Wehr in Lathen, wo die Ems nach Westen abbiegt, am späten Abend hingesetzt und die Picknickdecke ausgebreitet. Ich hatte eine Kühltasche voller ›Rosche und Berentzen‹ im Auto dabei, die Schnäpse hier aus Haselünne, und dann Bier. Ich kündigte ihm einen romantischen Abend zu zweit an. Ich wollte ihn endlich wieder allein für mich haben, verstehen Sie?«

Sie macht wieder eine Pause. »Er ging darauf ein, wir hatten ja lange nichts mehr zusammen unternommen, geschweige denn im Bett. Er holte sich den Appetit woanders und bediente sich auch woanders. Ich ging immer leer aus. Erst habe ich zwei Biere mitgetrunken, dann den Korn für Steffen und mich eingeschenkt. Aber meinen habe ich nie getrunken, das hat er gar nicht gemerkt, ich habe ihn weggeschüttet.«

Die Frau holt kurz Luft, schenkt sich ein Bier ein, das sie aus dem Kühlschrank geholt hat, und erzählt weiter: »Aber der wollte gar nichts von mir. Ich konnte ihn nicht einmal mehr küssen. Der drehte sich weg. Als dann sein Handy klingelte und irgend so eine Schlampe dran war, dann drehte ich durch. Mein Plan – erst zusammen saufen, dann zusammen Sex im Freien an der Ems, wie wir das früher machten – lief nicht. Es war aus.«

»Und wie kam es dann zu dem *Unfall*, wie Sie sagen?«, erkundigt sich Jana. »Dann nahm er von diesen krümeligen Keksen, obwohl er sich da immer dran verschluckt. Und als er anfing zu husten und rot anlief, habe ich mich einfach nur noch vor ihm geekelt. Ich wollte nur noch, dass er aufhört, mit dieser Schlampe zu telefonieren, wollte meine Ruhe vor diesem Mistkerl haben. Da packte ich seinen Hals von hinten, und drückte und drückte, mit meiner ganzen Wut drückte ich ihm die Luft ab, so wie er mir die Luft zum Leben nahm, weil er den Hals ja nicht voll kriegen konnte von anderen Weibern. Es fühlte sich so gut an. Ich war wie in Trance. Und als ich wieder zu mir kam, lag er so leblos nehmen mir. Ich stürzte mich auf ihn und rief ›Steffen, Steffen, komm zu dir‹, aber er atmete nicht mehr. Ein Unfall.«

Saskia kann es kaum glauben, was sie hört. Jana bleibt cool und fragt nach: »Wie haben Sie ihn dann auf dieses Floß gebunden und warum eine letzte Seereise ins nasse Grab?«

Auch darauf hat Julia Nösig eine Antwort: »Ach, das war alles spontan. Ich wusste nicht, was ich machen sollte. Ich dachte nur, weg mit dem, ab ins Meer. Sonst kommen sie dir noch auf die Spur. Ich dachte, ich schicke ihn auf eine Reise, aufgebahrt und mit Blick in den Nachthimmel, er sollte in die Sterne schauen, er sollte am Marterpfahl enden. Ich war verzweifelt.«

Jana will mehr wissen: »Sie hatten einen Pfahl mit schweren Gewichten unten dran vorbereitet, sodass sein Körper auch oben blieb, wieso wussten Sie, dass das funktioniert?«

Die Frau wehrt ab: »Nichts habe ich vorbereitet. Es hat Stunden gedauert, bis ich Steine zusammenband, die ich am Ufer gefunden hatte. Ich hatte Bänder im Auto zum Zusammenkleben. Ich hatte zwei Säcke, die ich unten an das Holzgerüst aus dem Pfahl in der Mitte und den seitlichen Auslegern band. Es war alles ein Provisorium. Ich habe Stunden gearbeitet, und niemand war in der Nähe, das war mein Glück. Die Ecke ist ja recht einsam, das wusste ich. Daher hatte ich da unseren romantischen Abend im Gras geplant. Doch jetzt war ich dabei, ihn auf seine letzte Reise im Fluss zu schicken. Schrecklich, oder?«

Saskia äußert Verständnis, indem sie sagt: »Endlich war Ihr Bremsklotz weg, endlich wurden Sie nicht mehr bevormundet, Sie hatten doch jetzt freie Bahn zu Hause und bei Freunden, doch dann kam die Krise, Sie wollten sich umbringen mit Schlaftabletten, haben Sie Ihre Tat bereut?« Die Frau schaut auf, lässt ihre beiden Gäste spüren, dass sie dieses Gespräch, so schwer es scheinen mag, doch sehr genießt. Genau das hatte sie immer vermisst: sich auszutauschen, sich verständlich zu machen, sich ernst genommen zu fühlen. »Es war nur gespielt, ich wollte Trauer vorspiegeln, Krise, und ich wollte auf keinen Fall als triumphierende Überlebende mein Hochgefühl zeigen, das hätte mich ja wohl sehr verdächtig gemacht, doch Sie sind mir trotzdem irgendwie auf die Schliche gekommen. Ich weiß nicht, warum, aber Sie haben mich erwischt. Doch ehrlich, es war ein Unfall, es war Affekt, ich hatte das nicht geplant. Und jetzt? Ich hatte noch gar keine Zeit, meine neue Freiheit zu genießen.«

So sehr sie das Geständnis als Erfolg ihrer Arbeit und ihrer Gesprächsführung werten können, so sehr sind Saskia und Jana auch bedrückt von den Erzählungen der Frau, ihren Motiven und ihrer anscheinend spontanen Tat. »Frau Nösig, wir müssen Sie leider mitnehmen, Sie sind vorläufig verhaftet«, sagt Jana traurig. Saskia legt der Frau einen Arm auf die Schulter. Julia Nösig weint und hält beide Hände vor ihr Gesicht. Am nächsten Tag gratuliert Jan-Hinnerk Eilers seinen Kolleginnen Jana und Saskia. »Ich hätte nicht gedacht, dass sie ihn selbst erwürgt hat, alle Achtung«, ruft Eilers. Doch die beiden Polizistinnen wirken fast traurig. Sie haben zwar eine Mörderin überführt, aber sie empfinden Mitleid für sie und ihre missliche Lage. So sehr sie die Tat ablehnen, so sehr verstehen sie die Motive dazu. Freude über den gelösten Fall kommt bei ihnen nicht auf. Da dient doch eine Small-Talk-Frage an Jan-Hinnerk als Ablenkung.

»Was macht denn dein Struppi, Jan-Hinnerk, der hatte doch neulich so eine Darmverstimmung, oder?«, fragt Jana. Nun wird ihr Kollege fast blass und wirkt traurig, als hätte er sich von den beiden Frauen anstecken lassen. Mürrisch sagt er: »Struppi ist tot, das war ein Tiefschlag, da konnten wir nur trauern, meine Frau Helga und ich. Wir haben ihn gestern bestattet, auf dem Tierfriedhof. Ich konnte einfach nicht darüber reden, ein schmerzlicher Verlust. Schon seit zwei Wochen ging es ihm schlecht. Er war doch erst zwölf. Wir mussten ihn einschläfern lassen.«

»Oh, mein Beileid«, erwidert Jana. »Aber das erklärt offenbar, Jan-Hinnerk, warum du die letzten Wochen immer so abweisend und ablehnend warst, ich hatte mir schon Sorgen gemacht, aber nun verstehe ich. Jetzt geht es mit neuem Schwung nach vorn. Habt ihr denn schon überlegt, einen neuen Hund zu kaufen?«

»Ja, das wollen wir unbedingt. Und wir werden ihn Timmy nennen. Tim und Struppi, die Comics haben Helga und ich doch über alles geliebt.«

Dörpen

Der Ort mit ländlicher Tradition im Norden des Emslandes ist für Wassersportler ein Begriff. Ob auf Ems, Küstenkanal oder Dortmund-Ems-Kanal – Skipper sind hier aktiv. Das Wasservergnügen reicht von Angeln bis Wasserski. Das Museum zur Herstellung von Papier ist faszinierend. Die Ortsteile Neubörger und Neulehe wurden schon 1788 als Moorsiedlungen gegründet. Auch Dersum, Heede, Kluse, Lehe, Walchum und Wippingen gehören dazu. In Letzterem ereignet sich übrigens auch ein Mord (Nr. 8) – an der Wippinger Durchfahrtsmühle.

19 **Leher Pünte**

Als einzige seilgebundene Fähre über die Ems schreibt diese Pünte Geschichte. Erstmals um 1900 eingerichtet, versah sie ihren Dienst bis in die 1960er-Jahre. Für Radfahrer und Fußgänger neu in Betrieb ging sie 2001. Und wer Lust hat, selbst einmal Hand anzulegen bei der Überfahrt, darf (nach vorheriger Anmeldung) sogar das »Leher Püntenpatent« erwerben. Fünf Disziplinen sind notwendig; Fische fangen, Rettungsring werfen, Knotentechnik, Kompass einnorden und Emsratten schlagen. Viel Erfolg! Die Fähre fährt von Mai – Oktober sonntags, in der Woche nur auf Anmeldung (www.leher-puente.de). Anfahrt rechts der Ems von Lehe ausgeschildert, linksseitig: auf halbem Weg zwischen den Schleusen Bollingerfähr und Herbrum.

20 **Naherholungsgebiet Heeder See**
Ideal für »Wasserratten« und Sonnenanbeter: Weite Strände am Heeder See, Beachvolleyball und Trampolin sowie die Freizeit- und Wasserskianlage »Blue Bay« bedeuten volles Vergnügen (Am See 1, 26892 Heede, www.blue-bay.de).

21 **Papierwelt Dörpen**
Blütenpapier schöpfen wie zur Zeit Goethes vor 200 Jahren, das kann hier jeder selbst einmal ausprobieren. Das selbst geschöpfte Papier lässt sich auch bedrucken. Es ist das ideale Ziel für Familien und Gruppen. Und wer hat denn sonst schon einmal ein Schöpfpatent erhalten? (Papierfabrik »Nordland Papier«, Nordlandallee 1, 26892 Dörpen).

22 **Gebetsstätte in Heede**
In den Jahren 1937 bis 1940 wird von vier Kindern aus Heede berichtet, ihnen sei auf dem alten Friedhof die Muttergottes mit dem Jesuskind erschienen. Seit dieser Zeit ist Heede ein Ort des Gebets. Tausende Gläubige verehren hier die Gottesmutter als Königin des Weltalls und der armen Seelen (Katholische Kirchengemeinde St. Petrus, Kirchstraße 7, 26892 Heede).

23 **1.000-jährige Linde**
Mit mehr als 18 Metern Stammumfang ist es die dickste Linde Europas und der dickste Baum in Deutschland – »Champion Tree« 2014 (Hauptstraße, 26892 Heede).

24 **Miniwelten Lathen**

Kinderherzen werden wach: Rund 3.000 Playmobilfiguren, 300 Fahrzeuge und unzählige, ständig neue Szenenwelten sind auf der 260 Quadratmeter großen Fläche im Gründerzentrum Emstal zu sehen (Feldkoppel 8, A31-Abfahrt Lathen, 49779 Niederlangen, www.miniwelten-lathen.de). Es geht von Bergbauern über Dinowelten, einen Papstbesuch bis zu Polizeigebäuden mit Gefängniszellen. Mehr als 20 Jahre hat Jürgen Eden die Figuren gesammelt und nun öffentlich präsentiert – die größte Ausstellung ihrer Art in Norddeutschland.

25 **Dünenbad Dörpen**

Der Platz zum Entspannen dank zweier Dampfbäder, Whirlpool und Unterwassermassagen. Die 63 Meter lange Abenteuerrutsche ist ein großer Spaß (Schulstraße 12, 26892 Dörpen, www.duenenbad.de).

26 **Fußballverein SV Meppen**

Der Traditionsverein von 1912 hat rund 1600 Mitglieder, die erste Herrenmannschaft spielt seit der Saison 2017/18 in der dritten Bundesliga und bietet in der Hänsch-Arena (Am Stadion, 49716 Meppen, www.svmeppen.de) spannende Spiele.

27 **Melkhüsken von Specker-Dünhöft**

An der Emsland-Route gelegen, fünf Kilometer entfernt von der Meyer Werft bietet das Melkhüsken (Milchhäuschen) der Familie Specker-Dünhöft in Rhede (Im Brook 6) den passenden Einstieg, sich das Bauernleben von heute zu verdeutlichen. Von Mai bis Oktober lässt sich nach Voranmeldung auch der 2500 Quadratmeter große Bauerngarten der Familie mit 30 verschiedenen Rosensorten bewundern (www.bauerngarten-im-emsland.de).

28 **Bauerndörfer Borsum, Brual und Neurhede**

Sich das ländliche Leben anschauen und entspannen, ist in diesen drei ursprünglichen Dörfern nahe der niederländischen Grenze möglich: hinfahren und auf eine Bank setzen.

29 **Landwirtschaftsmuseum Rhede (Ems)**

Exponate aus der Zeit von 1850 bis 1950 veranschaulichen das Leben auf dem Lande, gerade für Kinder sehr spannend (Emsstraße 15, 26899 Rhede).

30 **Alte Rheder Kirche**

Der Feldsteinsockel des Turms und der Mauerkern des Kirchenschiffes (Suderende 40, 26899 Rhede) stammen noch aus dem 13. Jahrhundert. Die spätgotische Kirche wurde darüber errichtet und hat drei Kreuzgewölbe sowie seltene Rankenmalereien. Der Rokoko-Altar stammt aus der St. Vituskirche in Meppen. Nachdem der Landkreis Emsland 1991 die Kirche übernommen hat, ist sie als Gedächtniskirche zentraler Ort für die Opfer der Weltkriege und der Naziherrschaft. Eine moderne Dauerausstellung eröffnete 2015.

4. ABSOLUT GRENZWERTIG

EIN TOTER LIEGT IM MOOR BEI TWIST – WARUM FUHR ER GERN ÖFTER MAL NACH HOLLAND HINÜBER?

Nervös schaut Erika Schmidt wieder und wieder auf ihr Handy, schreibt ein paar Whats-app-Nachrichten, legt es wieder beiseite, schaut wieder darauf, aber scheinbar antwortet niemand. Weder ihr Mann Walter, dessen Handy bei den Anrufen immer nur ein »Dieser Teilnehmer ist vorübergehend nicht erreichbar« von sich gibt, noch ihre Freundinnen oder Bekannten, bei denen sie sich erkundigt, ob sie etwas von Walter gehört haben.

Wenn er sich irgendwo melden würde, wäre das ja höchst ungewöhnlich, aber irgendetwas muss ich ja tun, sinniert Erika vor sich hin. Denn seit die beiden vor zwei Jahren von Oberhausen nach Neuringe, einen Ortsteil von Twist im Emsland dicht an der niederländischen Grenze gezogen sind, beschränken sich seine sozialen Kontakte auf die Mitglieder seiner Selbsthilfegruppen. Aber sie muss sich jetzt irgendwie beschäftigen, das tun, was man halt tut, wenn man auf jemanden wartet, der immer pünktlich ist und jetzt schon seit einer Stunde hätte hier sein sollen – wie sonst an jedem Sonntag.

»Soll ich dir nicht wenigstens schon mal etwas zu trinken bringen, Erika? Vielleicht unseren ›Haus-Rosche‹, der beruhigt bestimmt deine Nerven. Der Walter, der hat sich bestimmt nur ein bisschen verquatscht und steht gleich wohlbehalten hier am Tisch.« Die Worte des Gastwirts im Restaurant in Hebelermeer nimmt Erika Schmidt nur gedämpft wahr.

»Gerhard«, spricht sie den Gastwirt mit leiser Stimme an, »ich glaube, dem Walter ist etwas passiert. Er hasst Unpünktlichkeit, und du weißt, wie pedantisch er ist. Sobald etwas anders läuft, als er sich vorgestellt hat, kriegt er doch die Vollkrise. Seit zwei Jahren kommen wir nun sonntags zu euch, und er hat sich so auf den ersten Spargel der Saison von Bauer Schulte aus Haren gefreut. Da stimmt was nicht.«

»Mal mal den Teufel nicht an die Wand, Erika!«, antwortet der Gastwirt. »Aber frag doch zu deiner Beruhigung bei der Polizei an. Wollte er außer zum Anradelfest 31 in Meppen noch irgendwohin?«

»Das weiß ich nicht. So genau sagt er mir nie, was er vorhat. Aber für eine größere Runde mit dem Rad dürfte seine Kraft kaum mehr reichen. Er hat in letzter Zeit doch sehr nachgelassen. Und sein Fahrradakku reicht, glaube ich, nur so für 60 Kilometer. Aber das mit der Polizei ist eine gute Idee. Oh je, Gerhard. Ich bin völlig durch den Wind, muss ich 112 oder 110 wählen?«

»Wir sind 15 Frauen aus Twist und Umgebung, wir unternehmen jeden Montagvormittag etwas zusammen, gehen mal ins Museum in Meppen oder fahren einfach nur zum Shoppen und Mittagessen nach Lingen. Heute haben wir uns um acht Uhr zum Frühstück bei mir in Twist getroffen«, antwortet Heidi de Vries auf Jana Kuhlmanns Frage, Kriminalkommissarin aus Meppen, wobei sie das »i« in Twist extrem in die Länge zieht.

Dass Twist wie Twiest ausgesprochen wird und nichts mit Gummitwist zu tun hat, weiß ich doch, denkt sich Jana Kuhlmann, die als Erste an der Unfallstelle im Bourtanger Moor 32 eingetroffen ist.

»Danach sind wir über den Barfußpfad 33 bei mir um die Ecke gegangen. Ich mache das jeden Morgen, abwechselnd weiches Gras, warmen Sand oder kühle Bahngleise zu erspüren, ist einfach toll. So gegen neun Uhr sind wir dann losgefahren. Heute sollte ja das Wetter gut werden, und wir wollten eine kleine Radtour durch das Bourtanger Moor und das niederländische Bargerveen 34 machen, das Wollgras blüht ja auch gerade so schön, aber das können wir jetzt wohl vergessen, oder?«, fragt Heidi de Vries, die die Aufmerksamkeit sichtlich genießt.

»Wir brauchen nur noch ein paar Angaben von Ihnen, dann können Sie Ihre Radtour im Bargerveen gleich starten, ist ja schon toll, wie das renaturiert wurde. Ich habe hier letzten Herbst Zugvögel beobachtet. Nicht nur meine beiden Kinder waren beeindruckt! Aber wie haben Sie denn den Toten überhaupt entdeckt?«, fragt Jana.

»Beim Runtergehen hat meine Freundin Anneliese ihn da hinter dem Aussichtsturm liegen sehen und laut aufgeschrien. Dann sind wir alle hin, weil wir dachten, der schliefe nur oder sei bewusstlos. Aber als wir die kleine eingetrocknete Blutlache sahen und ich ihm am Hals den Puls gefühlt habe und auch keine Atembewegung mehr gespürt haben, habe ich gleich den Rettungsdienst angerufen.«

»Das heißt, Sie standen alle um den Toten herum?«, fragt Jana stirnrunzelnd. Da können wir Fußspuren wohl vergessen, denkt sie sich und ergänzt: »Sie müssen leider alle noch hier bleiben, bis die Spurensicherung da ist. Wir benötigen Schuhabdrücke von Ihnen.« Bei den Hunderten von Ausflüglern, die hier gestern eine Rast eingelegt haben, wird das nicht viel bringen. Aber ich will mir von Jan-Hinnerk nicht vorwerfen lassen, nachlässig am Tatort gewesen zu sein. Der wartet ja nur drauf, dass ich etwas falsch mache, sinniert sie über ihren älteren Kollegen in Lingen und muss an ihren Vater denken. Er war auch Polizist und hat bis zu seiner Pensionierung mit Jan-Hinnerk Eilers bei der Kripo in Lingen zusammengearbeitet. Er nannte Eilers mal einen »falschen Fuffziger«.

Gut, dass Jan-Hinnerk heute einen Tag Urlaub hat, so kann ich mir das hier in Ruhe alleine ansehen. Der hat sich ja bestimmt bei seiner Geburtstagsfeier wieder ein paar ›Rosche und Heydts‹ zu viel genehmigt, denkt Jana, während Thomas Fastabend von der »Spusi« (so kürzt sie die Spurensicherung ab) aus Lingen sie von hinten leicht umarmt und ihr ein »Schön, dass wir uns mal wieder sehen« ins Ohr flüstert.

Lächelnd dreht sie sich um. »Hallo, Thomas! Nicht sehen heißt ja auch, es ist nichts passiert!« »Aber vielleicht passiert ja mit uns beiden doch noch mal was?«, strahlt Thomas Jana fragend an. »Das hat doch schon zu Schulzeiten mit uns beiden nicht funktioniert, Thomas. Und jetzt – du weißt doch – ich habe einen Mann, zwei Kinder, mittlerweile stricke ich sogar«, rechtfertigt sich Jana.

»Oh nein. Wenn sie im Emsland nicht stricken, ist Sonntag. Wie hältst du es mit dieser Redeweise aus dem 19. Jahrhundert?« Den ironische Unterton von Thomas hat sie nicht überhört. »Ist bei mir umgekehrt. Ich stricke nur sonntags, das ist Zen-Meditation pur. Ich weiß, Männer verstehen das nicht, mein Mann Jörn findet das auch spießig. Aber jetzt mal zum Dienstlichen. Also, der Tote ist Walter Schmidt. 57 Jahre alt. Er wurde gestern Abend gegen 19 Uhr von seiner Frau als vermisst gemeldet. Sieh mal hier, mein neues Tablet. Eines von zehn in unserer Polizeidirektion. Genial, bald haben wir alle immer und überall Zugriff auf alle Systeme. Der Notarzt schrieb mir gerade: Mehrere Knochenbrüche deuten auf einen Sturz vom Aussichtsturm hin, einen Unfall oder Selbstmord würde er aber erst einmal ausschließen. Dafür sei der Turm zu gut gesichert und auch nicht hoch genug. Hast du gelesen, dass neulich doch einer tatsächlich in Meppen einen Sturz aus dem achten Stockwerk mit ein paar Knochenbrüchen überlebt hat? Seid also bitte besonders gründlich und …«

»Jaja, und bitte auch besonders schnell, wie immer also«, fällt ihr Thomas ins Wort. »Und könntest du mir heute gleich die Verbindungsdaten von seinem Handy schicken und das Navi an dem Fahrrad auslesen?«, beendet Jana ihren Satz. »Ja klar, den Täter liefern wir auch gleich noch mit, gleich morgen, wenn's recht ist! Mensch Jana, wir machen doch alle unseren Job. Und das gerne. Und gerne auch gut, entspann dich, strick ein paar Socken, ich habe Schuhgröße 44, wir melden uns«, reagiert Thomas Fastabend etwas genervt, aber er zwinkert ihr dabei zu.

»Erika Schmidt?«, fragt Jana, als ihr und ihrem Kollegen Benno Meyer von der Dienststelle in Twist eine kleine zierliche Frau Anfang 50 die Tür zu einem neuen Einfamilienhaus öffnet. »Ja, das bin«, sagt sie mit Blick auf das

Polizeiauto und fährt schluchzend fort: »Was ist mit meinem Mann? Haben Sie ihn gefunden?«

»Frau Schmidt, mein Name ist Jana Kuhlmann von der Kripo aus Lingen, und das ist mein Kollege Benno Meyer von der Dienststelle hier in Twist. Dürfen wir reinkommen?«, fragt Jana leise und berührt Erika Schmidt dabei sanft am Arm. »Versuche, Nähe aufzubauen, bevor du eine schlechte Nachricht überbringst«, hat Jana die Worte ihres Vaters im Ohr und fragt sich sogleich, warum sie in solchen Situationen immer wieder an ihn denken muss. Es ist zwar jedes Mal eine neue Herausforderung, aber schließlich hat sie schon zigmal Todesnachrichten überbringen müssen. Wortlos zeigt Erika Schmidt den beiden Polizisten den Weg ins Wohnzimmer und weist auf zwei Ledersessel, während sie sich in das neue auf alt getrimmte Sofa fallen lässt.

Auf Vintage durchdesigned, irgendwie unpersönlich und steril, speichert Jana die Einrichtung ab und setzt sich hin. »Es tut mir sehr leid, Frau Schmidt. Wir konnten Sie die letzten Stunden telefonisch nicht erreichen, darum sind wir gleich zu Ihnen gekommen.« Jana macht eine kurze Pause, atmet hörbar tief ein. »Ihr Mann wurde heute Morgen tot im Bourtanger Moor gefunden, unter dem Vogelbeobachtungsturm am Bargerveen, kennen Sie den?«

Gefasst antwortet Erika Schmidt: »Da waren wir oft zusammen, Vögel beobachten, die Landschaft betrachten, Fahrrad fahren, deshalb sind wir hierher gezogen. Ihr Kollege gestern Abend am Telefon, als ich meinen Mann vermisst meldete, hat mich ja nicht ernst genommen. Hätten sie doch gestern nur nach ihm gesucht, er würde bestimmt noch leben. Ich …«, sie holt kurz Luft und wird jetzt doch recht laut, »ich werde Sie verklagen. Sie sind schuld an seinem Tod. Sie hätten gestern gleich …«

»Frau Schmidt«, unterbricht Jana die sich in Rage redende Ehefrau. »Ich kann Ihre Aufregung gut verstehen, aber noch wissen wir ja gar nicht, was passiert ist. Dafür brauchen wir Ihre Hilfe. Wir müssen wissen, was Ihr Mann gestern gemacht hat, mit wem er gesprochen hat.«

»Das habe ich Ihrem Kollegen gestern schon gesagt. Er ist gegen zwölf Uhr zu Hause mit seinem Fahrrad losgefahren, alleine, und wollte nachmittags zum Anradelfest in Meppen am Kunstzentrum Koppelschleuse. Was er da wollte, weiß ich nicht. Denn eigentlich macht Walter sich nichts aus solchen Festen mit Livemusik und vielen Menschen. Am Abend vorher wollte er auf jeden Fall nicht hin. Ich musste aber mal raus und bin mit Freunden vom Campingplatz ›Blaue Lagune‹ ohne ihn hingefahren. Die überdachte Bier-Meile und ein geniales Jazz-Trio waren wunderbar. Na ja, Walter wollte halt wie immer sonntags nur durch die Gegend radeln und dann zum Gasthaus in Hebelermeer kommen. Wie jeden Sonntag wollten wir da um 18 Uhr zusammen essen. Als er um 19 Uhr immer noch nicht da war, wusste ich, dass ihm was passiert ist. Er ist die Pünktlichkeit in Person. Und dass er an Multipler Sklerose leidet und seit einiger Zeit dadurch öfter Schwindelanfälle und Gleichgewichtsstörungen hat, das habe ich Ihrem Kollegen auch gesagt, dem Ignoranten. Ich hätte zwar eher gedacht, dass es beim Radfahren passiert, aber jetzt fällt er einfach so um und ist tot, ich kann das gar nicht glauben.« Das Gespräch bringt keine weiteren Erkenntnisse. Jana und Benno verabschieden sich nach einer Weile.

»Prima, krankheitsbedingter Tod, dann ist alles klar. Da können wir das ja schnell abhaken«, freut sich der Twister Polizist Benno Meyer, während sie auf dem Weg zum Auto sind. »Sie brauchen mich wohl nicht mehr, Frau Kuhlmann, oder? Ich würde nämlich gerne bei meinen Eltern vorbeischauen. Meiner Mutter geht es nicht so gut, aber sie muss meinen Vater pflegen.« Wirklich alles klar?, denkt sich Jana, als sie sich von Meyer an der Dienststelle in Twist verabschiedet. Mit dem am Aussichtsturm gefundenen Elektro-Faltrad kann der überall gewesen sein. Und diese Erika Schmidt liefert auch gleich noch die Todesursache, irgendetwas stimmt da nicht.

»Moin, Jana, wir haben uns ja ewig nicht gesehen. Schön, dass du wieder in der Heimat bist. Bist du privat oder beruflich hier?«, fragt Gerhard Tobben, der Wirt in Hebelermeer. »Beides, ich habe Hunger und ein paar Fragen.«

»Das habe ich mir gedacht. Der Tod vom Walter hat sich schon herumgesprochen. Weißt ja, wie das hier geht. Also, Lust auf klassischen Spargel mit Schnitzel und Kartoffeln?« »Klingt gut. Und was kannst du mir über die Schmidts so erzählen?«

»Ich kenne die seit Jahren, wie lange, kann ich dir gar nicht so genau sagen. Früher, als sie noch in Oberhausen wohnten und die Wochenenden in ihrem Wohnwagen auf dem Campingplatz der ›Blauen Lagune‹ verbrachten, kamen die sporadisch, vielleicht einmal im Monat. Aber seit sie jetzt in Neuringe wohnen, also so seit zwei Jahren, da kommen die jeden Sonntag«, erzählt der Wirt. »Sie reist mit dem Auto an und er mit seinem kleinen, supermodernen, faltbaren und vollgefederten E-Bike. Seit mein Sohn den Laden hier übernommen hat, fahre ich auch viel Fahrrad und kenne mich da aus. Teurer geht es kaum, andere kaufen sich für das Geld ein gebrauchtes Auto. Aber mit seinen Gleichgewichts- und Sehstörungen durfte der ja kein Auto mehr fahren. Für den Rückweg haben sie das Fahrrad dann in den Kofferraum gepackt. Ist ja wirklich erstaunlich, wie einfach sich das zusammenfalten lässt«, resümiert der Gastwirt.

»Und was hast du so für einen Eindruck von den beiden? Alles harmonisch oder viel Fassade? Und weißt du, warum die umgezogen sind?«, fragt Jana, während sie an dieses sterile, aber recht teuer eingerichtete Haus der Schmidts denkt. Inzwischen sind Spargel, Kartoffeln und Schnitzel serviert. »Ja, mit flüssiger Butter bitte«, bekräftigt Jana die Nachfrage der Serviererin.

»*Früher*, so nennen sie die Zeit, als sie in Oberhausen wohnten und am Wochenende auf dem Platz waren, da waren die, glaube ich, ganz glücklich zusammen. Er hatte seinen Job als Stahlarbeiter, sie als Altenpflegerin. Aber dann ging es ihm gesundheitlich immer schlechter, und sie haben ihn in den vorzeitigen Ruhestand abgeschoben«, erzählt Gerhard Tobben. »Mit einer ordentlichen Abfindung, nehme ich mal an. Denn sonst hätten die das Häuschen in Twist bestimmt nicht bar bezahlen können. Das Bauland gibt es da zwar schon für 15 Euro den Quadratmeter, aber das Haus, das soll total teuer gewesen sein, mit Fachwerk, Passivhaus, angeblich die neueste Technik in Sachen Bau- und Dämmtechnik, ein eigenes Blockheizkraftwerk, alles öko und so«, plaudert er munter weiter.

»Die haben sich beraten lassen im Klimacenter Werlte 35. Dabei waren die alles andere als grün! Kennst du das Klimacenter, Jana? Echt klasse, tolle Ausstellung und viele Infos, was jeder konkret in seinem Haus oder mit klimafreundlichen Autos tun kann, das ist auch was für Kinder. Kinder hatten die beiden ja nicht, und das Geld schien auf einmal da zu sein.«

Nach einer kleinen Pause fährt er fort: »Die haben immer das gleiche gegessen: Sie hausgebeizten Lachs und unsere Emsländerpfanne mit Roastbeef. Er Garnelentopf und den Schmuggler-Grillteller mit verschiedenen Steaks. Kein Nachtisch – sie wegen der Linie, er wegen seiner Krankheit. Sie hat ein Glas Rotwein getrunken, er zwei alkoholfreie Weizen. Geredet haben sie immer weniger miteinander.«

»Warum nicht, hast du eine Idee?«

»Die viele Zeit zusammen, keine richtige Aufgabe mehr – das ist doch nicht gut für Menschen! Ich bin so froh, dass mein Sohn mich hier immer noch so ein bisschen rum muckeln lässt«, beendet Gerhard Tobben seine Einschätzung. »Und was meinst du, hatte sie einen anderen? Die ist ja deutlich jünger, vital, recht attraktiv und anscheinend sehr lebenslustig«, fragt Jana.

»Möglich, aber bei so was hör ich eher weg. Da musst du mal auf dem Campingplatz nachfragen.«

»Danke, Gerhard. Bringst du mir zum Nachtisch noch einen ›Janhinnerk‹? Den würde ich heute zu gerne vertilgen, und deine Buchweizenpfannkuchen sind einfach die besten!« Der Wirt lacht kurz, denn er versteht die Anspielung auf ihren Polizeikollegen gleichen Namens.

»Hallo, Herr Meyer, Sie kennen doch bestimmt die Betreiber vom Campingplatz ›Blaue Lagune‹. Könnten Sie sich da heute noch umsehen? Unser Toter hat dort seit Jahren einen Wohnwagen stehen«, verteilt Jana am nächsten Tag einen Auftrag an ihren Twister Kollegen. »Und obwohl er mit seiner Frau nun seit etwa zwei Jahren dauerhaft in Twist in dem Häuschen lebt, haben sie den Wohnwagen dort immer noch. Reine Routine. Und wenn Sie sich schon mal umhören, können Sie auch mal in den Vereinen in Twist nachfragen? Fangen Sie am besten mit der Volkstanzgruppe und den Landfrauen an. Ich würde gerne wissen, was die beiden so gemacht haben, welche Interessen sie hatten. Reine Routine. Vieles lässt sich bestimmt per E-Mail klären. Briefmarkenfreunde, Kaninchenzuchtverein, die drei Brieftaubenvereine, die acht Sportvereine, zehn Schützenvereine und fünf Schießsportgruppen von Twist, die sieben Chöre, Angelclub und Karnevalsverein Schöninghsdorf, – ich will wissen, ob und wo die beiden aktiv waren.« »Das ist nicht Ihr Ernst, das dauert ja Jahre«, entgegnet Benno Meyer keck.

»Erkundigen Sie sich doch bitte auch im Praxis-Verein für Alkoholgefährdete. Diskret natürlich. Wie geht es Ihrer Mutter? Kommen Sie doch bitte morgen Früh mit Ihren Erkenntnissen zu uns in Büro nach Meppen, neun Uhr«, gibt Jana Kuhlmann dem Twister Kollegen vor. »Sie sind ja so still, ist was?«, setzt sie noch nach.

»Nö, is alles paletti, Frau Kuhlmann«, stöhnt Benno Meyer und verabschiedet sich.

»Jan-Hinnerk«, beginnt Jana ihre Dienstbesprechung am nächsten Morgen. »erst mal herzlichen Glückwunsch nachträglich zum Geburtstag! Während du deinen Kater ja gestern in Ruhe pflegen konntest, haben wir schon mal im Mordfall ›Moorleiche‹ die Basics abgearbeitet. Ich hatte dir ja den Stand der Ermittlungen gestern Abend gemailt.«

»Ähm, ach so ja, lese ich eben schnell parallel, macht schon mal weiter. Wir ermitteln aber nicht etwa im Fall ›Roter Franz‹? Die Moorleiche aus dem Bourtanger Moor ist doch schon im Jahr 1900 gefunden worden und liegt doch wohl immer noch in Hannover im Landesmuseum, oder?«, stammelt Jan-Hinnerk und ärgert sich.

Urlaub ist doch immer noch Urlaub! Warum erwartet die blöde Ziege, dass ich da meine dienstlichen E-Mails lese? Wo kommen wir denn da hin?

Der Kollege aus Twist, Benno Meyer, berichtet von seinen Recherchen auf dem Campingplatz »Blaue Lagune«: »Der Walter Schmidt, der war nie wieder auf dem Platz, seit die das Häuschen bezogen haben. Der sei sehr komisch geworden, alles hat sich wohl nur noch um seine Krankheit gedreht. Ganz ehrlich, ich kenne das auch. Meine Mutter sagt immer: ›Ein Kranker zieht drei Gesunde mit sich.‹ Die Ehefrau ist dann nach dem Umzug erst nur abends am Wochenende auf den Platz gewesen, irgendwann kam sie dann immer Freitagabend und blieb bis Sonntag Spätnachmittag. In den letzten Wochen war sie aber auch immer mal in der Woche da. Der Betreiber des Campingplatzes sei ja kein Spion, aber immer dienstags hat sie in dem alten Wohnwagen übernachtet. Und angeblich hat sie da was angefangen mit einem, der auch aus dem Pott kommt und den ganzen Sommer an der ›Blauen Lagune‹ in seinem Wohnwagen verbringt. Marius Freund, 43, selbstständiger IT-Techniker. Der Campingplatzbetreiber wollte mir aber unbedingt sagen, dass der Walter ein echt toller Typ und über Jahre auf dem Platz der Garant für eine funktionierende Gemeinschaft war. Der kannte jeden und konnte mit jedem. Nur jetzt konnte er halt nicht mehr so. Ihm tat das leid, und er hat ihn einmal die Woche zu Hause besucht zum Schachspielen. Die Erika Schmidt scheint sehr lebenslustig, ist im Dorf voll integriert. Die singt im Kirchenchor, tanzt bei der Volkstanzgruppe, ist Mitglied bei den Landfrauen, bei der Schießsportgruppe und natürlich im Karnevalsverein Schöninghsdorf.«

»Kompliment, und das in der Kürze, klasse, Meyer, das ist interessant, vielen Dank, Herr Meyer.« Jana steht auf und fasst zusammen: »Unfall, natürlicher Tod, Mord oder Selbstmord? Die Obduktion ist noch nicht abgeschlossen. Da müssen wir uns gedulden. Aber die Spurensicherung hat mir schon gestern Abend alle Daten vom Handy und vom Fahrradnavi des Opfers übergeben.«

»Unglaublich, wie hat die das so schnell hinbekommen, die Spurensicherung braucht doch sonst Wochen?«, überlegt Jan-Hinnerk. Seine Gedanken werden von Janas Ausführungen unterbrochen.

»Das Handy liefert uns leider keine Daten, es wurde kurz nach zwölf Uhr ein paar Kilometer westlich von Twist ausgeschaltet. Das Navi allerdings hat die gesamte Route des Radfahrers aufgenommen. Der ist nicht, wie von der Ehefrau behauptet, nach Meppen zum Anradelfest gefahren, sondern nach Holland; hat erst eine Pause in Erica eingelegt und ist dann weiter nach Nieuw-Amsterdam ins Van-Gogh-Huis 36 gefahren. Und von da dann, mit einer kurzen Pause im Café in einer ehemaligen Kirche, dem ›Theetuin d' Aole Pastorie‹ in Zwartemeer entlang der Grenzsteinroute 37 zu dem Aussichtssturm im Bourtanger Moor. Da ist er laut Navi um 17.15 Uhr angekommen.«

»Der Mann belog seine Frau, und die wiederum betrog ihn mit einem Typen vom Campingplatz. Und dann hatten die auf einmal so viel Geld zur Verfügung, dass sie, statt im Wohnwagen zu leben, jetzt dieses teure Einfamilienhaus bar bezahlen konnten«, kommentiert das Benno Meyer schnell.

Jana unterbricht ihn kurz und schaut auf ihr piependes Tablet. »Die Rechtsmediziner sind fertig, ich überfliege mal schnell den Bericht.« Oh Mann, diese Überfliegerin. Das geht mir alles zu schnell. Früher, ja früher. Aber warum habe ich eigentlich keines von diesen neuen Dingern bekommen, diesen Tablets?, fragt sich Jan-Hinnerk, während Jana schon beim Lesen für die anderen zusammenfasst: »Tod durch Erwürgen, Knochenbrüche und innere Verletzungen vom Sturz sind nicht todesursächlich. Todeszeitpunkt 17.30 Uhr. Opfer scheint sich gewehrt zu haben, DNA-Spuren unter den Fingernägeln.«

»Also«, fasst Jana zusammen, »der wurde erst erwürgt und dann vom Turm gestoßen, damit es wie ein Unfall aussieht. Ich werde mir den vermutlichen Lover vom Campingplatz ansehen und Frau Schmidt noch einmal befragen, gleich mit einen Durchsuchungsbeschluss in der Hand und –« Jana macht eine kurze Pause, überlegt, ob sie den jungen Twister Kollegen Benno Meyer oder ihren erfahrenen, aber ihr höchst unsympathischen Kollegen Jan-Hinnerk mitnehmen will.

»Jan-Hinnerk, könntest du mich begleiten? Du kennst dich doch mit Campingplatzbewohnern aus. Wo steht noch mal euer Wagen?«

»Wir haben keinen Wohnwagen, sondern ein Wohnmobil, und ja, wir fahren mit dem gerne am Wochenende auch auf Campingplätze im Emsland. Mit Struppi, der ja schon in die Jahre gekommen war, konnten wir schon länger keine weiten Fahrten mehr machen, aber es gibt so herrliche Plätze bei uns im Emsland. Bei der ›Blauen Lagune‹ waren wir auch, ist aber schon ein wenig her«, antwortet Jan-Hinnerk sichtlich genervt.

»Herr Meyer, dann machen Sie doch den Schriftkram, fordern Sie den Durchsuchungsbeschluss an und versuchen Sie mal herauszukriegen, wie hoch die Abfindung war.« Jana überlegt kurz. »Und wir sollten das Grenzüberschreitende Polizeiteam (GPT) um Unterstützung bitten. Die vom GPT sollen im Van-Gogh-Huis und in diesem Kirchencafé nachfragen, ob sich da einer an Walter Schmidt erinnern kann und ob er in Begleitung war. Können Sie das auch in die Hand nehmen?«, fügt sie noch hinzu. Meyer nickt nur, schweigt und fährt nach Twist zurück.

Jana und Jan-Hinnerk erörtern am nächsten Tag den Fall alleine weiter. Inzwischen hat Jana auch den Mann vom Campingplatz befragt. Ihr Kollege kommentiert das Ergebnis so: »Oh Mann, so ein Frauenversteher, dieser Lover vom Campingplatz. Der hat es doch nur auf ihr Geld abgesehen, von wegen nur geredet und dem Walter Schmidt nie begegnet. Ein Freund? Von wegen, der kann ja bestimmt auch kräftig zudrücken.« Jan-Hinnerk kommt so richtig in Fahrt. »Du hast ja recht, ganz echt ist der Freund nicht. Aber immerhin hat er einem freiwilligen DNA-Test zugestimmt«, erwidert Jana. Jan-Hinnerk holt kurz Luft. »Und die Erika tischt uns da eine Geschichte auf. Will uns weismachen, dass ihr Walter sich und seine MS-Selbsthilfegruppe in Oberhausen jeden Dienstag mit Cannabis versorgte, was er sich sonntags im Dörfchen Erica bei Emmen drüben in Holland besorgte. ›Sonntags gehört Papa Erika oder Erica?‹ Und das Geld für den Hausbau hätten sie in der Wohnung seines Vaters gefunden, als sie nach seinem Tod alles auflösten? Was für ein Mist ist das denn?«, empört sich Jan-Hinnerk.

»Na ja, möglich wäre das ja mit dem Cannabis-Einkauf. Mit so einem Klapprad bist du doch als Fahrradtourist gut getarnt. Und Cannabis soll MS-Kranken wirklich helfen. Demnächst sollen Schwerkranke bei uns Cannabisblüten und -extrakte in der Apotheke bekommen. Auch der Anbau der Droge zu medizinischen Zwecken soll unter staatlicher Kontrolle möglich werden«, berichtet Jana, die sich aus eigenem Interesse sehr über die Freigabe von Cannabis freuen würde.

»Aber dann hätten wir das Zeug doch bei dem Toten finden müssen«, widerspricht Jan-Hinnerk.

»Nicht, wenn der Mörder von der Einkaufstour wusste und es mitgenommen hat«, entgegnet Jana.

»Die Erika wird ihrem Lover ja bestimmt von der Erica-Tour ihres Mannes erzählt haben, und von den wöchentlichen Dienstagsfahrten nach Oberhausen auch.« Jan-Hinnerk hat sich ganz auf den Frauenversteher eingeschossen.

»Ist doch super, Mann weg, die Frau erbt Haus und Kohle, und er setzt sich in das gemachte Nest. Die letzte öffentliche Hinrichtung im Emsland 1838 hatte übrigens auch etwas mit einem Heiratsschwindler zu tun. Da wurde am Ende die Frau, die für den Heiratsschwindler Straftaten beging, hingerichtet und der Mann lediglich zu 30 Jahren Zuchthaus verurteilt.«

»Ja, möglich, dass sie mit dem Neuen unter einer Decke steckt«, erwidert Jana. »Aber es kann auch ganz anders gewesen sein. Der Tote kann sich dort mit einem Kunden getroffen haben, es kam zum Streit, und plötzlich rastet der Unbekannte aus. Bevor wir weiter spekulieren, sollten wir das Ergebnis der Hausdurchsuchung abwarten. Überprüf du doch bitte noch, wann der Vater gestorben ist und wie der so gelebt hat. Morgen Früh zur Dienstbesprechung müssten wir mehr wissen. Unser deutsch-holländisches Team wird auch dabei sein«, beendet Jana das Dienstliche. »Habt ihr denn nach dem traurigen Tod von Struppi einen neuen Hund in Aussicht?«

»Wir sind dabei, er wird ja Timmy heißen, aber wir zögern noch«, meint ihr Kollege.

»Liebe Jana, ich habe noch etwas zu eurer Moorleiche gefunden, können wir uns treffen?«, schreibt Thomas Fastabend von der Spusi eine Kurznachricht an seine ehemalige Schulfreundin.

»Gute Idee. Ich habe für heute Abend zwei Karten für das Heimathaus in Twist 38, da spielt eine nordirische Band, aber Jörn ist krank. Hast du Lust? Um 20 Uhr geht es los«, antwortet Jana schnell.

»Du gehst noch ins Blues-Mekka wie früher? Wahnsinn, da war ich schon ewig nicht mehr. Dann zeig ich dir vorher auf dem Pfad des Glücks, was ich noch gefunden habe. Also: 18.30 Uhr am Garten des Nazareners 39«, kommt die Antwort postwendend. Jana tippt als Antwort nur noch ein ☺ Smiley-Gesicht.

Völlig übermüdet vom Konzert im Heimathaus in Twist am Vorabend lässt Jana bei der Dienstbesprechung am nächsten Morgen erst einmal alle anderen berichten, bevor sie die große Entdeckung preisgibt. Benno Meyer erzählt von der Hausdurchsuchung bei Erika Schmidt: »Gefunden wurden 200 Gramm Cannabis, was einem Verkaufspreis von ungefähr 2000 Euro entspricht, und 35.000 Euro Bargeld. Eine Abfindung von seinem Arbeitgeber hat Walter Schmidt nie bekommen. Der ist aus gesundheitlichen Gründen ausgeschieden und bezieht jetzt eine Rente wegen Erwerbsunfähigkeit in Höhe von 858 Euro im Monat.«

André de Graf und Sina Spillmann vom Grenzüberschreitenden Polizeiteam berichten, dass Walter Schmidt im Restaurant des Van-Gogh-Huis in Nieuw-Amsterdam genauso Stammgast war wie in dem Café in der ehemaligen Kirche in Zwartemeer. »Er traf sich dort jeden Sonntag mit einem pummeligen Passat-Fahrer, der Klaus heißen und sein in Emmen lebender Bruder sein soll. Auch in Nieuw-Amsterdam, im Restaurant des Van-Gogh-Huis, traf er sich mit seinem in Emmen lebenden Bruder, hier wird dieser allerdings als schlank, sportlich und als Porschefahrer beschrieben. Wir werden ja oft bei Drogengeschichten eingesetzt und können auf beiden Seiten der Grenze ermitteln, für mich riecht das hier verdammt nach Gras«, erläutert André de Graf.

Jana zieht eine Liste mit holländischen und deutschen Telefonnummern aus ihrer Mappe und überreicht sie André de Graf. »Hier, das ist das Anrufprotokoll aus einem Handy, das am Tatort im Gebüsch gefunden wurde. Es ist registriert auf …«, Jana macht eine kurze Pause, »Walter Schmidt. Die Kollegen von der Spusi hatten erst vermutet, dass ein Dritter das dort verloren hat, weil es eine holländische SIM-Karte hat und nicht in der Nähe des Toten lag. Aber vermutlich ist es beim Sturz aus der Jackentasche gefallen, während das deutsche Handy ja in der Fahrradtasche verstaut war. Wahrscheinlich hat sich der Tote für seine Geschäfte in Holland ein eigenes Telefon zugelegt. Könnt ihr die Verbindungsdaten überprüfen?«

Eine Woche später schreibt Jana eine E-Mail an Thomas Fastabend von der »Spusi«. »Lieber Thomas, du hast was gut bei mir. Ohne die Verbindungsdaten des gefundenen Telefons hätten wir den Täter nicht überführen können. Lust auf die Auflösung und eine Fahrradtour morgen mit anschließendem After-Work-Spargelbüfett in Hebelermeer?«, tippt Jana in ihr Diensthandy. Umgehend klingelt ihr Telefon: »Geht Auflösung mit Spargel, aber ohne Fahrradtour?«

»Wie? Schwache Beine oder was, mein Lieber? Du warst doch den Abend, als wir uns in Twist trafen, mächtig in Schwung. Ich muss dringend den Moor-Energie-Erlebnispfad **40** mit dem Rad abfahren. Am Wochenende ist Kindergeburtstag, Birte wird zehn und hat sich eine Fahrradtour mit zehn Girls gewünscht. Plan B für Regen ist ein Besuch im Erdöl-Erdgas-Museum **41** und Kuchenbacken in der restaurierten Schulbäckerei von Coppenrath in Groß Hesepe. Jörn hat morgen aber endlich mal wieder einen Kundentermin, meinen Vater will ich nicht fragen, und alleine macht das keinen Spaß. Ich dachte, ein bisschen Bewegung würde dir gut tun. Wir nehmen den Emsland RADexpress **42** von Meppen bis Geeste zum Emsland Moormuseum **43**. Und von da radeln wir dann los. Was meinst du?«

»Na, überzeugt, wenn man das Rad so einfach im Bus mitnehmen kann, das wusste ich gar nicht«, begeistert sich Thomas Fastabend. »Können wir auch den Speichersee Geeste **44** und den Trink-Wasser-Erlebnis-Pfad **45** sehen?«, fragt er noch nach. »Nein, diesmal nicht, bei unserer nächsten Radtour«, signalisiert sie ihm.

Schon als sie sich am nächsten Morgen treffen, ist der Mann voller Ungeduld. »Aber jetzt schieß endlich los, Jana Coolman, wie habt ihr den Mörder überführt?« »Mit seinem deutschen Handy hat Walter Schmidt nur mit seiner Frau und seinen Ärzten telefoniert. Mit dem holländischen aber, was ihr ja Gott sei Dank gefunden habt, hat er seine Geschäfte abgewickelt. Mit den beiden Dealern, die er sonntags traf, hat er immer kurz vorher telefoniert, genau wie mit seinen Kunden. Einen davon traf er sonntags am Vogelbeobachtungsturm, als er auf der Rückfahrt von Holland zum Gasthaus Tobben war, wo er sich immer um 18 Uhr mit seiner Frau zum Essen traf. Den konnten wir gleich am nächsten Morgen zu Hause festnehmen, die DNA-Analyse hat schon bestätigt, dass er mit dem Opfer gekämpft hat. Mittlerweile hat er die Tat auch gestanden. Ein armer Typ, ist so langsam in die Abhängigkeit gerutscht, kauft beim Walli, wie er den Walter Schmidt nannte, schon seit Jahren, weil der so nett und vor allem preiswert war. Aber seit einem Jahr konnte er nicht mehr bezahlen, und nun wollte Walli ihm nichts mehr geben. Da ist er ausgerastet, hat ihn gewürgt, und als er merkte, dass der Walli tot ist, hat er ihm das ganze Gras abgenommen und den Mann gleich vom Turm gestoßen.«

»Und die Dealer, habt ihr die auch?«, fragt Thomas Fastabend. »Ja, für die Kollegen vom Grenzüberschreitenden Polizeiteam war das dann reine Routine. Die haben denen jeweils nur eine Kurznachricht über die holländische SIM-Karte des Toten mit den Worten ›Sonntag wie immer!‹ geschickt. Sobald die vorfuhren, diese doppelten Klaus-Typen, also der Porsche-Fahrer vor dem Van-Gogh-Huis und der Passat-Fahrer vor dem Kirchencafé, griffen unsere Leute zu. Beide ließen sich ohne Widerstand festnehmen. Beim Porschefahrer fanden wir zwei Kilogramm, beim Passat-Fahrer 1,5 Kilogramm Cannabis. Für die Statistik der GPT-Kollegen war das großartig. Und das wird auch groß gefeiert nächsten Freitag, deutsch-holländische Party in unserer Polizeiinspektion in Lingen. Du bist herzlich eingeladen«, erzählt Jana.

»Läuft dann nicht gerade das Fußball-Freundschaftsspiel Deutschland – Niederlande?«, fragt Thomas Fastabend nach. »Ja klar, deswegen treffen wir uns doch. Fußball ist eben die schönste Nebensache der Welt. Wir haben da immer so viel Spaß und lernen einander viel besser kennen. Und die gemeinsame Statistik ist natürlich auch wichtig, nicht die für Tore, die für Gramm«, erzählt Jana.

»Da komme ich gerne. Und die Ehefrau, wusste die von den Drogengeschäften?«, fragt Thomas Fastabend.

»Angeblich wusste sie nur, dass er für sich und die 20 Leute in der Selbsthilfegruppe 200 Gramm jeden Sonntag besorgte, die er dann dienstags mit seinem E-Faltrad und Zug nach Oberhausen brachte. Dass er in größerem Stil gedealt hat, will sie nicht gewusst haben. Der Tote selber hat angeblich auch immer nur einen Joint zur Nacht geraucht. So soll er die krampfige Spastik in den Beinen, die nachts besonders schmerzhaft gewesen sein soll, einigermaßen im Griff gehabt haben«, antwortet Jana.

»Das erinnert mich ein wenig an meinen Vater, der, wenn er mich bei etwas ertappte und glaubte, dass ich ihm nicht die ganze Wahrheit erzählte, immer nur ›Muh! Muh!‹ sagte und lachte«, entgegnet Thomas schmunzelnd.

»Was haben denn jetzt Kühe damit zu tun?«, fragt Jana verwundert.

»An der Grenze waren auch früher schon Schmuggler unterwegs, eine Zeit lang muss wohl das Vieh auf deutscher Seite sehr knapp gewesen sein. Und weißt du, wie sie die Zollbeamten damals reingelegt haben? Den Rindern wurden die Mäuler verbunden, damit sie nicht anfingen zu brüllen. Sie trieben im Dunkeln eine große Herde über die Grenze. Etwas weiter entfernt hat man aber zwei arme Schweine gepiesackt, die dann ordentlich quiekten. Dahin sind die Zöllner natürlich sofort gelaufen. Und im Kreisblatt wurde dann ein paar Tage später die Wachsamkeit der Beamten gelobt, die einen großen widerrechtlichen Viehtransport vereitelt hätten. Zwar konnten die Schmuggler mit der Rinderherde entkommen, aber die zwei Schweine wurden geschnappt«, doziert Thomas.

Jana schaut ihn fragend an: »Und du meinst, wir haben jetzt auch nur die Schweine geschnappt, und die Rinder machen weiter das große Geschäft?« Thomas zuckt die Schultern.

Twist

Der Ort ist ein »Blues-Mekka«, hat Briefmarkenfreunde, einen Kaninchenzuchtverein, Brieftaubenvereine, Sport- und Schützenvereine, Chöre, Angelclub und den Karnevalsverein Schöninghsdorf. Twist ist Leben, ist Leidenschaft. Wer hier wohnt, ist in Bewegung. Dabei schwingen die vielen Bedeutungen von Twist etwas mit. Es kann ein Tanz sein, ein Protein, eine unerwartete Wendung des Geschehens, Kautabak, ein Cocktail oder eine britische Rockband. Die fast 10.000 Einwohner große Gemeinde im Naturpark Bourtanger Moor-Bargerveen hat sieben Ortsteile und liegt 19 Meter über dem Meeresspiegel. Seit den 1950er-Jahren wurde hier lange Zeit Erdöl gefördert – mit den »Kopfnicker«-Förderpumpen.

31 **Anradelfest**

Immer Ende April fällt der Startschuss zum Anradeln im Emsland. Die Region kommt in Bewegung. Jung und Alt treffen sich bei einer Sternfahrt, um gemütlich zum Zielort zu kommen. Der wird jedes Jahr neu festgelegt, 2019 war es Lingen (www.emsland-anradeln.de).

32 **Bourtanger Moor**

Hier die Natur – am besten während einer Radtour – zu erleben, ist ein Höhepunkt des Emslandurlaubs. Als »Moor ohne Grenzen« ist der einmalige Lebens-

und Naturraum grenzübergreifend auch in den Niederlanden zu sehen. 2006 wurden der Erhalt und die Entwicklung der Kultur- und Naturlandschaft Bourtanger Moor und Bargerveen beschlossen (Info-Stelle Ordeniederung 2, 49716 Meppen, www.naturpark-moor.eu). Noch vor 150 Jahren galt das Moor als undurchdringbar, niemand verirrte sich in die unwirtliche Gegend. Vor der Kolonisation im 19. Jahrhundert zählte es zu den größten Mooren Nordeuropas. Die Tourist-Informationen der Orte halten zahlreiche Radwanderkarten bereit, in denen auch alle Aussichtstürme und Schutzgebiete eingezeichnet sind. Auch mehrtägige Touren bieten sich an. Das Gebiet zieht sich im Westen des Emslandes bis nach Twist hinunter.

33 **Barfußpfad**

Die nackten Füße entspannen, das ist jederzeit hier möglich (Am Hallenbad 3, 49767 Twist).

34 **Bargerveen**

Die vielfältige Fauna und Flora wird bestens auf den Tafeln im niederländischen Naturpark beschrieben. Es lässt sich über Radwege erkunden und ist mit dem Bourtanger Moor verbunden. Mehr als 200 Vogelarten sind hier zu Hause. Auch Kreuzottern oder Mooreidechsen und seltene Libellenarten sind im Bargerveen zu sehen (siehe auch Bourtanger Moor in Mordfall 3).

35 **Klimacenter Werlte**

Im »3N Kompetenzzentrum Nachwachsende Rohstoffe« lässt sich alles über innovative Materialien und Techniken für gesundes, umweltfreundliches Bauen und Wohnen finden. Es geht um Nachhaltigkeit, Ressourceneffizienz und Netzwerkaufbau. Dabei können Heizungsanlagen besichtigt werden oder Dämmbeispiele unter dem Dach (Kompaniestraße 1, 49757 Werlte, www.3-n.info).

36 **Van-Gogh-Huis**

In Nieuw-Amsterdam steht das einzige öffentlich zugängliche Haus in den Niederlanden, in denen der Künstler lebte und arbeitete. Allerdings war er 1883 nur für etwa drei Monate in der Gegend und ging ins Moor, um die Landarbeiter zu beobachten (Van Goghstraat 1, 7844 NP Veenoord, www.vangogh-drenthe.nl). Vincent van Gogh (1853–1890) wohnte zwei Monate davon in dem Gasthaus von Hendrik Scholte in Nieuw-Amsterdam. Ein Teil des Gasthauses hat durch einen Umbau seinen alten Glanz zurück erhalten. Wenn auch das Zimmer nicht original ist, der Besucher bekommt einen Eindruck, wie es einmal ausgesehen haben könnte. Ein Restaurant von anno 1880 ist auch da.

37 **Grenzsteinroute**

Zu 15 ausgewählten historischen Grenzsteinen führt diese Route nah am Grenzverlauf zwischen Deutschland und den Niederlanden zwischen Coevorden und Ter Apel. Die bewegte und bewegende Geschichte lässt sich ablesen. Die passende Faltkarte dazu gibt es in der Gemeinde Twist (www.twist-emsland.de) oder auch in Emmen (www.emmen.nl, www.deutschland-nederland.eu).

38 **Heimathaus in Twist**

Von Irish Folk über Klassik bis zum Blues-Klassiker wird hier alles gespielt (Overbergstraße 28, 49767 Twist, www.heimathaus-twist.com). Traditionell treten hier internationale Blues-Größen auf, weshalb Twist als Blues-Mekka im Moor gilt.

39 **Garten des Nazareners**

Im Heilpflanzen-, Bibel- und mittelalterlichen Bauernzaubergarten der Kirchengemeinde in Twist lässt sich nicht nur im Grünen entspannen, es gibt auch herrliche Anregungen durch Pflanzen, Symbole und Sinnsprüche. Auch der »Pfad des Glücks« gehört dazu. Eine Führung ist zu empfehlen (Pfarrbüro, Am Kanal 44, 49767 Twist, www.bibelgarten-twist.de).

40 **Moor-Energie-Erlebnispfad**

Der frei zugängliche elf Kilometer lange Parcours führt zu Moorkaten, die über Torfabbau, Erdölförderung oder Renaturierung und erneuerbare Energie informieren. Der Pfad verbindet das Emsland Moormuseum in Geeste-Groß Hesepe mit dem Erdöl-Erdgas-Museum in Twist.

41 **Erdöl-Erdgas-Museum**

Twist liegt inmitten der größten Erdölfelder Deutschlands. Um 1940 wurde in der Gegend erstmals Erdöl in wirtschaftlich interessanter Menge gefunden und gefördert. Das Museum mit dem Freigelände zeigt diese Geschichte eindrucksvoll. Erdgas und Öl machten Twist einst zum »Texas des Nordens« (Flensbergstraße 13, 49767 Twist, www.erdoel-erdgas-museum-twist.de).

42 **Emsland RADexpress**

Von Ende März bis Mitte Oktober verkehren auf sieben Linien in Ost-West-Richtung, ausgehend von der Emslandlinie der Bahn, die Busse des »Emsland RADexpress«. Getaktet mit den Regionalzügen der WestfalenBahn (WFB) fahren die RADexpress-Busse samstags, sonntags sowie an allen Feier- und Brückentagen in Niedersachsen und NRW (www.emsland-radexpress.de).

43 **Emsland Moormuseum**

Zwei moderne Gebäude mit zusammen 2500 Quadratmetern bieten eine spannende Zeitreise in den Lebensraum Moor an (Geestmoor 6, 49744 Geeste-Groß Hesepe, www.moormuseum.de). Es sind riesige Abbaumaschinen zu bewundern. Einblicke in Handarbeit sowie Hintergründe sind zu erleben. Das führende Moormuseum Europas hat auch ein großes Freigelände mit einer Feldbahnstrecke, Kabelkran sowie Flora und Fauna. Für Kinder spannend ist auch der Siedlerhof.

44 **Speichersee Geeste**

Mit seinem 850 Meter langen Sandstrand, Liegewiese, Kinderspielplatz und Beachvolleyballfeld ist der See sehr beliebt. Stehpaddeln, Windsurfen, Segeln und Tauchen runden das Angebot ab. Die Feste rund ums Jahr bieten beste Unterhaltung. Im Jugendhaus (mit Zeltplatz) befindet sich das Informationsbüro am Geester

See, Biener Straße 13a, 49744 Geeste, www.jugend-haus-geeste.de.

45 **Trink-Wasser-Erlebnis-Pfad**
Jederzeit frei zugänglich und äußerst lehrreich ist dieser Pfad des Trink- und Abwasserverbandes (Schwefinger Straße 20, 49744 Geeste-Varloh, www.tavbm.de).

5. DIE LETZTEN ENGELSTROMPETEN

EINE FRAU LIEGT TOT IM STEINKREIS VON WERPELOH UND TRÄGT EINE MASKE AUS DEM BATAKHAUS

»Das Leben kommt auf alle Fälle aus einer Zelle. Doch manchmal endet's auch – bei Strolchen – in einer solchen.«

Jana Kuhlmann, die die Ermittlungen im jüngsten Mordfall im Emsland gerade übernommen hat, muss tatsächlich lachen.

»Jan-Hinnerk, du triffst den Punkt, meinen jedenfalls«, lobt sie ihren Kollegen, der so gerne Heinz Erhardt zitiert. Ansonsten sind sich die beiden Kriminalkommissare in Lingen nicht gerade grün. »Du nimmst das Ermittlungsergebnis wieder mal vorweg, Jan-Hinnerk!«

Dabei ist dieser Fall alles andere als einfach. Die Tote lag im Steinkreis Werpeloh **46**, ein Ort im Hümmling. Sie trug eine indonesische Maske, wie sie im Batakhaus **47** in Werpeloh zu bestaunen sind. Sie wurde abgelegt zwischen dem vierten und fünften Stein des Steinkreises in der Feldmark. Das heißt: Zwischen Ostern und Pfingsten im Sektor »Wachsen und Blühen«, unter dem Element Erde – mit Blick auf den Zentralstein.

»Wenn das alles Symbolik ist, dann danke ich schön, was soll das bedeuten?«, stöhnt Jana Kuhlmann auf. Immerhin gibt es eine Erklärtafel über all diese Sektoren direkt am Steinkreis Werpeloh, die hat sie schon einmal fotografiert. Jana hat sich früher mal bei einem Urlaub auf Bali mit indonesischen Riten beschäftigt. »Alles sehr komplex«, sagt sie.

Das Batakhaus in Werpeloh steht seit 1978 und ist dem Volksstamm der Batak auf Sumatra gewidmet, der größten Insel Indonesiens. Das Einraumgebäude aus Holz, das auf Pfählen ruht, erinnert ganz eindrucksvoll an dieses ferne Volk. Der Bruder des örtlichen Pastors war einst Missionar in dem muslimischen Land am Äquator.

»Ich habe mir einen halben Tag lang alles am und im Batakhaus erklären lassen«, stöhnt Jana, »von den drei Lebensbereichen als Platz für die Tiere unten zwischen den Pfahlstützen, dem Wohnbereich im Innern und dem oberen Dachbereich für die Geister und Ahnen. Dann die roten Lebenslinien am Giebel, das sind die biologischen, die weißen dazu sind die geistigen, die sich schließlich in Harmonie vereinen.« Danach fährt sie auf ein Stück Kuchen und einen Tee zu einem Café am Amtsbrunnen mitten in Sögel.

»Ich kann mich noch an die 6,8 Meter lange Haut einer Würgeschlange erinnern, die dort zu sehen ist«, meint Jan-Hinnerk Eilers. »Aber mich lass mit diesem mystischen Krimskrams bitte in Ruhe, das ist nicht göttlich, das ist unchristlich«, gesteht der Polizeioberkommissar. »Ja, du sagst es, es ist eben die Religion der Batak, ein indigenes Volk am Tobasee, zu dem sich rund sechs Millionen Menschen zählen, immerhin rund 20-mal mehr als es Emsländer gibt, und es können nun mal nicht alle katholisch sein, oder?« Eilers schaut griesgrämig zu seiner Kollegin herüber. »Wenn du so guckst, erinnerst du mich an eine dieser Wayang-Figuren, die ich da gesehen habe, ich sehe schon deine Ahnen tanzen«, beendet Jana diesen kleinen Schlagabtausch.

»Nun zu den Fakten«, bemüht sich Jan-Hinnerk um Sachlichkeit. »Die Tote ist 34 Jahre alt, heißt Melanie Merel, ihr Vater ist aus den Niederlanden, wo sie auch aufwuchs. Merel heißt übrigens Amsel. Sie lebte in Werpeloh, war ledig, ohne Kinder, 1,66 Meter groß, hatte lange blonde Haare, war sehr schlank, hatte blaue Augen, wulstige Lippen, eine Stupsnase, kleine Hände, trug meist wallende Kleider und arbeitete als Masseurin quer durchs Emsland. Sie lebte allein in ihrer Wohnung, hatte zwei Katzen und liebte das Reiten. Sie ging zur Knabstrupperzucht 48 und war im Hümmlinger Schinkenhof 49 gern gesehen.«

»Stopp, du hast etwas vergessen: Sie rauchte Joints und aß gern Kekse mit Cannabisprodukten, wozu auch Marihuana zählt«, wirft Jana ein. »Das roch man ja noch an ihrer Kleidung«, stöhnt Jan-Hinnerk, »daran ist sie wohl auch gestorben …« »Nein, an einer Überdosis Engelstrompeten, das hat die Rechtsmedizin herausgefunden«, wirft die Ermittlerin ein. Sie kennt sich zudem mit Giftstoffen bestens aus, seit sie ein Seminar in der Polizeischule besucht hat. »Also Südamerika trifft Südost-Asien in Werpeloh«, vermerkt ihr Kollege kurz und gibt zu erkennen, dass ihm diese Stoffe auch bekannt sind. »Diese bis zu fünf Meter hohen Pflanzen kommen doch ursprünglich aus Südamerika, oder?«

»Ja richtig, sie hat einen Sud aus Engelstrompeten mit anderen Nachtschattengewächsen wie Stechapfel und Tollkirsche getrunken, so steht es im Bericht«, konstatiert Jana.

»Es könnte auch ein als Mord getarnter Selbstmord

sein, wenn du mich fragst. Schulden auf der Bank, Liebeskummer, Lebenskrise, Abtreibung – was haben wir noch so?«, spekuliert ihr Kollege Eilers schon fast sarkastisch. »Nichts dergleichen, es war Mord, da bin ich mir ziemlich sicher«, behauptet Jana, ohne das jetzt beweisen zu können.

»Warst du jemals high in deinem Leben?«, fragt Jana ziemlich direkt. »Jetzt wird's aber sehr persönlich«, stellt der Kriminalbeamte fest und gibt zu: »Für mich gibt es nur die edlen Klaren von Rosche, Berentzen und Heydt, alle drei aus Haselünne wie ich. Sicher, da gab es schon mal einen Rausch, früher, ganz früher beim Schützenfest.« Dass der Kommissar bis heute einen unterschwelligen Hang zu diesen Alkoholika hat, verschweigt er lieber. Es ist nicht sicher, dass ihn das die Beförderung gekostet hat, aber im Kollegenkreis wird gern darüber gewitzelt, wie sehr sich der Haselünner nach Dienstschluss gern einmal die Kante gibt. Doch mit einer Fahne im Dienst ist Eilers noch nie ertappt worden, zu viel stünde auf dem Spiel, und das scheint er auch zu wissen. Immerhin verschafft er sich mit seinen gelegentlichen Zechgelagen mit einflussreichen Familien in Haselünne Zugang zu einer Welt, die ihm sonst vielleicht verschlossen bliebe, und diese Kontakte waren für seine Ermittlungen oft schon Gold wert. Die drei Familien Rosche, Berentzen und Heydt kennt er seit seiner Kindheit.

Gefunden hatte die Leiche im Steinkreis Andrea Ebeling. Die Touristin aus Bochum war allein auf einer Radtour unterwegs. Die Emsland-Route **50** hat es ihr seit Jahren angetan. »Da radelt man fröhlich an fünf Tagen den Rundkurs von 300 Kilometern«, schwärmt sie bei ihrer Vernehmung in Lingen. »Ich habe das Tourenbuch dazu, wirklich erstklassig. Ich genieße jeden Kilometer.«

Jana Kuhlmann, die mit ihrer Familie selbst gern am Wochenende durchs Emsland radelt, kann ihr nur beipflichten, doch hier geht es darum, wie Andrea Ebeling die tote Melanie Merel fand.

»Ich startete früh in Werpeloh, wo ich übernachtet hatte. Begeistert war ich ja vom schönen Batakhaus. Dieses indonesische Medizinbuch mit der Geheimschrift, die kaum jemand kennt, das fand ich toll, auch die Zauberstäbe der Mediziner …«

»Ja, nun bitte zum Steinkreis, der liegt ja außerhalb in der Feldmark, da haben Sie angehalten …«, wirft Jana ein, der die Erzählungen der 44-Jährigen etwas weitschweifig sind.

»Ja, das wurde mir im Batakhaus empfohlen. Pater Matthäus Bergmann hat an historischer Stelle, wo schon zur Megalithzeit dieser Altarstein stand, zwölf weitere Steine aufstellen lassen, so etwas ist doch spannend. Ich habe die Fernvisierlinien mit dem Sonnenstand abgeglichen, und da lag plötzlich diese Frau mit der Totenmaske auf dem Kopf. Ich schrie auf und dachte, ich sei benebelt, aber nein. Da hatte ich gerade das Schild vom SOS-Notfallpunkt 040 gesehen und wählte die 112.«

»Ja, das haben Sie richtig gemacht, Frau Ebeling, aber wenn ich mir die Fotos der Leiche noch einmal anschaue, ist Ihnen da nichts aufgefallen, hier sehen Sie …«, sagt die Kommissarin und legt ihr die Bilder nochmals vor.

»Stimmt, ich meine, die lag ja mit den Füßen so ausgerichtet zum Opferstein, die Arme dicht am Körper, es ähnelt einer Bestattung, einem Ritus, finde ich, ist das

Batak-Kult, denn die Totenmaske war doch original, oder?«, wendet sich die Bochumerin an Jana Kuhlmann.

»Sie wurde aus dem Batakhaus am Vortag gestohlen, hat keinerlei Fingerabdrücke, der Täter trug offenbar Handschuhe, aber sagen Sie, was glauben Sie, hat die Täterin oder der Täter bezweckt, die Leiche hier zu platzieren, haben Sie eine Idee, wenn Sie sich das noch mal vorstellen?« Jana wusste, dass sie die Zeugin damit strapaziert, aber sie hatte die Idee, dass sie spirituell veranlagt ist und etwas mit diesen Kulten und der Magie anfangen kann.

»Ich stelle mir eine Abschiedszeremonie vor, mit mehreren Menschen, die ihr Opfer feierlich bestatten, Tamtam machen, etwas anstimmen, was sie ins Jenseits begleitet, Räucherstäbchen anzünden, dann selbst noch etwas rauchen«, fantasiert Andrea Ebeling vor sich hin.

Jana lächelt und meint nur: »Ja, so stellte ich mir das auch vor, es gibt nur keine Fußabdrücke, keine Räucherstäbchenreste, keine persönlichen Gegenstände, nichts, das finde ich komisch, aber ich danke Ihnen, grüßen Sie Bochum und Herrn Grönemeyer.«

»Danke, ja der Grönemeyer singt schöne Texte. ›Bochum, ich komm' aus dir‹, das gehört ja dazu, aber aus Bochum kommt er ja nicht, er ist in Göttingen geboren, nun ja, Kalkutta liegt schließlich auch nicht am Ganges, so ist das mit Liedtexten«, sagt die Radfahrerin.

»Ach, dann wissen Sie bestimmt, wo Udo Lindenberg geboren wurde«, will Jana noch rasch wissen, damit überrascht sie gern ihre Gesprächspartner.

»Na, ich denke in Hamburg auf dem Kiez«, antwortet Andrea und liegt reichlich daneben. »Falsch, in Gronau in Westfalen, nur etwa 60 Kilometer von hier, an der Grenze zu den Niederlanden, gegenüber von Hengelo«, vervollständigt Jana.

Wenn sie jetzt den Fall Revue passieren lässt, tun sich mehr Fragen auf, als es belastbare Antworten gibt. Hat ihr Kollege doch recht, der von einem Selbstmord spricht? Hat sie genug Zeugen vernommen? Außer der Bochumerin sind das die Leute vom Reiterhof, Manfred und Mechthild Hahnekamp, die Nachbarin Sonja Blumfeld, die bei ihr öfter nach den Katzen sah, und zwei Freunde, Max van der Meer und Winnie Bergfried. Die letzten beiden wohnen in einer Wohngemeinschaft in Werpeloh, treffen sich gern mit Frauen, die sie zufällig kennenlernen. Aber keiner hat ein Motiv, und alle haben ein Alibi.

Die Tür zum Batakhaus wurde aufgebrochen, die Maske entwendet. Sonst fehlte nichts, auch in der Wohnung der Toten gibt es keinen Hinweis auf Diebstahl. Ich kann mir nur vorstellen, näher an den Täter zu kommen, wenn ich mehr über die Wege dieses Giftes weiß, denkt Jana. Sie erkundigt sich bei der Beratungsstelle für Vergiftungserscheinungen und Embryonaltoxikologie in Berlin. Die Zutaten seien frei käuflich, warnt ein Mitarbeiter. Wenn ich nur wüsste, wo ihr dieser Trunk verabreicht wurde, rätselt Jana. Der Vater? Den hat noch niemand erreicht. Er soll in Hengelo leben. Von der Mutter ist gar nichts bekannt.

Das Telefon klingelt. Saskia Gehrs von der Polizeistation Hümmling-Sögel ist dran, die Jana aus früheren gemeinsamen Einsätzen gut kennt: »Jana, ich habe etwas im Fall Batakhaus gefunden, das dich interessieren dürfte, am besten, du kommst vorbei, ja? Es ist ein Sudtopf, darin könnte dieses Gemisch gekocht worden sein, das mit der Engelstrompete. Dann haben wir noch ein paar weitere Spuren, die wir gerade alle sichern. Treffen wir uns in der Dienststelle? Danach können wir ja unten im Schlosskeller von Schloss Clemenswerth 51 gemeinsam essen. Da sitze ich gern unter dem historischen Gewölbe.«

»Gute Arbeit, Saskia, ich bin in einer halben Stunde da«, sagt Jana und legt auf, denn es klopft.

Jan-Hinnerk Eilers war eine Idee im Fall Batakhaus gekommen. Er steht in der Tür, grinst und rezitiert wieder Heinz Erhardt: »*Es wohnt ein Wind in Leningrad, der pustet kalt, wer da nicht einen Mantel hat, der hustet bald.*« Jana ist gerade nicht zum Lachen zumute, doch will sie ihren dichtenden Kollegen auch nicht ganz enttäuschen. »Wenn du mit Leningrad Lingen meinst, dann sollte ich mir den Mantel überziehen? Oder wie soll ich deine Andeutung verstehen?«, fragt sie ihn.

»Nein, die Leiche hatte keinen Mantel an, die Frau war nur im Kleidchen, das heißt, sie haben in einem überhitzten Raum gesessen, diese Engelstrompeten getrunken, und dann ist ihr schlecht geworden, ich vermute einen Betriebsunfall beim Halluzinieren, und die anderen haben sie einfach vor Angst, etwas mit ihrem Zustand zu tun zu haben, in die kalte Nacht gelegt, da ist sie erfroren. Jetzt im März ist es doch noch kalt draußen.«

»Auch eine These, ich fahre jetzt nach Sögel, um mich mit Saskia Gehrs zu treffen. Die Kollegen dort haben einen Sudtopf entdeckt. Vielleicht hat der ja etwas mit unserem Fall zu tun, willst du mit?«, bietet Jana an.

»Ne, fahr du man allein, ich habe noch ein Treffen mit meinen Freunden vom Modelleisenbahnklub, wir wollen unsere Anlage erweitern, und ich habe in 20 Minuten Dienstschluss, dann sehen wir uns morgen, aber riech nicht zu tief in diesen Topf hinein, der ist bestimmt noch voller Gifte«, warnt Eilers und lächelt.

Jana Kuhlmann ist etwas überrascht über die ablehnende Haltung ihres Kollegen, doch sie weiß natürlich, dass heute Überstunden nicht unbedingt nötig sind und er seine Modelleisenbahn über alles liebt.

Saskia Gehrs, die 25-jährige Polizistin, hat alles vorbereitet. Den Sudtopf fanden sie in Werpeloh in einem Mülleimer. »Das gute Stück ist voller Fingerabdrücke, die werden gerade gesichert, es sind Reste der Gifte drin, und wir haben noch etwas«, kündigt Saskia mit leuchtenden Augen an. »Diesen Zauberring! Er hat eine Klappe, hinter der Platz für Pulver oder Pillen ist.«

»Ihr seid klasse!«, lobt Jana ihre Kollegen, »die Tote muss einen Ring getragen haben, denn sie hatte einen weißen Streifen am rechten Ringfinger. Vielleicht ist es sogar dieser hier, das wäre ja passend. Wohin führen uns denn diese Spuren alle?«, fragt die Kommissarin aus Lingen.

Saskia und ihr Kollege Helmut erläutern weitere Details: »Es sind Kleckse, also Reste des tropfenden Sudtopfes, auf dem Boden zu identifizieren. Die Spur lässt sich in die Esterweger Gasse 11 zurückverfolgen. Dort wohnen Max van den Meer mit seinem Freund Winnie. Da wird sehr wahrscheinlich die Halluzinationsfeier abgehalten worden sein.«

»Bei der Vernehmung hatten wir darauf keinerlei Hinweise, haben sich die beiden so verstellt?«, fragt Jana bei

Saskia nach. Die meint: »Wir haben mal überlegt, wer die Nachbarn sind. Das sind die Familien Bühring und Seedorf. Beide könnten wir noch befragen. Wir sollten auch mal das Auto von Freund Winnie untersuchen, Reifenspuren …«

Jana ist überrascht, wie gut die beiden vor Ort schon ermittelt haben und ihr helfen. »Wird veranlasst, sofort«, sagt die Kommissarin und verständigt einen Kollegen, der sich um alles kümmert und auch eine Hausdurchsuchung bei der Staatsanwaltschaft Osnabrück beantragt. Als sie sich am nächsten Tag die Wohnung vom 67-jährigen Max van den Meer und seinem Freund Winnie in Werpeloh ansehen, spricht viel dafür, dass hier der »Hexenkessel« geleert wurde. Die Fingerabdrücke am Sudtopf stammen fast alle von den beiden. Reste von Holunderbeersaft, in die der Trank gekippt wurde, sind auch zu finden. Die beiden Männer sind nun nach anfänglichem Zögern auskunftsfreudig.

»Was wollen Sie noch wissen? Wir haben nichts zu verbergen«, sagt Winnie eine Spur zu fröhlich. Jana Kuhlmann und ihre junge Kollegin Saskia Gehrs befragen die beiden nach allen Einzelheiten.

»Warum haben Sie das nicht alles bei Ihrer ersten Vernehmung gesagt?«, bohrt Jana nach.

»Wir hatten noch nie mit der Polizei zu tun«, lügt Max van den Meer.

»Ich fasse zusammen: Sie beide haben mit Melanie Merel den Abend und die Nacht verbracht. Sie haben diesen Sud angesetzt, ihn alle drei getrunken, um sich zu berauschen, richtig?«, sagt Jana.

»Ja, ist doch nicht verboten, oder?«, fragt Max van den Meer die Kommissarin.

»Wie bitte kam die offenbar bewusstlose Melanie dann zum Steinkreis? Haben Sie beide sie dort abgelegt? War sie da schon tot, oder haben Sie ihren Tod in Kauf genommen?«, macht Jana den beiden heftige Vorwürfe.

»Nein, nein, das sehen Sie falsch«, widerspricht Max van den Meer, »wir waren selbst so benebelt und sind eingeschlafen wie Melanie auch, am nächsten Morgen war sie verschwunden. Da haben wir gedacht, die schläft zu Hause ihren Rausch aus.«

»Ach ja? Sie haben sie aber nicht angerufen, haben nicht bei ihr geklingelt oder haben irgendwen alarmiert. Es war Ihnen völlig egal, wie es Melanie am nächsten Morgen ging«, erhebt Jana ihre Stimme, als hätte sie mit Schwerhörigen zu tun. »Sie sind beide vorläufig festgenommen!« Saskia legt die Handschellen an. Die Männer werden abgeführt und leisten keinerlei Widerstand. Sie schweigen. Zwei herbeigerufene Polizisten fahren sie nach Lingen. Jana und Saskia besuchen aber noch die Hüvener Mühle 52, das Steingrab in Sögel-Hüven 53, um sich über Totenrituale zu informieren. Auch die Wassermühle Bruneforth 54 in Sögel-Stavern liegt auf ihrem Weg, denn dort sollen die Nachtschattengewächse gepflanzt worden sein.

»Schau, wie schön das Umland hier ist, Heide wächst in Sand und Moor rund um den Baggersee, das Bentheimer Landschaf grast – was für ein Idyll«, stellt Jana fest.

»Ja, die Haustierrasse war vom Aussterben bedroht. Der Verein ›Land unter‹ hat sich 1996 in Meppen gegründet und kümmert sich um den Erhalt der Art und der Kulturlandschaft mit den Heideflächen. Das Schaf hat keine Hörner und einen langen Schwanz, den Langsteert. Heute haben wir im Emsland sechs Schutzgebiete und zusammen 49 Hektar Fläche für das Landschaf«, erzählt Saskia.

Und sie schwärmt weiter. »Ich bin so gern auf unserem Hümmlinger Pilgerweg 55 unterwegs, da komme ich auf gute Ideen.« »Glaubst du, die beiden waren die Mörder? Welches Motiv könnten sie haben? Melanie könnte eine frühere Geliebte von Max gewesen sein, die beiden Männer haben seit einiger Zeit oft Kurzzeitkontakte zu Frauen, vielleicht wollte sich Max wieder annähern, aber sie wollte nicht«, entwickelt die junge Polizistin zum Erstaunen ihrer Vorgesetzten eine Theorie.

»Ja, irgendwie habe ich auch Zweifel an den beiden, wobei im Moment alles dafür spricht, dass sie die bewusstlose Frau am Steinkreis ablegten und genau wussten, dass sie nicht überlebt. Sie ist ja an Atemlähmung gestorben, wie das bei starken Rauschmitteln wie LSD vorkommt, doch vorher hatte sie heftige Atembeschwerden, das müssen die beiden bemerkt haben. Ich erinnere mich an mein Seminar in der Polizeischule, da hieß es immer ›Frauen als Mörderin greifen gern zu Gift, Männer zum Messer‹, also könnte da noch eine Frau im Spiel sein, die wir noch nicht kennen?«, rätselt Jana. »Es müsste eine Frau sein, die Melanie nahestand, die sie hasste, die sie beseitigen wollte, Eifersucht als Motiv von einer der Frauen, die bei den beiden Männern verkehrten, käme infrage, eine alte Freundin, die eine Rechnung offen hatte, was ist mit Mutter, Vater und anderen Verwandten?«

Saskia hört aufmerksam zu und hat plötzlich eine Idee: »Wir haben doch die Stellung der Toten, sie lag am Steinkreis im Sektor ›Wachsen und Blühen‹, die Füße zeigten zum November, zum Absterben, da hatte sie Geburtstag, am 2. November. Das könnte doch heißen: Sie sollte im Kopf blühen, sich gedanklich erweitern wie jetzt, als sie durch den Getränkecocktail in Trance fiel, und die Füße sollten absterben. Sie sollte nicht gehen, nicht abhauen, sondern hier bleiben. Was ist das für eine Botschaft des Täters? Er wollte sie festhalten. Unter ihren Kunden, die Melanie zu Hause massierte, waren so einige Frauen. Vielleicht stand sie auf Frauen?«

»Nicht schlecht, deine Ideen«, lobt Jana. »Nicht schlecht, da müsste ich mal meine Freundin Susanne fragen, die ist lesbisch, dann lass uns die Frauen aus Melanies Umfeld noch einmal gedanklich durchgehen!«

Saskia überlegt: »Da haben wir die Nachbarin, die nach den Katzen sah, und ihre Kundinnen und Kunden, zu denen sie mit ihrer mobilen Massagebank fuhr. Das waren zehn, die wir verhört haben, darunter waren zwei Frauen, Jessica und Monika. Könnten die ein Motiv gehabt haben?«

Die beiden Polizistinnen gehen in der Polizeiinspektion in Lingen noch einmal die Vernehmungsprotokolle der Frauen durch. Saskia stellt fest: »Diese Monika, die raucht doch auch gerne mal was, vielleicht ging deren Beziehung ja über das Highsein hinaus. Bei Jessica wäre es vielleicht Neugier, auch mal in Ekstase zu geraten, aber nicht mehr, doch bei Monika könnte ich mir eine gewisse Lust am Quälen oder Töten vorstellen. Sie zeigte Züge, andere in Halluzinationen zu versetzen, um dann mit ihnen alles machen zu können. Ja, Monika käme infrage.«

Jan-Hinnerk Eilers will sich ein paar freie Tage nehmen. Mit seiner Frau Helga und dem jungen Mischlingshund geht es nach Norderney. »Da wird unser Timmy erst mal richtig erzogen«, kündigt der große Mann an und macht ein entschiedenes Gesicht. »Ach, ihr habt jetzt einen neuen Hund? Gratuliere! Der Tod von Struppi ist überwunden, hoffe ich«, entgegnet Jana.

»Ja, so halbwegs. Timmy ist fidel, eine echte Freude. Na, und ihr habt bestimmt bald die Mordsache am Steinkreis aufgeklärt, wie ich euch kenne«, setzt er hinzu. »Na mal sehen«, schränkt Jana ein, »was hätte Heinz Erhardt jetzt für einen Tipp?«

Eilers überlegt nicht lange und sagt: »*Liebschaften sind wie Pilzgerichte, ob sie ungefährlich waren, weiß man erst später.*« Jana lächelt. »Das könnte unsere neue heiße Spur sein, wir werden es dir mitteilen«, sagt sie fröhlich. Eigentlich nicht schlecht, er trifft immer einen gewissen Punkt, der passen könnte, denkt Jana über diese Marotte ihres Kollegen. Erst der fehlende Mantel, jetzt das gefährliche Pilzgericht.

Als Monika dann zum Verhör geladen wird, Jana sie in die Mangel nimmt und sich die belastenden Momente immer mehr gegen die Frau verdichten, hofft sie sehr, diesen Fall bald gelöst zu haben. Ich träume schon von Totenmasken, kultiger Steinkreiskonstellation und Ritualen im Rausch der Engelstrompeten, das muss doch mal aufhören, sagt sie sich. Auch ihr Mann hat sie schon zur Mystikerin erklärt.

Bei Monika stellt sich in der Befragung bald heraus: Sie hatte ein Motiv – nicht erwiderte Liebe. Jedes Mal flehte sie Melanie an, sie intimer zu berühren, aber diese lehnte immer wieder ab. Wohlfühlmassagen und Reiki – darauf beschränkten sich ihre Anwendungen.

Den allerletzten Rausch erlebten die beiden Frauen allerdings gemeinsam in der Wohnung von Max van der Meer und seinem Freund Winnie. Alle freuten sich auf einen berauschenden Abend zu viert.

Monika nahm irgendwann Melanies Ring mit der Klappe und öffnete sie. Die darin befindliche Pille ließ sie in Melanies Getränk rutschen und nahm ihr den Ring ab.

»Ich hatte keine Ahnung, was das war«, gibt sie jetzt zu Protokoll. »Aber ich dachte, das verstärkt bestimmt ihre Stimmung.« Es war eine harmlose Beruhigungspille, wie die Rechtsmediziner herausfanden, doch war die Frau ohnehin recht bald bewusstlos. Die beiden Männer waren schon eingeschlafen, und so machte sich Monika ein letztes Mal über Melanie her, streichelte sie, küsste sie überall, wo es ihr Spaß machte. Es war ein Abschied, das war ihr klar, denn es gab nur noch ein Röcheln, ein Ringen nach Luft und irgendwann Stille.

»Sie wollten, dass sie stirbt?«, erkundigt sich Jana bei der Vernehmung noch einmal. »Ich weiß nicht, ich war wie in Trance, ich fand gut, dass sie so ruhig dalag und mir ergeben war«, erzählt Melanie jetzt. »Ich weiß nicht mehr warum, aber ich trug sie ins Auto, unglaublich, wie leicht sie sich anfühlte. An die Fahrt erinnere ich mich nicht mehr, aber auf einmal hielt ich in der Nähe des Steinkreises. Es war, als würde mir jemand sagen, was ich tun soll. Leg sie in den Steinkreis im Sektor ›Wachsen und Blühen‹, so wächst zusammen, was zusammengehört, Melanie und

Monika. Und lass die Füße zum November zeigen, so sterben sie ab und sie kann dir nie wieder davonlaufen.«

Jana muss an Saskias Vermutung denken und verzieht den Mund zu einem leichten Grinsen mit einem Nicken in Saskias Richtung, die bei dem ganzen Verhör dabei ist. Sie hat fast genau das vermutet, was die Mörderin nun zugibt. »Aber das war doch alles geplant, denn Sie hatten die Totenmaske gestohlen, um sie ihr für ihre Reise ins Jenseits aufzusetzen. Ist das so richtig?«, erkundigt sich Jana. »Nein, die lag in der Wohnung von Max und Winnie, die nahm ich einfach mit, weil ich es passend fand. Der Max hatte die aus dem Batakhaus mitgenommen, weil er dort die Gegenstände neu beschriften soll. Er hat, glaube ich, einen Schlüssel für das Haus.« Jana kurz: »Tja, Liebschaften sind wie Pilzgerichte, ob sie ungefährlich waren, weiß man erst später. Sie werden die nächsten Jahre in der Justizvollzugsanstalt in Lingen darüber nachdenken können.«

Sögel

Mit dem Jagdschloss Clemenswerth ist Sögel ein besonders begehrter Ort im südlichen Hümmling. Schon im frühen Mittelalter war hier ein Gerichtssitz. Lustig wird es bei der »Hümmling-Olympiade«. Das Gruppenprogramm besteht aus Ringe werfen, Stelzenlauf, Schubkarrenrennen, Schwäne füttern und weiteren Disziplinen. Die Tourist-Information Sögel (Am Markt 2) bietet das für Gruppen an. Ebenso beliebt ist die elektronische Schnitzeljagd zur Suche des Schatzes der Ludmilla. Zu Sögel gehören als flächenmäßig größte Kommune im Emsland mit rund 17.000 Einwohner noch die Orte Börger, Groß und Klein Berßen, Hüven, Spahnharrenstätte, Stavern und Werpeloh. In diesem 1000-Seelen-Ort spielt dieser Mordfall, weitere im Hümmling sind unter Nr. 1 in der Alten Dorfstelle Wahn und Nr. 8 in Wippingen nachzulesen. Übrigens ist sogar ein 30 Meter großer Krater auf dem Mars (in der Lunae-Palus-Region mit den Koordinaten 21,6° N, 55,2° W) nach der Gemeinde Sögel benannt.

46 **Steinkreis Werpeloh**

Der 32 Meter große Steinkreis besteht aus einem äußeren Ring mit Erdwall und einem Zentralstein mit einem inneren Ring an Steinen. Der Zentralstein wurde in der Nähe beim Pflügen auf dem Acker gefunden und war vermutlich ein Opfer- oder Altarstein aus der Megalithkultur. Fernvisierlinien sind darauf zu erkennen. Pater Matthäus, der auch das Batakhaus schuf, ließ 2002 diesen Steinkreis errichten. Eine Erläuterungstafel gibt Auskunft über die Bedeutungen (von Werpeloh auf der K114 Richtung Wippingen, hinter dem Sportplatz zweite Straße links, dann ausgeschildert).

47 **Batakhaus**

Der Nachbau eines Pfahlhauses des indonesischen Stammes der Batak, die auf Sumatra leben, steht seit 1978 im Zentrum des Dorfes (Am Brink, 49751 Werpeloh, www.batakhaus-werpeloh.de). Der damalige Pastor Pater Matthäus startete dazu die Initiative, denn sein Bruder war Missionar auf Sumatra. Innen lässt sich über den Totenkult, das Schattenspiel, die Medizin und Lebensweise der Batak viel erfahren.

48 **Knabstrupperzucht**

Die Knabstrupper, allen Pippi-Langstrumpf-Fans bekannt als Tigerschecken, sind im Emsland auf den Gestüten »Aus der schützenden Hand« und »vom Uttruper Hoek« zu Hause. Es ist eine der ältesten Pferderasse Europas (Hauptstraße 2, 49751 Werpeloh).

49 **Hümmlinger Schinkenhof**

Hier gibt es regionale Kost aus erster Hand (An der Wende 4a, 49751 Werpeloh).

50 **Emsland-Route**

Heute hier, morgen dort? Der 300 Kilometer lange Rundweg Emsland-Route und überregionale Radwanderwege ermöglichen ausgedehnte Fahrrad-Ferien mit »Flachland-Garantie«. Das dicht geknüpfte, insgesamt 3.500 Kilometer lange Radwegenetz des Emslands bietet aber auch beste Bedingungen für mehr als 40 erlebnisreiche Tagestouren zwischen 15 und 75 Kilometern rund ums feste Urlaubsquartier (www.emsland-route.de und www.emsland.com).

51 **Schloss Clemenswerth**

Das Jagdschloss Clemenswerth (49751 Sögel, www.clemenswerth.de) mit seinem 62 Hektar großen Schlosspark ist das Schmuckstück im nördlichen Emsland. Es ist die einzige Alleesternanlage weltweit. Rund 60.000 Besucher besehen sich jedes Jahr diese zentrale kulturelle Einrichtung des Emslandes. Das Schloss entstand von 1737 bis 1747 auf Anordnung des Kurfürsten und Fürstbischofs Clemens-August von Köln (1700–1761). Im Zentrum des sternförmig ausstrahlenden Schneisensystems findet sich ein vom berühmten Baumeister Johann Conrad Schlaun (1695–1773) erdachtes Architekturensemble von einmaliger Wirkung: Im Zentrum ragt der Hauptpavillon auf und wird von acht kleineren Gebäuden umgeben. Hier traf sich in früherer Zeit der Hochadel zu fürstlichen Jagdvergnügen. Heute dient dieser barocke Jagdstern als Emslandmuseum und für kulturelle Anlässe. Beliebt für Trauungen ist die hübsche barocke Schlosskapelle. Ebenso ist der Klostergarten mit Gloriette als »Ort der Stille« beliebt. Zahlreiche Feste werden auf der Anlage gefeiert.

52 **Hüvener Mühle**

Die im Sögeler Ortsteil Hüven gelegene Mühle (Hüvener Mühle 8, 49751 Hüven) wurde schon 1534 erstmals urkundlich erwähnt. Die Besonderheit: Sie kann sowohl mit Wind als auch mit Wasser betrieben werden. Die Radde führt oft nicht genug Wasser, sodass der Mühlenbauer auf diese geniale Idee kam. 1955 restaurierte der Kreisheimatverein die Mühle, die unter Denkmalschutz steht – schließlich ist sie die Einzige ihrer Art in ganz Europa.

53 **Steingrab in Sögel-Hüven**

Steinzeitmenschen haben das 15 Meter lange und 1,5 Meter breite Grab auf 25 Wandsteinen als ovalen Kranz errichtet. Die Steine bewegten sie mit Tauwerk und auf Holzrollen, das war vor 3.500 bis 1.800 Jahren vor Christus (nördlich von Hüven Richtung Sögel steht ein braunes Schild »Großsteingrab«).

54 **Wassermühle Bruneforth**

An einer alten Furt der Nordradde in Groß Stavern liegt diese zauberhaft schöne Mühle (Bruneforth, 49777 Stavern). Der Heimatverein Meppen übernahm sie 1967, restaurierte sie, nach einem Brand im Jahr 1974 wurde sie wieder aufgebaut.

55 **Hümmlinger Pilgerweg**

Auf Findlingen angebrachte Sinnspruchtafeln begegnen dem Pilger in regelmäßigen Abständen als Stationen zur inneren Einkehr und zum Zeitnehmen für Gott, die Natur und den emslandblauen Himmel (www.huemmlinger-pilgerweg.de). Bestimmte

Abstecher des Pilgerweges führen durch das Gelände des Schießplatzes Meppen. Die Tourist-Information in Sögel informiert über die genauen Sperrzeiten.

6. MUNDRAUB WÄRE STRAFFREI

WARUM WIRD DIE BELIEBTE BAUERNHOF- UND ANTIQUITÄTENCAFÉ-BETREIBERIN SIGRID ECKHOLT ZWISCHEN HASELÜNNE UND HERZLAKE ERSCHOSSEN?

»Als ich den angebissenen Apfel auf ihrer Seite im Internet sah, habe ich ja nicht an das Hasetal, sondern eher an diesen Elektronikkonzern aus Kalifornien gedacht. Aber Mundraub 56, das klingt abenteuerlich. Wie funktioniert das denn?«, erkundigt sich Dörte Bremer in der Haselünner Touristinformation.

Der Mitarbeiter erzählt ihr von mehr als 2000 öffentlichen Obstbäumen, die quasi als Schildersatz den Radfahrern auf ihren Routen durchs Hasetal Spalier stehen. »Jeder kann pflücken und essen, was und wie viel er möchte, es gibt Äpfel, Birnen, Kirschen und Pflaumen. Und wenn Sie auf einer der roten Mundräuberleitern mal in so einen Baum steigen, finden Sie vielleicht einen Zettel. Darauf steht dann der Hinweis auf den nächsten Mundräuber-Gastwirt, bei dem es etwa Apfelkuchen mit Früchten von genau diesem Baum gibt«, erklärt er der 45-jährigen Kölnerin. Dörte Bremer ist erfreut. »Wow, das ist ja genial. Ich komme schon seit Langem mehrmals im Jahr zum Radfahren ins Emsland. Sobald ich ein paar Tage freinehmen kann, steige ich in Köln in den Zug, und keine drei Stunden später bin ich Lingen. Aber im Hasetal, da war ich noch nicht. Ich will vier Tage bleiben, können Sie mir denn auch die Übernachtungen dazu buchen?«

»Ja klar«, antwortet der engagierte junge Mitarbeiter, »was ich Ihnen aber noch ans Herz legen möchte: Werden Sie doch auch Baumpatin. Dann sendet Ihnen Ihr Baum ein paar Mal im Jahr eine E-Mail, Sie erfahren, wie es ihm geht, ob er einen Schnitt braucht, wie sein Obst aussieht. Sie unterstützen mit ein paar Euro unsere Kulturlandschaft – ach, und unsere Schönwettergarantie und Kopfkissenbar, davon muss ich auch noch erzählen.«

Dörte nickt, sie hat schon von den verschiedenen Kopfkissen gehört, aus denen sie ihren Favoriten in allen Hotels für traumhaft entspannte Nächte wählen kann und auch vom kostenlosen Transfer zum nächsten Etappenziel bei Dauerregen. »Na vielen Dank für die Mundraub-Tipps. Ich freue mich schon aufs Birnenpflücken und Obstkuchen essen«, kündigt Dörte an und schwingt sich auf ihr Rad.

Die Genuss-Radlerin fährt nach Osten Richtung Herzlake am Haselünner See 57 vorbei und rastet im Wacholderhain 58. Wildpferde, Hochlandrinder, Naturerlebnispfad, diese Hase-Ems-Tour ist doch göttlich und auch kulinarisch genau nach meinem Geschmack. So gut habe ich schon lange nicht mehr gegessen, schwärmt sie vor sich hin, als sie sich nach der Mittagsrast wieder in den Sattel schwingt, die Hase überquert und über Andrup in einem großen Bogen weiter auf dem gut ausgeschilderten Hase-Ems-Radweg 59 weiterfährt.

Während sie überlegt, ob noch Zeit für das Kulturkino hASETOR 60 bleibt, von dem ihr der Gastwirt im Jagdhaus erzählte, stoppt sie an einem prächtigen Apfelbaum, der unter der Last seiner Früchte zu ächzen scheint. Sie steigt die Mundräuberleiter empor, pflückt sich ein paar Äpfel und entdeckt sogar einen Zettel vom Bauernhof- und Antiquitätencafé Eckholt bei Herzlake, wo sie einen frisch gebackenen Apfelkuchen mit Äpfeln von eben diesem Baum essen könnte. Genau wie der nette Mitarbeiter der Tourist-Information in Haselünne sagte, klasse, da fahre ich doch gleich mal vorbei, denkt Dörte, während sie in der Nähe unter dem Baum eine schlafende Frau im hohen Gras entdeckt.

Hummeln und Bienen kreisen über dieser Person. Ein friedliches Bild, denkt sich Dörte, aber irgendwie komisch. Sie ruft, steigt hinab und berührt die Schlafende sanft an der Schulter. Nichts tut sich. Da erkennt sie an der linken Körperseite eine Blutlache. »Ahhhhhhhh, neeeiin«, schreit sie auf und alarmiert die Polizei per Handyanruf.
»Eine Tote in der Nähe von Andrup. Da kümmere ich mich drum, bin schon unterwegs, ist ja quasi vor meiner Haustür«, ruft Jan-Hinnerk Eilers seiner Vorgesetzten Jana Kuhlmann in der Polizeiinspektion in Lingen zu, nachdem der den Anruf des Kollegen der Polizeistation Haselünne entgegengenommen hat.

»Nur weil du in Haselünne wohnst, musst du noch lange nicht die Ermittlungen übernehmen«, will Jana antworten, doch Eilers ist schon zur Tür hinaus.

Nach einer Stunde ist der Fundort der Leiche bei Andrup großräumig abgesperrt, doch viele Spuren sind nicht zu finden, und auch die Befragung von Dörte Bremer hat Eilers nicht weit gebracht. Die Tote allerdings, die hat er sofort erkannt, denn mit seiner Helga ist er schon oft bei Sigrid Eckholt im Bauernhofcafé kurz vor Herzlake eingekehrt. Der Apfelkuchen ist der beste weit und breit, das sagt sogar seine Frau Helga – und das soll was heißen. Ob der Tatort an genau diesem Baum auch was heißen soll?, fragt sich Eilers. Morgen sehe ich weiter, denkt er sich. Der Ehemann wurde ja schon von den Kollegen benachrichtigt, den lasse ich heute am besten in Ruhe.

»Die Sigrid vom Bauernhofcafé vor Herzlake wurde heute tot unter einem Apfelbaum gefunden«, erzählt er am Abend seiner Frau Helga. »Oh nein, wie furchtbar. Der arme Mann, sitzt jetzt mit seinen beiden Jungs wieder alleine da. Die sind doch erst zehn und zwölf. Dabei war sie denen doch so eine gute Stiefmutter. Wie ist sie denn gestorben?«, fragt Helga. »Erschossen«, antwortet Eilers knapp. »Aber wer kann denn diese fröhliche und engagierte Frau umbringen wollen? Erst letztes Wochenende hat sie noch beim Kinderfest ihren großartigen Apfelkuchen gespendet, und ohne sie gäbe es doch den KULTOURsommer im Emsland [61] auch nicht«, empört sich Helga.

»Na ja, vielleicht ist jemandem der von ihr gegründete Förderverein für das stillgelegte Torfwerk Hahnenmoor [62] ein Dorn im Auge, oder es hat was mit Zickenkrieg zu tun, du sagst doch immer, dass es bei den Landfrauen auch nicht mehr so freundschaftlich zugeht wie früher. Jetzt, wo Bauern immer mehr zu Café-, Restaurant- und Veranstaltungsprofis werden müssen – vielleicht neidet ihr da manch eine den Erfolg«, spricht Eilers seine Vermutungen aus. »Ach, das ist doch Quatsch. Und wenn, deswegen bringt frau doch niemanden um!«, widerspricht Helga ihrem Mann.

Jan-Hinnerk lässt sich am nächsten Morgen vom Vereinsvorsitzenden des Fördervereins erläutern, was Sigrid dort alles auf die Beine gestellt hat. »Offenes Singen in der Torfhalle haben wir mit ihr geplant«, erläutert Werner Renken. »Auch die Ideen zu Puppentheater und Moordiplom sind auf ihrem Mist gewachsen, und im Museum hat sie ehrenamtlich mitgearbeitet. Aber ihr größter Verdienst für uns war ihr Geschick beim Spendensammeln, sonst hätten wir unseren Aussichtsturm noch lange nicht. Und der bietet ja am frühen Morgen den schönsten Blick über das Hahnenmoor«, erzählt Renken überzeugt.

»Was meinst du, hatte Sigrid Feinde?«, will der Kommissar wissen. »Also, ich höre ja wirklich viel«, meint der Vereinsvorsitzende, »aber da muss ich dich enttäuschen. Sigrid hat sich so für die Natur hier im Emsland und das Zusammenleben im Dorf engagiert, über die hat keiner ein schlechtes Wort verloren. Auch die Bauern nicht, selbst wenn sie denen mal Kopien über die krebserregenden Stoffe in Glyphosat, diesem Breitbandherbizid, was die auf den Acker sprühen, in den Briefkasten steckte. Denn sie hat sich auch für höhere Milchpreise und die bessere Vermarktung regionaler Produkte eingesetzt. Und wenn sie dann mal im Dorfladen einen Aushang gemacht hat, dass zum Beispiel ganze Vogelarten schon regional ausgestorben sind, selbst Grünfinken oder Gimpel, dann waren die meisten eher dankbar über ihr Engagement. Mir sagte sie mal, es gebe immer weniger Insekten. Und die Vögel hätten dementsprechend nichts mehr zum Fressen. Ich dachte erst, jetzt übertreibt die aber. Doch wenn ich darüber nachdenke: Früher hatte man im Sommer doch die Windschutzscheibe nach längeren Fahrten voll von Insekten, und an den Tankstellen gab es Schwämme zum Entfernen. Die gibt es heute nicht mehr, werden ja nicht mehr gebraucht!«

»Moin, Herr Eckholt, auch mein herzliches Beileid. Geht es Ihnen heute ein wenig besser, darf ich Ihnen ein paar Fragen stellen?«, erkundigt sich Eilers. »Besser geht es mir nicht. Ich habe die ganz Nacht gegrübelt, wer meine Frau umgebracht haben könnte, ich habe keine Idee. Aber schießen Sie los, was wollen Sie wissen?«, antwortet Lars Eckholt. »Ist Ihnen in den letzten Tagen irgendetwas aufgefallen, wurde Ihre Frau bedroht, fühlte sie sich verfolgt oder hat sie sich mit jemandem gestritten … jedes noch so kleine Detail könnte wichtig sein, Herr Eckholt«, fragt Eilers nach.

»Nein, nichts davon, die Sigrid ist wirklich bei allen hier beliebt. Obwohl …« Eckholt macht eine kleine Pause und meint dann: »… bevor Sigrid und ich vor sieben Jahren zusammenkamen, da hatte sie eine kurze Affäre mit Nils Düvel. Sie hat das später sehr bereut, denn er hatte sich echte Hoffnungen auf eine dauerhafte Beziehung mit ihr gemacht. Als sie das beendete und er mitbekam, dass wir ein Paar wurden, ist der schier ausgerastet und hat oft auf unserem Hof gestanden und Sigrid als Hure und Gottlose bezeichnet. Aber ich denke, der hat sich damit abgefunden. Zumindest gab er irgendwann Ruhe.«

»Ist das der Nils Düvel, der bei seiner Großmutter wohnt und dessen Vater in einer betreuten Einrichtung für psychisch Kranke lebt?«, fragt Eilers nach.

»Ja genau. Wie der das bei der Alten aushält, ist allen im Dorf ein Rätsel. Dat is'n aolt Scheesken! (*Schimpfwort für eine unbeliebte Frau*). Die hat doch mit ihren Hasstiraden schon ihren Sohn reif für die Klapse gemacht. Aber Nils soll kaum eine andere Chance haben. Kein richtiger Abschluss, keine Arbeit, bezeichnet sich als Künstler, und pleite soll er auch sein«, antwortet Eckholt.

Bevor Eilers ins Büro nach Lingen fährt, schaut er noch bei Nils Düvel vorbei. »Herr Düvel, ich ermittle im Mordfall Sigrid Eckholt. Rein routinemäßig befragen wir gerade alle, die mit ihr befreundet sind oder waren. Und sie beide, sie hatten doch mal was miteinander, oder?«, fragt Eilers. »Ja, aber das ist schon sehr lange her. Aber, also, bevor Sie es selber rauskriegen, wir haben uns in den letzten Wochen wieder getroffen und sind uns dabei auch körperlich nahegekommen«, stottert Düvel. »Ach, wann und wo trafen Sie sich denn, und wann haben Sie Sigrid Eckholt zuletzt gesehen?«, fragt Eilers überrascht nach. »Immer bei mir, wenn ihr Mann auf dem Feld war, sehr unregelmäßig. Aber ich glaube, der hat das rausbekommen. Vielleicht hat er ja seine Frau umgebracht. Auch in der zweiten Ehe betrogen und verlassen zu werden, das wollte der bestimmt nicht hinnehmen. Denn ja, Sigrid wollte sich von ihm trennen und zu mir ziehen.«

»Und warum haben Sie sich dann nicht gleich gestern bei uns gemeldet, das ist doch ein wichtiger Hinweis, Herr Düvel?«, fragt Eilers nach. »Ich …«, fängt Düvel leise an, »ich war, nein, ich bin geschockt, kann gar nicht klar denken. Sigrid war meine große, meine einzige Liebe. Und jetzt das. Mein Leben ist ruiniert.«

Im Büro kann der Kommissar mit ein paar Mausklicks etwas über Nils Düvel herausfinden: Er bezieht Hartz IV. Das Anrufprotokoll seines Handys zeigt, dass er die Tote tatsächlich mehrmals in den letzten Wochen angerufen hat, und er berichtet dann seiner Kollegin Jana über den Stand der Dinge, bevor er sich früh in den Feierabend verabschiedet. Jana schaut ihn verdutzt an. »Du willst jetzt schon Schluss machen?«, fragt sie vorwurfsvoll.

»Ja, liebe Kommissarin. Mein wöchentlicher Stammtisch in der deutschen Schnapsbrennereihauptstadt wartet. Und da wir alle alte Fuselünner sind, erfahre ich bestimmt einiges aus der Gerüchteküche über das Umfeld der Toten. Das sind quasi unbezahlte Überstunden«, grinst Eilers und ergänzt: »Du kannst ja derweil deine Putze treffen, die muss doch zu allem ihren blöden Senf dazugeben.« Jana runzelt nur die Stirn und zieht die Mundwinkel tief.

»Schade, dass keiner von euch neulich bei den Ausflügen des Heimatvereins dabei sein konnte. Die Tour zu Ramings Mühle 63 nach Lengerich im Süden und zum neuen Naturkundehaus in Lähden 64 nach Norden waren beide super, die vielen ausgestopften Tiere da, das hat selbst Helga gefallen, und ihr wisst, wie nörglerisch die sein kann. Und bevor ihr fragt, nein, zum Tod von Sigrid Eckholt darf ich euch nichts sagen«, beginnt Eilers seine kurze Rede nach der Begrüßung seiner Stammtisch-Runde im Gasthaus neben der Edelkorn-Brennerei Rosche 65. »Aber ihr dürft mir natürlich alles erzählen, was ihr über Sigrid und ihre Familie und vielleicht über die Düvels wisst. Verschwiegen bin ich ja, wie ihr wisst, und für klare Gedanken spendiere ich einen Klaren, Rosche oder Heydt, ihr habt die Wahl. Prost«, sagt er und erhebt sein Glas in Richtung der Kornbrennerei Heydt 66.

Ein Landwirt in der Runde, in der kräftig dem Klaren aus der Destille zugesprochen wird, schildert eine verdächtige Beobachtung an der Alten Schule in Bokeloh 67 westlich von Haselünne. Ein Mann soll da vor drei Tagen auf dem Otto-Pankok-Malerweg mehrfach mit seiner Pistole Schüsse abgegeben haben. »So ein Heiopei (*verwirrter, unzuverlässiger Mensch*). Ich habe nur Gas gegeben, beschreiben könnte ich den jetzt nicht«, erklärt er. »Danach war ich noch im Brennereimuseum Berentzen 68, da habe ich auf den Schreck erst mal einen Gin verkostet, den die da jetzt neu haben.« Eilers quittiert das mit einem typisch emsländischen »hö-äh«. Dieser Räusperlaut signalisiert dem Empfänger: »Ich täusche ein Zuhören vor, aber bin nicht wirklich interessiert, was du sagst.«

»Hallo Susanne, wie geht es dir, hast du am Wochenende deine Traumfrau gefunden? Du warst doch in Osnabrück?«, erkundigt sich Jana bei ihrer besten Freundin, als sie sich in der Salzgrotte Hasetal 69 auf einen kurzen Plausch treffen.»Ich suche nicht mehr, ich lasse mich jetzt finden. Die Frauen heute sind auch nicht mehr das, was sie mal waren, haben nur noch Sex im Kopf, und wirklich binden will sich keine mehr. Mir reicht es erst mal. Jetzt versuche ich, das Leben auch alleine zu genießen. Himbeertorte und Hörbücher sind dabei ganz hilfreich. Und hier lässt es sich ja auch mal richtig durchatmen. Danke für den Tipp, die Salzgrotte kannte ich noch gar nicht«, antwortet Susanne.

»Oh, das hört sich aber sehr nach Frust an, Susanne.

Vielleicht solltest du auch das Stricken wieder anfangen so wie ich. Das ist Entschleunigung pur, und im Gegensatz zur Himbeertorte setzt du auch weniger Hüftgold an. Du siehst Fortschritte und bekommst Lob für die vielen Untersetzer«, flötet Jana.

»Das ist nicht dein Ernst, *Untersetzer*, das mache ich nicht. Strick doch mal Fußwärmer, ich habe wirklich jetzt öfter kalte Füße abends, das ist neu«, kommentiert Susanne.

»Dann brauchst du halt noch zwei Füße im Bett zum Wärmen, aber das Thema hatten wir ja schon.«

Jana hofft, dass Susanne nicht auf den Mord an Sigrid Eckholt zu sprechen kommt, aber da hört sie Susanne schon sagen: »Der arme Lars, erst wird der von seiner ersten Frau betrogen und zieht die Kinder fast alleine auf, und dann wird seine große Liebe umgebracht. Furchtbar. Und die Kinder, wie die das wohl verkraften? Habt ihr schon eine Spur?«

»Hüstel, hüstel«, antwortet Jana professionell. »Ehrlich, Susanne, da kann ich nichts zu sagen. Was hast du denn so gehört?«, fragt Jana und ergänzt, »hast du eigentlich noch die Putzstelle bei Frau Dr. Mester in Haselünne?«

»Ja, aber da bin ich erst morgen. Was ich aber weiß, ist, dass die Sigrid, bevor sie geheiratet hat, einen ziemlichen Männerverschleiß hatte. Besonders wählerisch war die da nicht und se hockt nich blaos in eenen Pott. *(Sie hat mehrere Freier.)* Sogar mit diesem Düvel soll sie mal was gehabt haben. Der ist zwar ein ziemlich guter Schauspieler, spielt ja fast immer die Hauptrollen auf der Waldbühne Ahmsen 70, aber privat kriegt der doch nichts gebacken. Aber das spielt keine Rolle mehr, denn mit dem Lars Eckholt hatte sie ihre große Liebe gefunden. Auf so ein Happy End warte ich ja auch noch«, erzählt Susanne drauflos. Jana hängt ihren Gedanken nach.

Dann aber gibt es eine überraschende Wende in dem Fall. Jana ruft schon um acht Uhr am nächsten Morgen ihren Kollegen an und ruft ihm zu: »Jan-Hinnerk, komm bitte sofort ins Büro. Hier steht eine Frau, die behauptet, Sigrid Eckholt erschossen zu haben. Und die Tatwaffe hat sie auch mitgebracht.« »Äh, wie bitte? Ich habe zwei verdächtige Männer, den Ehemann habe ich gestern nämlich auch noch befragt, der ist superverdächtig. Die Sigrid Eckholt hatte wieder was mit ihrem Ex angefangen, und der Ehemann könnte davon erfahren haben. Beides streitet er zwar vehement ab, er sei zu 120 Prozent sicher, dass der Ex nur schmutzige Wäsche waschen, sich wichtig machen oder gar von sich selbst ablenken will. Aber Tatsache ist, dass die Sigrid mit ihrem Ex öfter telefonierte, zwar immer nur sehr kurz, aber für eine Verabredung braucht man ja auch nicht lange. Überzeugt hat der trauernde Witwer mich auf jeden Fall nicht. Ich bin eh schon auf dem Weg und in paar Minuten da«, sagt er noch.

»Also hier ist mein Kollege, Herr Eilers. Frau Düvel, bitte erzählen Sie ihm doch noch einmal, wie Sie Frau Eckholt umgebracht haben«, leitet Jana das Verhör ein. »Ich habe auf die Schlampe an der Hütte in Andrup gewartet, ich weiß doch, dass die da jeden Tag joggt. Dann habe ich sie angesprochen und so getan, als hätte ich mir den Fuß verknackst. Als sie sich dann zu mir runter beugte, habe ich ihr die Pistole zwischen die Schulterblätter gesetzt und abgedrückt.«

Eilers ist noch immer geschockt. Da hat er zwei Männer, die sich gegenseitig beschuldigen, und dann gesteht die Großmutter des einen die Tat. »Aber warum musste Sigrid Eckholt sterben, Frau Düvel, und wann genau war das?«, hakt Jana nach. Die alte, entschlossen wirkende Frau mit ihren langen, hinten zusammengebundenen grauen Haaren und der schlanken Figur antwortet wie aus der Pistole geschossen: »Strafe muss sein. Wo kommen wir denn hin, wenn hier jede ungesühnt einer anderen Frau den Mann ausspannen und sich ins gemachte Nest setzen kann. Die arme Christa. Und mein armer Nils. Dem hat sie ja auch den Kopf verdreht und ihn dann sitzen gelassen. Und wie die Sigrid sich als Wohltäterin aufgespielt hat und von allen auch noch angehimmelt wurde. Ekelhaft«, redet sich die Alte in Rage. »Gott richtet so etwas, immer.«

Jana versucht zu wiederholen: »Sie haben sie getötet, weil sie zu aktiv war, und wollten die Ex-Frau von Lars Eckholt rächen. Hat diese Christa Sie zu der Tat getrieben, oder was war der Anlass?« Minna Düvel holt tief Luft. »Darf ich rauchen?«, erkundigt sie sich. »Nein, hier drinnen nicht«, schaltet sich Eilers in das Verhör ein.

»Ich würde jetzt aber gerne eine rauchen«, sagt Minna Düvel bestimmt. »Das können Sie auch gleich, aber draußen bitte«, ergreift Jana wieder das Wort. »Beantworten Sie nur noch meine drei Fragen. Wann haben Sie auf Sigrid Eckholt geschossen, woher hatten Sie die Waffe, und hat Christa Sie zu dem Mord angestiftet?«

»Frau Polizistin, so gegen acht Uhr morgens war das. Die Pistole hier habe ich von meinem verstorbenen Mann, und woher er die hatte, keine Ahnung. Wir waren ja früher im

Schützenverein, wo ich übrigens dreimal Schützenkönigin wurde. Und anstiften lasse ich mich von niemandem. Ich wollte das schon lange tun, und jetzt dachte ich, dass mir vielleicht nicht mehr so viel Zeit bleiben würde. Man wird ja nicht jünger. Wie lange bekomme ich denn dafür, Herr Polizist, oder bekomme ich mildernde Umstände wegen meines Alters?«, wendet sie sich Eilers zu.

»Nein«, antwortet Jana. »Aber würden Sie denn gerne verurteilt werden, Frau Düvel?«, hakt sie nach.

»Ja klar, Ehebruch muss bestraft werden, und Mord muss auch bestraft werden. Der liebe Gott aber wird es mir danken«, gibt die alte Düvel triumphierend zu Protokoll.

»Sie können gehen, Frau Düvel. Bei ihrer nächsten Zigarette denken Sie mal drüber nach, dass auch auf Falschaussage Gefängnis steht«, betont Jana.

Jana erntet zwei verdutzte Blicke von der alten Frau Düvel und von ihrem Kollegen Eilers. Als Minna Düvel das Zimmer verlassen hat, klärt Jana ihn schnell auf: »Die Sigrid ist erst gegen zwölf Uhr gestorben, und nicht schon am Morgen gegen acht Uhr, so steht es im Bericht der Rechtsmediziner. Schuss zwischen die Schulterblätter stimmt auch nicht. Es war seitlich ins Herz. Das ist alles erstunken und erlogen, aber warum? Was wissen wir über den Enkel?«, fragt Jana nach. »Der hat doch früher schon cholerisch auf den Eckholt eingebrüllt, wie du selber gesagt hast.«

»Ach, das ist doch eine arme Sau: der Vater in der Klapse, Mutter tot und selber fast pleite, denn von den paar Einsätzen als Schauspieler kann er doch nicht leben. Wenn der jemanden umbringt, dann doch eher sich selbst oder den Vater oder die Großmutter, dann würde er wenigstens etwas erben«, meint Jan-Hinnerk.

»Aber immerhin hat der einen Waffenschein, seine Oma nicht«, entgegnet Jana, die parallel ihr neues Dienst-Tablet nach Nils Düvel befragt hat.

»Mensch, wir haben ein Geständnis, wir haben die vermeintliche Tatwaffe, und dass die Alte mit den Uhrzeiten durcheinander kommt, kann in der Aufregung doch schon mal passieren. Für mich ist der Fall erledigt. Ich glaube ihr. Und da ich mir für heute eigentlich einen Tag Urlaub genommen habe, werde ich den jetzt auch beginnen. Sonst fährt Helga mit Timmy ohne mich los.« Eilers schaut auf die Uhr. »Die monatliche Fahrradtour des Heimatvereins ist für uns Pflicht. Heute geht es in die Olle Nordholter Schoule 71 und zur Hesemannschen Wassermühle 72. Da kann ich bestimmt viel lernen, auch über die Düvels! Bis morgen, Jana«, flötet Eilers und ist schon verschwunden.

Jana ist wütend. Wieso fährt er nicht noch mit der Museumseisenbahn Hasetal 73? Vielleicht geht es da auch mit dem Düvel zu …, denkt sie sich. »Wie kann der jetzt an eine Fahrradtour denken, während die Alte uns hier ganz offensichtlich belügt? Das schauspielerische Talent scheint der Enkel geerbt zu haben«, sagt sie leise zu sich und ruft nach einer gewissen Bedenkzeit doch ihren Kollegen Eilers an. »Glauben oder nicht glauben, Mitleid haben und Rücksicht nehmen, das sind nicht unsere Kategorien, oder? Jan-Hinnerk, es kann ja sein, dass du eine Beißhemmung hast bei bestimmten Menschen aus Haselünne und Umgebung. Aber es kann nicht sein, dass wir kollektiv zahnlos sind. Ich übernehme ab sofort den Fall und fahre zum Haus der Düvel«, sagt sie mit klarer Stimme und in einer Tonlage, die noch nicht als zu laut gelten kann.

»Na gut, dann treffen wir uns an der Ecke davor«, lenkt Eilers mürrisch ein.

»Nein, Jan-Hinnerk, keine Umstände, genieße deine Fahrradtour. Ich nehme Matthias mit«, beendet Jana das Telefonat.

Als sie in dem heruntergekommenen Haus am Rande von Haselünne ankommen, sitzt Minna Düvel in einer Hollywoodschaukel im Garten. »Moin, Frau Düvel, so schnell sieht man sich wieder«, leitet Jana das Gespräch ein. »Oh, wenn Sie kommen, geht es mit dem Düvel zu, wollen Sie mich jetzt doch mitnehmen?«

»Nein, Frau Düvel, wir möchten Ihrem Enkel ein paar Fragen stellen, können wir ihn allein sprechen?«, bittet Jana um Zutritt zum Haus. »Ich weiß nicht, wo der steckt«, meint die 83-Jährige knapp und schaukelt weiter.

Jana und Matthias betreten trotzdem das Haus und entdecken den 32-Jährigen in einem abgedunkelten Raum. Er sitzt vor zwei Bildschirmen und starrt hinein. Es klackern die Tasten, der Mann schaut nicht hoch, sondern scheint die Besucher zu ignorieren. Jana lässt sich Zeit und nähert sich dem Bildschirm, bis sich Nils plötzlich umdreht und zischt: »Was haben Sie hier zu suchen und was schauen Sie auf meinen Bildschirm, ich zeige Sie sofort an, das ist ja Hausfriedensbruch.«

»Herr Düvel, mein Kollege und ich haben ein paar Fragen, was Sie in der Nacht vor dem Mord und an dem Morgen getan haben. Sie haben ausgesagt, Sie hätten hier geschlafen.

Können Sie uns die Stelle mal zeigen?«, fragt Jana. »Mein Bett wollen Sie sehen? Da!«, sagt der Mann harsch und zeigt in die hintere dunkle Ecke des Zimmers. Matthias leuchtet mit seiner Taschenlampe.

»Haben Sie eine Hausdurchsuchung?«, präsentiert Nils sein Wissen.

»Nein, aber die werden wir gleich haben, Herr Düvel«, erwidert Jana. »Aber sagen Sie, wo bewahren Sie normalerweise Ihre Waffen auf?«

»Da in der Ecke ist mein Waffenschrank, alles vorschriftsmäßig. Der Schlüssel dazu liegt hier in meinem Schreibtisch«, antwortet Nils Düvel und öffnet die Schublade. »Ähm, also normalerweise. Jetzt ist er weg. Das kann ich mir gar nicht erklären«, ergänzt er etwas leiser.

Dann steht auf einmal die Großmutter in der Tür, hält den Schüssel in der Hand. »Hier, hatte ich vergessen, wieder reinzulegen, man wird ja nicht jünger. Meine Pistole lag da ja auch drin«.

»Frau Düvel, Kattenköddel kaans ock in Düüstern ruuken *(Lügen und schmeichelndes Gerede kann man bald erkennen).*« Jana ist sich bewusst, auf welch schmalem Grat sie sich bewegt und ergänzt in Richtung der alten Frau: »Warum gestehen Sie einen Mord, den Sie nicht begangen haben?«

Enkel und Oma schauen einander fragend an, während Jana auf ihr Handy sieht, einen Moment liest und fortfährt: »Herr Düvel, warum haben Sie Ihre Psychotherapie bei Frau Dr. Juliane Mester abgebrochen? Hat sie abgelehnt, Sie weiter zu behandeln, wenn Sie Ihre Medikamente nicht regelmäßig nehmen? Oder hatten Sie Angst, dass sie Sie in die Klinik einweisen würde, wenn sie mitbekommen hätte, dass Sie Sigrid Eckholt wieder belästigen?«

Nils Düvel wird kreidebleich, fällt auf sein Bett, zieht sich die Bettdecke über den Kopf und beginnt zu schreien.

Wie mein Sohn Ole, wenn der seinen Willen nicht kriegt. Vielleicht muss man auch hier einfach nur abwarten, bis er sich beruhigt hat, denkt Jana. Und tatsächlich, das Schreien geht in ein Wimmern und dann in ein Schluchzen über. Während die Oma seine Hand hält, beginnt er zu erzählen: »Ich habe es nicht mehr ausgehalten, ich hatte Angst, in die Klinik zu müssen. Ich will nicht so enden wie mein Vater. Als ich mit Sigrid zusammen war, das war meine beste Zeit, da ging es mir gut, das wollte ich wieder haben. Aber sie wollte noch nicht einmal mit mir reden. An dem Tag bin ich ihr mit dem Rad gefolgt. Ich wusste, dass sie jeden Tag joggen oder mit ihren Stöcken walken geht. Und an der Rasthütte habe ich sie dann von hinten umarmt und sie küssen wollen. Aber sie schrie, da bin ich durchgedreht und habe sie erschossen, eigentlich wollte ich mich selbst umbringen, aber auch das habe ich nicht geschafft, nichts schaffe ich, ich bin ein totaler Versager.« »Aber warum haben Sie das dann Ihrer Oma angehängt?«, fragt Jana nach. »Meine Oma war außer sich, als ich ihr das erzählte. Dass sie den Mord gesteht, war ihre Idee. Sie wollte mich schützen und meinte, lebenslang, das würde für sie ja nicht lange bedeuten. Den Rest kennen Sie!«

Matthias fragt erst nach, als sie wieder zurück in Lingen im Büro sind. »Mensch, cool man, da hast du ja hoch gepokert, cool. Woher hattest du denn deine Vermutungen?« Jana zückt ihr Handy und zeigt ihm die Kurznachricht von Susanne: »Liebe Jana, habe deinen leichten Wink verstanden und die Mülleimer bei meiner ärztlichen Psychotherapeutin sehr genau geleert und in den Schränken besonders gewissenhaft geputzt. Nils Düvel war bei ihr seit zwei Jahren in Behandlung, hat das aber vor sechs Wochen abgebrochen. Gründe unklar. In der Randnotiz der Ärztin steht was von ›Medikamente werden nicht mehr genommen‹, ›Klient leidet wieder unter Kontrollverlust‹ und ›Suizidgefahr-Einweisung?‹ Vielleicht kannst du da was mit anfangen!«

Haselünne
Die älteste Stadt im Emsland – seit etwa dem Jahr 500 besiedelt, 1025 Marktrecht erhalten – ist als Korn- und Hansestadt eine romantische Gemeinde im Hasetal rund 13 Kilometer östlich von Meppen. Staatlich anerkannter Erholungsort. Überregional bekannt ist Haselünne auch wegen der drei Kornbrennereien Berentzen, Heydt und Rosche.

Herzlake
Zwischen Haselünne und Löningen liegt der Ort idyllisch an der Hase. Ideal für eine Paddeltour. Die Museumseisenbahn fährt, aber nur an gewissen Tagen. Das stillgelegte Torfwerk Hahnenmoor bietet neben Ausflügen ins Moor und seine Geschichte kulturelle Veranstaltungen.

Lengerich
Die Landwirtschaft prägt seit Jahrhunderten diese Gemeinde. Hofstellen mit größeren Bauern- und kleinen Backhäusern sind zu sehen. Auch Mühlen säumen den Weg durch die sechs Orte der Samtgemeinde. Eine der ältesten ist Ramings Wassermühle von 1550.

56 **Mundraub**
Als erste Mundraub-Region Deutschlands ist das Hasetal bundesweit bekannt. Hier stehen vor rund

20 Jahren gepflanzte Obstbäume an Radwegen. Es darf nach Herzenslust gepflückt werden. Jeder kann auch Baumpate werden und sich für den Erhalt und die Pflege einsetzen. Viele Feste und Aktionen, wie Kuchenverkauf mit Obst von den Bäumen, beleben die Mundraubregion (www.hasetal.de).

57 **Haselünner See**

Das Freizeitgewässer an der Hase-Ems-Tour schmiegt sich am Stadtrand von Haselünne in die Landschaft. Alle zwei Jahre steht der See »in Flammen« bzw. wird der Korn- und Hansemarkt abgehalten.

58 **Wacholderhain**

Im größten zusammenhängenden Wacholderhain in Nordwestdeutschland leben in Haselünne schottische Hochlandrinder und auch Rückzüchtungen von Tarpanen, schon fast ausgestorbenen Wildpferden. Ein 3,6 Kilometer langer Rundweg führt zu Stationen mit Elementen zum Mitmachen (Parkplatz an der Andruper Straße, 49740 Haselünne, www.haseluenne-wacholderhain.de). Das Wacholdergymnasium ist in einem alten Fachwerkhaus am Haselünner See mit originalgetreuer Einrichtung untergebracht. Die Abituraufgaben sind sportliche Übungen und Fragen zur Vogel- und Pflanzenkunde. Der Bembel mit Wacholdertrunk darf natürlich auch nicht fehlen (Auskunft Touristinformation, Rathausplatz 1, 49740 Haselünne).

59 **Hase-Ems-Radweg**

Der 330 Kilometer lange Radweg fasziniert naturbegeisterte Radler, denn er führt von der Hasequelle bei

Melle im Osnabrücker Land entlang des Flusses bis Meppen. Von dort geht es über Rheine und Ibbenbüren zurück nach Osnabrück. Es gibt nur wenige Steigungen, viele Landgasthäuser und kuriose Sehenswürdigkeiten.

60 **Kulturkino hASETOR**

Neben Kino sind hier auch Kabarett, Konzert und Kindertheater gut verankert (Hasestraße 22, 49740 Haselünne).

61 **KULTOURsommer im Emsland**

Quer durchs Emsland sind Gäste herzlich bei Konzerten, Lesungen, Kabarett und Kleinkunst, aber auch mittelalterlichen Festen willkommen (Juni–September, www.emsland.com).

62 **Torfwerk Hahnenmoor**

Südöstlich von Herzlake kümmert sich im 1988 stillgelegten Torfwerk ein Verein um die Vergangenheit und präsentiert sie mit Relikten für eine (Kunst-)Ausstellung (Grafelder Straße 44, 49770 Herzlake, www.torfwerk-hahnenmoor.de). Auch ein ansprechendes Außengelände in der Moorlandschaft ist zu erleben. In der alten Schmiede steht noch das historische Schulmobiliar. Die Moorführungen beginnen hier, und es gilt, das Moordiplom zu bestehen. Am Wochenende hat das Café geöffnet, es gibt Buchweizentorte. In der Torfhalle werden Filme gezeigt, es gibt Offenes Singen, im Sommer Puppentheater. Rundfahrten mit der Torfbahn, Führungen durch das wieder vernässte Hochmoor und Naturschutzgebiet Hahnenmoor gehören dazu. Der Aussichtsturm Hahnenmoor ist ein lohnendes Ziel. Die Wollgrasblüte im Mai und die Heideblüte August/September sind Höhepunkte (Anmelden in Samtgemeinde Herzlake, Neuer Markt 4, 49770 Herzlake, www.herzlake.de).

63 Ramings Mühle

Diese kleine schmucke Mühle von 1550 ist umfassend renoviert und wieder funktionstüchtig. Gleich daneben wird an öffentlichen Backtagen den Sommer über das Mehl zu knusprig-frischem Brot gebacken (Hestruper Straße, 49525 Lengerich). Das Backhaus ist hübsch anzusehen. Die Mühle liegt an der Mühlen- und Korn-Route Lengerich (61 Kilometer, vier Stunden Fahrzeit).

64 Naturkundehaus in Lähden

Ein besserer Lernort für die heimische Tier- und Pflanzenwelt ist kaum vorstellbar. Das 2014 eröffnete Fachwerkhaus beherbergt eine stattliche Sammlung ausgestopfter Tiere. Ein Präparator aus Haselünne hat hier sein Lebenswerk ausgestellt. Ob Iltis oder Uhu, Fuchs oder Hottentottenente, alles ist in Lebensgröße zu bewundern. Das Haus wurde in Eigenleistung errichtet und wird ergänzt durch ein Insektenhotel und einen Baumlehrpfad (Jahnstraße 27, 49774 Herzlake-Lähden, www.naturkundehaus-laehden.de). Das Heimathaus nebenan zeigt Gegenstände aus Omas Zeit.

65 Edelkorn-Brennerei Rosche

Edler Weizen zu edlem Korn – so wird es hier seit 1782 gehalten. Der Familienbetrieb betreibt auch die

Ur-Haselünner Korn-Academie. Ein Probeschluck ist immer drin (Neustadtstraße 35–36, 49740 Haselünne, www.rosche.de).

66 Kornbrennerei Heydt

Am Wochenende wird nicht produziert, da lässt sich die private Brennerei besichtigen – nach Voranmeldung (Neustadtstraße 11, 49740 Haselünne, www.heydt.de).

67 Alte Schule in Bokeloh

Auf die alten Schulbänke setzen, dem »Unterricht« bei einer der Führungen lauschen und staunen, dass es damals schon Tablets gab. »Ja, das sind Schiefertafeln gewesen«, sagt der als Lehrer verkleidete Darsteller und hält schmunzelnd eine in die Höhe. Wie sich Tinte selbst herstellen lässt, wie 1908 hier schon 85 Kinder in zwei Schichten unterrichtet wurden oder wie ihr bis zu zehn Kilometer langer Schulweg aussah, lässt sich hier erfahren (Am Kirchberg, 49716 Meppen-Bokeloh, www.heimatverein-meppen.de). Der Schlüssel ist im Gasthaus Giese gegenüber auszuleihen. Die Skulptur »Kind mit Ball« vor der Alten Schule stammt von Otto Pankok. Der Maler und Bildhauer (1893–1966) hat als expressiver Realist im Ort gearbeitet. Seine Tochter Eva ging hier zur Schule. Der Ball der Skulptur ist sicher eine Boßelkugel.

68 Brennereimuseum Berentzen

Wenn hier auch nicht mehr der Korn produziert wird, seit mehr als 200 Jahren ist die Firma der Inbegriff für eine Traditionsdestille. Das Museum zeigt die Geschichte, mehr als 65.000 Gäste kommen jährlich. Im ehemaligen Rittersaal lässt sich bei Veranstaltungen speisen (Ritterstraße 7, 49740 Haselünne, www.berentzen-hof.de).

69 **Salzgrotte Hasetal**

Sich gesund atmen, mal abschalten vom Lärm der Welt – dazu bietet die Grotte mit Himalajasalz die Zutaten (Osterstraße 42, 49740 Haselünne). Kristallsalze aus dem Toten Meer und Entspannungsmusik gehören auch dazu.

70 **Waldbühne Ahmsen**

Die Anlage (Zur Waldbühne 21, 49774 Lähden-Ahmsen, www.waldbuehne-ahmsen.de) ist ein Magnet für Zuschauer, denn in idyllischer Umgebung werden vor aufwendiger Kulisse große Stücke wie »Die Dornenvögel« meisterhaft inszeniert. Die Karten sollten reserviert werden.

71 **Olle Nordholter Schoule**

Schulbänke, Tafel, Wandbilder, Karten, Bücher und andere alte Unterrichtsmaterialien aus der alten Zeit sind hier zu sehen (Lengericher Straße 5, 49838 Langen, www.olle-nordholter-schoule.de). Das historische Klassenzimmer zeigt, wie der Unterricht im frühen 20. Jahrhundert ablief. In der Samtgemeinde Lengerich hatte früher fast jede Bauernschaft ihre eigene ein- oder zweiklassige Schule.

72 **Hesemannsche Wassermühle**

Mitten im Grünen, zwischen Wiesen und Feldern, liegt die rund 200 Jahre alte voll funktionstüchtige

Mühle (Zur Wassermühle, 49838 Handrup). Sie ist von außen zugänglich, Führungen müssen vereinbart werden (www.touristikverein-fls.de). Die Mühle liegt wie Ramings Mühle an der Mühlen- und Korn-Route Lengerich.

73 Museumseisenbahn Hasetal

Durch Äcker und Wiesen schlängelt sich der Zug. Im Salonwagen gibt es Spezialitäten aus der Region. Die Fahrräder können im Packwagen mit transportiert werden (Auskunft: Museumseisenbahn Hasetal, Langestraße 33, 49624 Löningen, www.eisenbahnfreunde-hasetal.net). Die 51 Kilometer lange Strecke führt von Meppen über Haselünne, Löningen, Essen bis Quakenbrück.

7. SPRENGEN UND STECHEN

ERST WIRD EIN GELDAUTOMAT IN NIEDERLANGEN BEI LATHEN GESPRENGT, DANN TÖTEN HORNISSEN EINEN RUMÄNEN

»Fünf Liter Gas, mehr brauchen die nicht zum Sprengen eines Geldautomaten«, schimpft Jana Kuhlmann, die Chefermittlerin aus Lingen. »Das bringen die im Rucksack mit. Loch unten in den Automaten bohren, über einen Schlauch das mitgebrachte Gas einleiten, die zehn Meter lange Zündschnur installieren, und schon kracht das Ding auseinander.« Gerade sind die Panzerknacker, die das Emsland seit Jahren heimsuchen, wieder aktiv geworden. Diesmal trifft es einen Automaten in der roten Backsteinwand des Bürgerhauses Alte Schule **74** Niederlangen. Das Dorf, das zur Samtgemeinde Lathen gehört, besteht schon seit dem Jahr 834 und hat heute rund 1200 Einwohner.

»Wir müssen diese Banden doch mal auffliegen lassen«, stöhnt Jana auf. Bisher kümmern sich schon 15 Sonderermittler des Landeskriminalamtes in Hannover und Kollegen in den Niederlanden um diese »Bankomat-Bomber«. Bei 160 Sprengungen von Geldautomaten im Jahr, und davon viele im Emsland, ist das dringend geboten, doch die Erfolge sind überschaubar.

Mit ihrem Kollegen Matthias schaut sie sich die zerstörte Fassade an. »Da sind 90 Kilogramm schwere Mauerstücke weggeflogen, als die Mauer auf drei Metern einbrach«, sagt Herbert Mahler von der Polizeistation Lathen, der zusammen mit dem Kriminaltechnischen Dienst schon die Spuren weitgehend gesichert hat.

»Die sprengen, holen die Geldkassetten aus dem Automaten und springen in schnelle Autos. Dann geht es im Affenzahn auf die Autobahn und über die Grenze nach Holland oder nach Osten bis Rumänien«, beschreibt Mahler den Ablauf. Der Verlust für die Bank liegt diesmal bei rund 100.000 Euro.

»So ein Mist«, sagt Jost Dunstmann, Leiter der Bankfiliale.

»Nächste Woche sollten wir einen neuen Geldautomaten bekommen. Einer von denen, die nicht mehr gesprengt werden können und die das Geld sofort einfärben, wenn die Kassette unsachgemäß geöffnet wird. Als ob sie es gewusst hätten«, empört sich Dunstmann.

»Das haben die in den Niederlanden, in Belgien und Frankreich schon seit Jahren«, entgegnet Jana, »aber bis in Deutschland alle 60.000 Geldautomaten mit diesem Tintensystem ausgestattet sind, das dauert wohl etwas lange.« Dunstmann sagt: »Nun, das ist ja auch teuer für uns. Aber es hilft, denn bei einem Anschlag wird der Färbemechanismus ausgelöst, alle Scheine im Automaten werden getränkt, die Täter finden Geld, das ihnen nichts nützt.« »Die Polizei weiß ohnehin schon viel über die Banden«, erläutert Jana. »Es sind meist fünf bis acht Männer. Sie kommen aus den Vororten von Utrecht und Amsterdam und gehen gern bei uns im Emsland auf Raubzug, andere reisen von Polen oder Rumänien an.«

»Komm, Matthias, lass uns bei einem Kaffee hier im ›Puppencafé‹, das zufällig aufhat, mal die Fakten zusammentragen. Ich wollte da schon immer mal ins Puppenmuseum, aber meine Birte mit ihren zehn Jahren will mit Puppen nichts mehr zu tun haben«, sagt Jana zu ihrem Kollegen.

»Da hast du aber was verpasst bisher. Der Kuchen hier ist der Hit.«

In dem Moment klingelt Janas Handy. Leicht genervt meldet sie sich: »Na, Jan-Hinnerk, hast du Sehnsucht nach uns?«

»Ich bestimmt nicht«, antwortet Jan-Hinnerk, »aber Sören Susselbach vom Bagger-Park Emsland 75. Der hat da gerade eine Leiche entdeckt. Die Kollegen aus Haren und die Spusi sind schon auf dem Weg. Ich würde den Fall ja liebend gerne übernehmen, nur kann ich jetzt leider nicht hinfahren. Ich muss heute Mittag mit Timmy zur Hundeschule.«

Jana stöhnt kurz auf. »Soso, du musst also mit dem Schmusehündchen zur Hundeschule. Alles klar. Ich fahre mit Matthias hin, der kennt sich ja mit Baggern aus und kann die Ermittlungen dann gleich übernehmen. Viel Spaß mit Timmy!« »Wie, ich kenne mich mit Baggern aus? Meine Anbaggerzeit ist doch schon lange vorbei, und zum Volleyball komme ich schon seit Jahren nicht mehr«, erwidert der junge Kollege verschmitzt.

»Wir hatten dir doch zu deinem vorigen Geburtstag, deinem 33., alle zusammen einen Gutschein für den Bagger-Park in Haren geschenkt«, stellt Jana klar und schmunzelt.

»Oh, den habe ich ganz vergessen, aber worum geht es denn eigentlich, und welche Ermittlungen soll ich übernehmen?«, fragt Matthias.

Eilers ist indes sauer und denkt sich: Erst setzen die mir vor einem Jahr diese Jana vor die Nase, die soll meine Chefin sein, jetzt trete ich mal mit meinen 58 Jahren etwas kürzer, weil ich zu Hause als Familienoberhaupt und Hundevater gefordert bin, und da schießt die schon wieder quer. Jetzt will die erstmals diesem jungen Kollegen Matthias die Ermittlungen übertragen. Und das nur, weil ich nun ein paar Stunden nicht kann. Die hat sie wohl nicht alle!

Keine 20 Minuten nach dem Telefonat sind Jana und Matthias schon im Baggerpark angekommen. Die Kollegen aus Haren berichten den beiden, was sie bisher wissen. Der Tote wurde vom Besitzer des Baggerparks heute gegen neun Uhr gefunden, als er den ersten Bagger ans Schlammloch fuhr. Bei dem etwa 40 Jahre alten Mann sind äußerlich keine Verletzungen zu erkennen, allerdings ist der gesamte Körper angeschwollen und von Insektenstichen übersät. Schleifspuren und Fußabdrücke weisen darauf hin, dass der Tote an einem anderen Ort ums Leben kam.

»Ich habe nach dem Abi ein ökologisches Jahr in Constanta am Schwarzen Meer gemacht, herrlich war das!«, verkündet Jana den Kollegen aus Haren. Als sie die fragenden Gesichter bemerkt, ergänzt sie: »Der Mann sieht mir sehr rumänisch aus.«

»Willst du mir wirklich die Ermittlungen übertragen?«, fragt Matthias etwas schüchtern, als sie wieder im Auto sitzen. »Ich meine, das wäre mein erster Fall, und vielleicht sollten wir erst mal mit Jan-Hinnerk …«

»Nein, ich finde, es ist an der Zeit für dich, und Jan-Hinnerk hat ja offensichtlich wenig Zeit im Moment. Ich muss mich um die Bankomat-Banden kümmern, da werde ich auch viel in Hannover und den Niederlanden sein. Aber ich werde dich natürlich ganz eng in dem Fall begleiten.«

»Okay, dann werde ich jetzt wohl öfter zum Baggern kommen. Danke für dein Vertrauen, Jana.«

Nach zwei Tagen ergibt sich ein schärferes Bild bei den beiden aktuellen Fällen in der Lingener Polizeiinspektion. Jana, Jan-Hinnerk und Matthias sitzen zusammen im Büro, während Putzfrau Susanne sehr langsam die Papierkörbe leert, um ja alles von der Unterhaltung mitzubekommen. Daran scheint sich niemand zu stören. Sie gehört seit Jahren gewissermaßen zum Inventar und ist schließlich eine Schulfreundin von Jana.

Jana beginnt: »Also, das Landeskriminalamt in Hannover ist sich sicher, dass es sich bei den Tätern, die den Geldautomaten in Niederlangen gesprengt haben, um eine rumänische Bande mit mindestens fünf Mitgliedern handelt. Zeugen wollen einen hochmotorisierter Audi mit rumänischem Kennzeichen, das mit einem B beginnt, gesehen haben. Und da sie es verständlicherweise eilig hatten, waren sie schneller unterwegs als erlaubt. Der Blitzer an der Mehrzweckhalle in Niederlangen hat prima Bilder von ihnen gemacht.«

Matthias berichtet: »Der tote Mann im Baggerpark ist Rumäne, er heißt Emilian Efrim, ist 32 Jahre alt und in Bukarest gemeldet. Das ergibt ein Abgleich der internationalen Dateien. Die Rechtsmediziner haben etwas gebraucht, um die Todesursache zu ermitteln, er hatte große Mengen eines Schlafmittels in sich, aber die Todesursache waren Stiche, nahezu 1000 Stiche, und zwar von Hornissen.«

»Was? Das habe ich noch nie gehört«, erwidert Jan-Hinnerk, dem es ohnehin nicht passt, nun in beiden Ermittlungen für Jana und Matthias den Handlanger zu mimen. »Man sagt zwar, sieben Hornissen töten ein Pferd, drei einen Erwachsenen und zwei ein Kind, aber das ist ja wirklich Quatsch. Wir haben ganz in der Nähe das deutsch-niederländische Bienenzentrum 76 im Bourtanger Moor, da müsst ihr mal vorbeifahren. Also: Ein Hornissenstich ist nicht gefährlicher als ein Bienenstich! Die kleine Honigbiene hat sogar ein deutlich wirksameres Gift und spritzt fast dieselbe Menge in die Wunde, wenn der Stachel nicht sofort entfernt wird. Was ist das also für ein Quatsch mit dieser Todesursache?«

»Verehrter Jan-Hinnerk Eilers«, versucht Matthias, seinen älteren Kollegen zu besänftigen, »ich kenne das Bienenzentrum, und genau dort haben sich die Kollegen nochmals erkundigt, weil sie das Ganze auch nicht glauben konnten. Der Mann hatte fast 1000 Stiche am ganzen Körper. Für eine tödliche Dosis sind zehn Milligramm Hornissengift pro Kilogramm Körpergewicht notwendig. Der Rumäne wog 70 Kilogramm, folglich mussten 700 Milligramm in ihn hinein, und das gelang nur, weil sein Körper mit einem Lock- und Aggressionsstoff für die Tiere beschmiert war und er vor allem – und das war ausschlaggebend – eine stark allergische Reaktion zeigt. Das muss der Täter gewusst haben. Sonst hätte es nicht funktioniert.«

»Hat er einen Schock erlitten und ist an Atemnot erstickt?«, erkundigt sich Jana. »So ist es zu vermuten, und noch eines ist klar: Der Mann wurde noch am Tag zuvor in Haren in seinem Wohnmobil auf dem Campingplatz Emspark gesehen, und zwar lebend. Er ist auch über die Maritime Meile 77 gegangen, das konnten wir anhand der von ihm heruntergeladenen Emsland App 78 zum Glück noch rekonstruieren. Gesehen wurde er von Zeugen aber auch bei Bauerngolf und Maislabyrinth 79. Klingt, als hätte der hier seinen Urlaub sehr genossen.«

Jana möchte wissen: »Wie hast du das alles so schnell herausgefunden, Matthias, bravo!« Eilers runzelt die Stirn und klappt den Unterkiefer herunter. Das ist ja wohl Routine, denkt er sich.

Matthias erfreut: »Ja, das ist Teamarbeit mit den Kollegen aus Haren und natürlich etwas Kombinationsgabe. Ich habe den neuen wissenschaftlichen Dienst der Polizei genutzt, wo man mit einem Fachmann seiner Wahl online chatten kann. Das ist sehr komfortabel und spart riesig Zeit. Ich denke, wir beide sollten mal zum Campingplatz fahren, da sind noch mehr Rumänen. Ich vermute, es waren mehrere Männer, und die könnten da mit dem Wohnmobil gestanden sein. So schön das Emsland ja ist, aber dass hier ein Rumäne alleine Urlaub macht, ist eher unwahrscheinlich. Der wird da mit anderen zusammen gewesen sein,«

Als Jana und Matthias die Camper im Emspark befragt haben, wird deutlich: Ja, hier waren drei Tage lang weitere Rumänen zu Gast, und sie sind überraschend abgereist. »Immerhin haben wir die Namen«, sagt Matthias, »wir lassen Marius Acatrini und Liviu Pichiu zur Fahndung ausschreiben.«

Sie stoßen noch auf die Namen Darian Ulia und Deniz Vechiu. Sie wurden mit einem riesigen weißen Reisemobil gesehen, das ein niederländisches Kennzeichen trug.

»Wir haben sogar ihre Adresse in Holland, wir wollten sie mal besuchen«, sagt eine Frau aus einem der Wohnmobile, die dort parken, »und dieser Emilian soll da auch leben.« Rumänen, alles voller Rumänen, da läge es nahe zu vermuten, dass die Bankomat-Typen in Haren auch von dort kamen, fährt es Jana durch den Kopf. »Es ist, als ob ich eine Brille finde, durch die ich klar sehen kann«, sagt sie zu ihrem Kollegen.

»Das Wohnmobil mit dem niederländischen Kennzeichen haben sie inzwischen kurz vor Hamburg gestoppt«, berichtet Kommissar Eilers ein paar Stunden später seinen beiden Ermittlungsführern, denen er nun zuarbeitet, aber scheinbar missmutig. Insgeheim aber legt er sich ins Zeug, um denen zu demonstrieren, was er so drauf hat.

Mugsch, wie die Emsländer das nennen, wenn man eingeschnappt ist, bin ich nicht, meint er tapfer zu sich selbst. »Die haben viel Bargeld bei sich gehabt, alles voller Fingerabdrücke«, berichtet er nach einer kleinen Pause weiter. »Die Kollegen, die die Rumänen in Hamburg gestoppt haben, berichten übrigens, dass die beiden Festgenommenen bestes Emsländisch mit rumänischem Akzent sprechen.«

»Gut, Jan-Hinnerk, das Letzte glaube ich zwar nicht, aber gut, dass die Kollegen die beiden schon einmal festgesetzt haben«, sagt Matthias, »wir vermuten mal, dass es eine rumänische Bande war, und die haben einen von ihnen, diesen Emilian, beseitigt. Es könnte doch sein, dass der Mord und der Geldraub in der Bank von einer Bande verübt wurden.« Jana bremst etwas, obwohl sie das auch vermutet hatte. »Wir dürfen da nicht vorschnell sein, ich hoffe, die Vernehmung der beiden Rumänen, die jetzt vor Hamburg sind, bringt uns weiter«, fügt sie hinzu. Jan-Hinnerk verzieht sein Gesicht, was Matthias aber nicht sehen kann.

Ermitteln nach dem Wünsch-dir-was-Prinzip, das ist doch keine Polizeiarbeit, denkt sich Jan-Hinnerk.

Darian Ulia und Deniz Vechiu leisteten keinerlei Widerstand, als sie die Polizisten aus dem Wohnmobil bitten. Sie wollen das viele Bargeld, es sind rund 50.000 Euro, das sie bei sich tragen, von einem Freund bekommen haben. Auch den toten Emilian Efrim kennen sie, haben ihn zuletzt vorgestern in Haren gesehen.

»Wir machen immer zusammen Urlaub hier an der Ems, wir verschicken gern diese Gratis-Postkarten über die Selfie-Points. Können Sie ja prüfen«, behaupten sie keck gegenüber den Hamburger Ermittlern. Die Vernehmung in der Polizeiwache dort zieht sich jedoch über Stunden hin und bringt zunächst keine neuen Erkenntnisse, jedenfalls nicht für Matthias und Jana.

Susanne, die Putzfrau in der Lingener Polizeiinspektion, hat im übertragenden Sinne nicht nur große Ohren, wie es heißt, sondern ist auch ein Plappermaul. »Du Jana, wie ist das mit den Rumänen weitergegangen?«, will sie von ihrer Freundin am nächsten Tag wissen, »stammt das viele Bargeld denn aus dem Automaten in Niederlangen?« Die

Kommissarin findet ihre Fragen manchmal etwas zu direkt, was sie an die Grenze ihrer Schweigepflicht bringt. Doch sie antwortet wahrheitsgemäß: »Geldscheine in Automaten sind nicht mit Nummern registriert. Also wissen wir noch nicht, ob die von dort kommen.«

»Und glaubst du an diesen Hornissen-Mord an dem Rumänen? Ist das nicht komisch, denn wer hat schon Tausende von Hornissen, die er auf dieses Todesstechen schicken kann?«, bohrt Susanne weiter.

»Es hat ja auch nur funktioniert, weil der Rumäne Emilian Efrim eine Allergie dagegen hatte und Atemnot bekam, das müssen die Mörder gewusst haben«, erwidert Jana.

»Du Jana, ich komme ja viel herum beim Putzen. Als ich neulich wieder bei den Grotes in Meppen war – weißt du, das sind die Ableger dieser alten Meppener Kaufmannsfamilie Riedemann, die mit Tankschiffen reich wurde – da fand ich im Papierkorb einen Zettel mit so Telefonmalereien, weißt du, wenn man in Gedanken beim Sprechen am Telefon irgendwas auf einen Zettel malt. Und darauf stand mittendrin in diesen Kreisen und Ornamenten der Name Emilian Efrim geschrieben. Komisch, fand ich, deshalb kam mir gleich dieser Name so bekannt vor, wer heißt schon Emilian Efrim, kenne ich nur von Pippi Langstrumpf«, erzählt Susanne fröhlich.

Jana muss lachen. »Ach, du meinst Pippilotta Viktualia Rollgardina Pfefferminz Efraimstochter Langstrumpf, ja, von der lese ich doch meinen beiden Kindern abends öfter etwas vor. Efraimstochter ist hübsch, denn Pippis Vater ist doch König auf einer Südseeinsel. Aber du meinst, diese Grotes haben Emilian Efrim gekannt?«

Jana wartet auf eine Antwort von ihrer Freundin, doch die zuckt nur die Achseln: »Weiß ich nicht, aber ich kann mich morgen dort ja noch mal genauer umsehen.« »Prima, ich zähle auf dich!«, verabschiedet sich Jana.

Ihr gehen die Ermittlungen in beiden Fällen nicht schnell genug, und was sich an Erkenntnissen zeigt, ist doch sehr vage und wüst. Ich habe meine Brille, mit der ich endlich klar sehe, leider verloren, gesteht sie sich ein.

Gerade betritt Jan-Hinnerk Eilers den Raum und erzählt locker: »Du, unser Timmy kann jetzt schon Sitz und Platz auf mein Handzeichen, ein echter Könner.« Jana schmunzelt und meint: »Was so eine Hundeschule doch alles bewirkt, der Hund lernt, das Herrchen wird fröhlicher von Tag zu Tag. Du Jan-Hinnerk, diese Familie Riedemann, die sind doch hier in Meppen und Haselünne verwurzelt, hatten das große Tankergeschäft, in Berlin sogar eine Petroleumfabrik, die kennst du doch alle, was macht diese Familie denn heute so?«

»Wieso, haben die den Geldautomaten geknackt? Die späteren Generationen lassen ja oft nach im Geldverdienen. Ich kenne den alten Wilhelm Anton Riedemann nicht mehr persönlich, wie du ahnst, der ist so um 1920 gestorben, meine ich. Aber die Nachfahren, klar, die leben in einer der vornehmen Meppener Villen. Die sitzen noch dick im Geschäft. Du musst dir vorstellen, dieser Wilhelm Anton, der hat 1885 den ersten Petroleumtank in Deutschland gebaut, denn bis dahin wurde das Petroleum in Holzfässer gefüllt, die natürlich nicht dicht waren. In England ließ er den ersten Tankdampfer der Welt bauen. Der hatte auch in Hamburg an der Alster eine erstklassige Villa, denn seine eigene Reederei lief prächtig. Ich glaube sogar, er gründete den Vorläufer der Firma Esso …«

Jana hört geduldig zu, doch nun wird es ihr etwas weitschweifig. »Welche Enkel kennst du, die heute leben, von den Grotes?«, präzisiert sie ihre Anfrage. »Da sind Lieselotte und Veit, Lars und, Entschuldigung, Timmy«, kommt es vom Kommissar, als hätte er den Stammbaum auswendig gelernt. »Und wer davon ist nicht ganz echt?«, fragt Jana. »Wieso nicht echt? Alle sind echt, oder meinst du, die haben Stress mit dem Finanzamt, haben Briefkastenfirmen in Panama oder rauchen pausenlos Joints aus Holland?«, will Eilers fast beleidigt von ihr wissen, denn schließlich ist es eine alteingesessene Familie, der Begründer des Clans bekennender Katholik, im preußischen Adelsstand, Freimaurer und Ehrenbürger von Meppen und Haselünne. »Ja, zum Beispiel«, beharrt Jana, »oder vielleicht eher Stress mit Angestellten?«

Seit ihr lieber Kollege Eilers sich mehrfach abfällig über ihre Freundschaft zu Putzfrau Susanne geäußert hat, verschweigt Jana lieber, woher ihre Vermutungen stammen. Neulich erst wieder hatte Susanne in Gegenwart von Jan-Hinnerk gesagt, worüber sie sich ärgert: »Das sind Sprüche, die ich öfter höre, wie ›Lass liegen, die blöde Putze macht das weg‹.« Dabei hatte sie ihren missliebigen Kommissar angesehen.

Als aber Susanne am nächsten Tag Neuigkeiten ihrer Putzwelt im Hause Grote auftischt, erschrickt Jana. »Es gibt noch mehr Hinweise auf Emilian Efrim, meine Liebe«, beginnt Susanne ihre Ausführungen, »Die Lieselotte Grote, also die Enkelin vom alten Riedemann, die ist so um die 60 Jahre alt und hat zu ihrem Bruder Veit gesagt, ob er etwas wüsste, wie dieser Emilian Efrim zu Tode gekommen sei. Und der hat geantwortet: durch Unmengen von Hornissenstichen, die hätten wohl ganze Arbeit geleistet, und das in der kurzen Zeit.«

»Oh, das ist überraschend«, pflichtet ihr Jana bei, »denn die Todesursache ist öffentlich ja nicht bekannt, und was heißt ›in der kurzen Zeit‹?« Jana kommt ein Verdacht. Sie bittet ihre Freundin Susanne: »Schau dich doch mal auf dem Anwesen um, gibt es da eine Voliere oder eine Turnhalle oder einen Käfig, in dem Hornissen hausen können und die man dann frei lässt. Verstehst du? Oder einen abgeschlossenen Raum, in den man jemanden bringt, der dann diesen fliegenden Stacheltieren ausgesetzt ist?«

In der Putzfrau steigt eine Freude auf, die sich durch ein Lächeln nur zaghaft zeigt, denn innerlich klingt es für sie, als könne sie endlich einmal auf eine verbotene geheime Aktion für die Kripo gehen. Das wirkt auf sie wie ein Ritterschlag, denn schon so oft hat sie mit ihren Hinweisen die Ermittler in eine entscheidende Richtung gelenkt, aber niemand hat es ihr jemals so richtig gedankt, wie sie findet. Obwohl natürlich Jana sie immer mal wieder ganz kräftig umarmt und ihr Danke sagt.

»Mama, Mama, wir sind mit der Emma [80] gefahren und wissen jetzt alles über das Kunsthaus mit Reedereimuseum [81] und einen ehemaligen Rittersitz«, ruft die zehnjährige Birte, während sie mit Vater und Bruder in Janas Büro stürzt. Jörn, Janas Mann, zuckt nur mit den Schultern. »Du hast den Emsland-Dom 82 und das Schifffahrtsmuseum Haren 83 vergessen«, ergänzt der sechsjährige Ole besserwisserisch. »Von dort haben wir Emsland-Selfies an unsere Großeltern geschickt.«

»Das kennt doch jedes Kind! Am tollsten fand ich aber, dass ein Mann aus Meppen vor ganz, ganz langer Zeit mal die größte Tankerflotte der Welt hatte. Der war so reich, weil er, ähm, naja, der hatte was, womit man Licht machen konnte. Damals hatten die nämlich noch kein elektrisches.« »Petroleum«, ergänzt Ole. »Und der Typ hieß Riedemann. Das habe ich mir gemerkt, weil der in Lugano in der Schweiz gestorben ist, da möchte ich nämlich auch mal hin.«

Jana erschrickt, als sie den Namen Riedemann hört, aber das hat rein berufliche Gründe. »Lugano, ja, mein Schatz, da könnten wir mal im Urlaub hinfahren. Das Tessin ist eine sehr schöne Ecke der Schweiz, der Luganer See traumhaft, leider sind es die Preise aber auch, das können wir im Moment nur schwer wuppen, also stemmen, schaffen, bezahlen. Da müssen wir erst noch kräftig sparen.«

»Na Jörn, auch wieder mal auf Törn?«, fragt Matthias, der gerade hereingekommen ist und sich über seinen hübschen Reim freut. »Heute mit deinen Kindern und bald wieder mit deiner ›Mathilda‹?«, erkundigt sich der Kripo-Beamte, der schon einmal mit der Familie Kuhlmann auf der »Mathilda« auf der Ems entlang schipperte. »Du hast bestimmt inzwischen deinen Bootsführerschein, oder?«, fragt Jörn. »Ja, letzte Woche bestanden, jetzt geht es auf große Fahrt, mal in den Süden – nach Emsbüren oder bis kurz vor Rheine.«

Eilers ist auf dem Weg in sein Büro. Im Flur noch sagt er halblaut zu sich selbst: »*Frauen sind wie Löschpapier. Sie nehmen alles in sich auf und geben es anschließend verkehrt wieder.*« Dazu lacht er hämisch und zieht die Mundwinkel nach unten, als er plötzlich Susanne, die Putzfrau, auf sich zukommen sieht. »Wie schön, alles blank?«, blafft er sie an. Er ahnt, dass sie seinen Spruch mit Frauen und Löschpapier gehört hat.

»Nein, es haben einige noch Dreck am Stecken, sehr geehrter Herr Eilers«, kontert sie schlagfertig.

»Ich bin gerade so in Dichterlaune«, sagt er rasch und will seinen Löschpapier-Fauxpas wieder auslöschen, indem er mit einem weiteren Heinz-Erhardt-Spruch trötet: »*Frauen sind doch die Juwelen der Schöpfung.*« Dann blickt er sie strahlend an und fügt hinzu: »*Man muss sie mit Fassung tragen.*« Susanne lächelt tatsächlich und ruft ihm nach: »Dann lassen Sie sich nicht aus der Fassung bringen – bis bald, Herr Eilers.«

Während Janas Familie die Polizeiinspektion langsam verlässt, hat Susanne noch etwas auf dem Herzen. »Jana, weißt du, ich würde gern noch mehr über die Grotes wissen. Auf dem Ohlsdorfer Friedhof in Hamburg, da war ich mal, da steht doch dieses große Mausoleum der Familie Riedemann. Es ist verfallen, wird nicht mehr geöffnet, aber da sollte man mal nachschauen, ob sich da nicht Spuren finden, ich habe da so eine Idee«, verkündet Susanne. »Schau dich doch erst einmal in der Villa um«, schlägt Jana vor, »dann sehen wir mal in Hamburg auf dem Friedhof nach.«

Schon am nächsten Morgen, als Susanne bei den Grotes in der Meppener Villa zum Putzen antritt, kribbelt es in ihrem Bauch. Sie will sich das ganze Anwesen mal richtig anschauen. Erst putzt sie in der Küche, dann in der Halle, aber dann schleicht sie sich durch den Park zum Gartenhaus. Wenn diese Hornissen-Story stimmen sollte, könnten dort die Tierchen zugestochen haben, vermutet sie. Sie öffnet die Tür, sieht eine kleine Halle mit Säulen, die nur zwei weitere Türen hat. In einem engmaschigen Netz entdeckt sie etwa zehn tote Hornissen. Sind das schon Beweise oder nur Hinweise oder ist das schlicht Zufall?, geht es ihr durch den Kopf. Ihr Herz pocht. Sie öffnet eine der beiden Seitentüren. Alte Möbel stehen dort. Sie geht zur anderen. Diese Tür ist verriegelt, doch der Schlüssel steckt. Als sie ihn umdreht, scheint das ganze Gartenhaus plötzlich zu beben. Eine Sirene geht los. Susanne erschreckt sich fast zu Tode. Sie hat den Alarm ausgelöst, doch das hält sie nicht davon ab, in den Raum hinein zu gehen.

Sie sieht einen etwa zwei mal zwei Meter großen Käfig voller Hornissen, es müssen Tausende sein. Sie macht schnell ein Handy-Foto. Ihr wird es etwas mulmig. Sie verschließt die Tür wieder und verlässt das Gartenhaus. Auf dem Rasen, den sie zurück zum Haupthaus überquert, trifft sie auf Veit Grote, der vom Alarm aufgeschreckt wurde. »Was ist denn da los?«, will er von der Putzfrau wissen.

»Ich glaube, da müssen Sie mal nachsehen«, empfiehlt Susanne. »Diesen Alarm haben wohl Vögel ausgelöst …«, beginnt sie. »Ach was, Sie … Sie schnüffeln hier herum!«, schreit der Besitzer, »Sie haben hier am Gartenhaus nichts verloren. Ich rufe die Polizei.«

»Das war aber dringend mal dran, die Fenster, haben Sie die gesehen? Alles matt vor Schmutz, Herr Grote«, kontert Susanne. Sie geht zum Haus zurück. Veit Grote sieht sich im Gartenhaus um. Als er feststellt, dass die Putzperle auch die Seitentür zum Raum mit dem Hornissenkäfig geöffnet hat, ist er außer sich vor Wut. Er rennt zu seiner Schwester Lieselotte, die gerade mit ihrem Bentley in die Hofeinfahrt kommt. Sie beraten sich im Auto, was Susanne von der Küche aus durchs Fenster verfolgt. Dann steigt ihr Puls doch kräftig, denn beide gehen schnellen Schrittes aufs Haus zu und stehen kurze Zeit später vor ihr in der Küche.

»Was haben Sie dort gesucht im Gartenhaus?«, beginnt Veit das Verhör.

»Nichts«, lügt Susanne, »mir waren die dreckigen Fenster aufgefallen und ich wollte die einfach mal putzen.«

Veit ist wütend: »Alles Lüge, Sie waren auch in den beiden Nebenräumen links und rechts, was wollten Sie da?«

»Natürlich auch dort die Scheiben mal unter die Lupe nehmen, also Herr Grote, da muss dringend geputzt werden, da schmerzt meine Putzperlenseele«, gibt sie sich schlagfertig. Lieselotte, die bislang geschwiegen hatte, wird deutlicher: »Frau Koop, wir könnten Sie jetzt bei der Polizei anzeigen, wir verwarnen Sie hiermit, sollte es noch einmal passieren, fliegen Sie sofort raus, wir werden Sie ab nun nicht mehr allein im Haus lassen.« »Ach das ist doch alles übertrieben, was juckt Sie denn das alte Gartenhaus so, dann lassen Sie es eben verdrecken!«, sagt Susanne und bereitet ihren Abgang vor. »Dann bis nächste Woche, Herr und Frau Grote«, verabschiedet sie sich. Die beiden Herrschaften nicken nur kurz und bleiben stumm.

Es dauert nicht sehr lange, da weiß Jana schon alles über den Zwischenfall im Gartenhaus der reichen Meppener Dynastie. »Wir brauchen hier nun stichfeste Beweise«, folgert Jana und muss selbst beim Wort »stichfest« lächeln. »Diese Hornissen als Todesschwadron einzusetzen, das geht ja nur mit erheblichen Kenntnissen beim Lockstoff«, überlegt sie und bittet Matthias, der den Mordfall Emilian Efrim ja eigentlich federführend bearbeitet, doch mal bei den Rechtsmedizinern einen Vortrag zum Thema zu bestellen.

Susanne und Jana haben sich zum Feierabend verabredet. »Wenn wir dank deiner Hilfe diese Hornissengift-Geschichte lösen, Susanne, dann lade ich dich zum zehnteiligen Menü bei mir ein, und ich stricke dir, was du willst«, verspricht sie ihrer Freundin. »Darf ich widersprechen?«, erhebt Susanne Einspruch. »Ich möchte lieber mit dir in den Golfpark Gut Düneburg 84, und du zeigst mir, wie man abschlägt und einlocht!«

Jana ist überrascht, sagt aber amüsiert: »Einlochen? Das machen wir hier bei der Polizei. Aber klar, Susanne, ich bringe dich zur Platzreife, sehr gern.« Ihr Mann Jörn hat derweil den freien Tag der Kinder mit ihnen auf Schloss Dankern 85 verbracht.

Spät am Abend ruft Susanne bei Jana an und ist wütend: »Du Jana, ich habe die fristlose Kündigung der Putzstelle bei den Grotes im Briefkasten gefunden, aus für die Putzmaus, zahlt mir die Kripo jetzt Schadenersatz?« Jana ist gefasst und sagt: »Wir müssen uns das Gartenhaus morgen wohl mal ansehen, und ich besorge dir eine neue Putzstelle, versprochen.«

Matthias und Jana können den Staatsanwalt in Osnabrück nicht überzeugen, ihnen eine Hausdurchsuchung zu genehmigen, deshalb rücken die beiden mit Verstärkung ihrer Kollegen an und befragen Veit und Lieselotte Grote, die beiden Enkel Riedemanns, nach ihrer Verbindung zu dem toten Rumänen. Sie erwähnen den Telefonzettel aus dem Papierkorb vorsichtshalber nicht, aber sie möchten gern einmal das Gartenhaus anschauen. »Gern«, sagt Veit Grote und zeigt den beiden alle Räume des Gebäudes. Von einem Käfig voller Hornissen ist nichts zu sehen. Einige tote Tiere hängen allerdings noch im Netz, das auch Susanne schon beschrieben hatte.

»Ach, Sie haben eine Hornissenplage«, beginnt Jana das Thema. »Was machen Sie dagegen? Ich habe in unserem Garten auch diese Biester, und das bei zwei Kindern!«, erzählt sie ihrem Gegenüber.

»Oh, da kenne ich mich nicht aus, die sind ja auch ungefährlich«, biegt Veit Grote das Gespräch ab.

»Ihre Schwester Lieselotte war doch bis zur Pensionierung als Biochemikerin aktiv, kann sie uns nicht ein Mittel empfehlen, das läge doch nahe, diese Hornissen möchte ich irgendwie vertreiben«, zeigt sich Jana gut informiert.

»Lieselotte, was nehmen wir gegen Hornissen? Die Frau Kommissarin möchte ein Mittel zum Vertreiben dieser ungefährlichen Insekten«, sagt er zu seiner Schwester, die sich langsam dem Gartenhaus nähert.

»Nein, da kenne ich mich nicht aus, fragen Sie mal Ihren Apotheker.«

Jana wird es langsam zu bunt. Sie schaut auf ihr vibrierendes Handy. Ihre Kollegen haben das Anwesen umstellt und ihr eine Nachricht geschickt: »hornissen-kaefig gefunden, gaertner in gewahrsam, wollte mit lieferwagen hinten durch den wald fahren. zugriff?«

Jana schaut wieder hoch, drückt das Handy ihrem Kollegen Matthias in die Hand und sagt zu den beiden: »Äh, meinen Apotheker soll ich fragen, soso, Sie meinen zu Risiken und Nebenwirkungen, nein, die liegen ganz bei Ihnen und Ihrem Tun, ich nehme Sie beide vorläufig fest wegen des Verdachts der Tötung des rumänischen Staatsbürgers Emilian Efrim. Wir haben Ihren Hornissen-Käfig sichergestellt. Sie können schweigen oder uns bei der Aufklärung helfen, ganz wie Sie wünschen.«

Matthias hat vier Kollegen ins Anwesen gerufen, die nun die beiden Geschwister abführen. Sie werden in Lingen in die Untersuchungshaft gebracht. »Hieb- und stichfest ist das alles noch nicht«, gibt Jana auf dem Rückweg im Auto mit ihrem Kollegen Matthias zu. »Uns fehlt noch das Motiv für den Mord. Die beiden haben dafür gesorgt, dass ein Lockmittel für die Hornissen da ist. Sehr wahrscheinlich haben sie das auf den Körper des armen zuvor mit Schlafmitteln betäubten Rumänen gestrichen, was die Tiere magisch anzog. Dann ist die Folge klar: Der Allergiker schlug bald wild um sich, was die Insekten noch aggressiver machte. Sie stachen, er röchelte und erstickte. So muss es gewesen sein. Aber warum haben sie ihn erstechen lassen?«, sagt Jana.

Die Verhöre der beiden Grotes bringen wenig Neues. Deren Anwalt rät ihnen, weitgehend zu schweigen. Ein Geständnis scheint in weite Ferne zu rücken. Da kommt von unerwarteter Seite ein Hinweis: Jan-Hinnerk Eilers ist mit einem echten »Heinz Erhardt« zur Stelle. »*Um drei Frauengenerationen auf einmal zu verärgern, genügt es, wenn man zur Mutter sagt, die Tochter sehe schon jetzt aus wie die Großmutter*, hahaha.«

»Hahaha«, wiederholt Jana, »hat Lieselotte denn eine Tochter?« »Ganz heiße Spur«, läuft Eilers zur Hochform vergangener Jahre auf. »Ich habe mir das alles durchgelesen, ich habe mir die Fotos von den beiden Grotes aufgerufen, ich habe mir die alten angesehen, von ihren Eltern und Großeltern, von Lieselottes Tochter Emilia und so weiter, aber wisst ihr, was ich dann angeklickt habe? Schaut mal«, sagt er strahlend und zeigt auf seinen Bildschirm. Die Umstehenden staunen beim Anblick der umfangreichen Bildergalerie.

»Wer ist denn dieser junge Mann da, der auch dieselben Augen und dieselbe Nase hat wie die meisten Grotes?«, möchte Matthias wissen. Eilers schaut hoch und in die Runde, dann entfernt er den Schleier des Unbekannten: »Das habe ich nach langer Suche im Internet gefunden, denn das ist der junge Emilian Efrim.«

Den Rest erledigt Matthias dann fast im Alleingang. Es stellt sich heraus, dass der Rumäne der Großsohn eines unehelichen Sohns von Wilhelm Anton Riedemann ist. Er war in Rumänien aufgewachsen, dann nach Deutschland gekommen und tauchte plötzlich in Meppen auf. Er suchte Kontakt zu seinen rumänischen Landsleuten. Sein Ziel war, mehr über die Dynastie zu erfahren, denn er hatte Dokumente gefunden, die seine Abstammung aus der Familie belegen. Er hatte dann ermittelt, wie reich die Familie wirklich ist, und wollte sein Erbe einfordern.

Beim Verhör gibt Lieselotte immerhin zu: »Für uns war das Alarmstufe Rot. Wir hatten von seiner Existenz gewusst und immer schon gefürchtet, er könnte eines Tages auftauchen und seinen Anteil fordern. Das wären ein paar Millionen Euro gewesen. Wir hatten zwei Gespräche in unserer

Meppener Villa mit Emilian Efrim. Er wollte zwei Millionen Euro, wir boten ihm 100.000 Euro. Sicher sind Immobilien da, aber die kosten doch fast mehr, als sie abwerfen. Der Mann hatte überhaupt keinen Sinn für Realität.«

»Da wollten Sie ihn auf alle Fälle beseitigen, ganz unauffällig, und da kam Ihnen als Biochemikerin die passende Idee mit dem Lockstoff für Hornissen«, führt Jana die Unterhaltung fort. »Woher wussten Sie, dass Emilian Allergiker war?« Lieselotte kurz: »Das hat er uns beiläufig beim zweiten Gespräch erzählt, als es um Krankheiten in unseren Familien ging.« Jana präzisiert: »Dann brauchten Sie noch einen Stoff, der diese Insekten aggressiv macht und zustechen lässt. Den fanden Sie rasch, und Ihnen war klar, diesen Allergiker würde schon das Zappeln und Herumlaufen der großen Tiere auf seinem Körper in Todesangst stürzen, dazu das Fluggeräusch, das ist doch perfekt, er schlug wild um sich, und wer sollte Ihnen da einen Mord nachweisen?«

Den staunenden Zuhörern in der Polizeiinspektion bietet Lieselotte dann noch die restlichen Details. »Wir luden Emilian Efrim zu uns in die Villa ein, um alles noch einmal in Ruhe zu besprechen. Seine beiden angeblichen Freunde Darian und Deniz hatten wir vorher schon ausfindig gemacht und schnell gemerkt, dass die für ein paar Tausend Euro zu allem bereit sein würden. Wäre er doch nicht so stur gewesen …«, unterbricht Lieselotte ihr Geständnis, um ihre Frisur zu richten.

»… ja, dann hätten seine angeblichen Freunde nichts zu tun bekommen. Aber so mischten wir ihm ein leichtes Schlafmittel in seinen Tee, den wir uns im Park vor dem Gartenhaus servieren ließen. Seine Reaktionen verlangsamten sich merklich. Er sprach wie in Trance«, führt Veit Grote weiter aus. »Und dann kamen halt die beiden anderen Rumänen aus dem Gartenhaus heraus und trugen den Lockstoff und Aggressionsverstärker auf Efrims Körper auf. Dazu hätten wir uns beide ja selber niemals überwinden können. Unglaublich, was Menschen so alles für läppische 50.000 Euro bereit sind zu tun, abartig.« »Kein schlechter Stundenlohn für Darian Ulia und Deniz Vechiu«, raunt Jan-Hinnerk.

»Menschenverachtend, widerwärtig, einfach abstoßend«, antwortet Jana abfällig. »Somit ist ja auch klar, woher die das viele Geld hatten, als sie in ihrem weißen Wohnmobil kurz vor Hamburg angehalten wurden«, sagt Matthias. »Es war genau diese Summe.« »Tja, der Fall ist gelöst, aber für die Suche nach meinen Panzerknackern von Niederlangen muss ich dann wohl noch mal neu durchstarten«, fasst Jana das Ergebnis etwas enttäuscht zusammen. »Und eine neue Brille finden, durch die du endlich alles klar siehst«, pflichtet ihr Matthias bei.

Haren (Ems)
Die Tradition als Schifffahrtsort wird im Museumshafen lebendig. Immerhin ist Haren auch heute der drittgrößte Reedereistandort in Deutschland. Das Flair der Stadt ist reizvoll, in einem Heimatlied heißt es »Wie London an der Themse, liegt Haren an der Emse«.

74 **Bürgerhaus Alte Schule**
Im Ortskern steht das 2011 sanierte alte Schulgebäude für Veranstaltungen, Trauungen und sonstige Events offen (Schulstraße 1, 49779 Niederlangen, www.heimatverein-niederlangen.de). Oben im Bürgerhaus ist »Ulis Puppenstube« zu bewundern, eine private Sammlung von 700 Puppen. Das »Puppencafé« ist jeden zweiten Sonntag im Monat geöffnet.

75 **Bagger-Park Emsland**
Vom Minibagger bis zum 21-Tonnen-Bagger lässt sich hier alles bedienen, ein Paradies für Freunde des Bodenaushubs: »Betreten der Baustelle erlaubt« (in unmittelbarer Nähe zur Autobahn A31, Abfahrt Wesuwe, Wittenberger Straße 10, 49733 Haren, www.bagger-park.de).

76 **Deutsch-niederländisches Bienenzentrum**
Einblicke in die Gegenwart und Geschichte der Bienenzucht und Imkerei im Bourtanger Moor bietet

dieses deutsch-niederländische Gemeinschaftsprojekt. Die Führungen sind kostenlos, müssen aber angefragt werden (Tel. 05932/71313, Imme Bourtanger Moor, Hebelermeerstraße 3, 49733 Haren, www.haren.de).

77 Maritime Meile

Ins Pflaster der Gehwege mitten im Ort sind nummerierte und beschriftete Tafeln eingearbeitet. Die zugehörige Broschüre gibt Auskunft über die Harener Schiffe, die alten Familien und Schifffahrtsverbände sowie Reedereien. Die Museumsschiffe ankern an der Kanalstraße, es geht über Werft- und Ems- bis zur Schleusenstraße wieder zur Kanalstraße.

78 Emsland App

Mit der frei herunterladbaren App lassen sich individuelle Touren planen. Grundlage ist eine zoombare, topografische Karte, die auch offline verfügbar ist.

79 Bauerngolf und Maislabyrinth

Mit Holzschuhen werden die Bälle über das Grün geschlagen (Ferien- und Freizeithof Meutstege, Hebel 28, 49733 Haren, www.meutstege.de). Jedes Jahr neu legt der Bauer das Maislabyrinth des Hofes an. Ende Juli bis Ende Oktober stehen die Irrwege dann jedem offen.

80 Emma

Die Kleinbahn ist zu einstündigen Stadtrundfahrten unterwegs. Die Tour lässt sich auch mit einem Schiffstörn im Fahrgastschiff »Amisia« kombinieren (Auskunft Touristikverein, Neuer Markt 1, 49733 Haren, www.haren.de)

81 **Kunsthaus mit Reedereimuseum**

Einem Künstler bei der Arbeit über die Schulter schauen oder sein Wissen über die ostfriesische Teekultur erweitern – in der Galerie der besonderen Art in Haren ist das möglich. Jetzt gehört auch das neue Reedereimuseum dazu (Emsstraße 36, 49733 Haren, www.kunsthaus-haren.de).

82 **Emsland-Dom**

Die imposante Kuppelkirche St. Martinus ist ein Nachbau des Petersdoms in Rom, daher der Name. Die mächtige grüne Kuppel entstand zwischen 1908 und 1911 nach Plänen von Ludwig Becker und ragt 58 Meter in die Höhe (Lange Straße 10, 49733 Haren).

83 **Schifffahrtsmuseum Haren**

Die Spitzpünte »Helene« hat nautische Instrumente in sich, Motorschiff »Thea-Angela« andere Exponate der Küstenschifffahrt. Sechs Schiffe sind am Haren-Rütenbrock-Kanal zu bewundern, die Maritime Meile führt vorbei (Kanalstraße 1, 49733 Haren). Und wer Lust hat, legt das Püntker-Patent zum Ende des Besuchs ab.

84 **Golfpark Gut Düneburg**

Ein 18-Loch-Golfplatz breitet sich um den Herrensitz mit Gutsanlage und barockem Garten aus dem 18. Jahrhundert malerisch aus. Hotel und Restaurant stehen jedem offen (Düneburg 1, 49733 Haren, www.gut-dueneburg.de). Platzreife-Kurse dauern nur drei Tage.

85 **Schloss Dankern**

Es ist ein riesiges Spielland. Von der Wasserski-Seilbahn bis zum längsten Laserlabyrinth der Welt können sich Kinder locker einen Tag in dem Ferienzentrum aufhalten, zu dem auch ein Spaßbad gehört (49733 Haren, www.schloss-dankern.de).

8. HAUT DEN LUCAS!

DER MANN OBEN AN DER WIPPINGER MÜHLE IST VIELE TODE GESTORBEN

»Se ballert mit de Lippen es'n Päärt (*Sie redet wüst drauflos*)«, behauptet Fietje Kahn von der Dorfschönen Lizzy. Der 33-Jährige sitzt mit seinem Nachbarn Erwin morgens um neun Uhr auf einer Bank vor der Wippinger Mühle **86**. Es ist ein hübsches Ensemble mit alten Häusern, in dem das Standesamt untergebracht ist. Ein uriger Schafstall steht daneben. »Jo, da magst du recht haben, Fietje«, erwidert sein Kumpan Erwin. »Jo, diese Lizzy, die ist ja echt hübsch, aber für mich is dat 'n aolt Scheesken (*Schimpfwort für eine Frau*), se will dwess mit den Balken in't Huus (*will ihre Meinung durchsetzen*) und se hockt nich blaos in eenen Pott (*hat mehrere Freier*).«

Die beiden gebürtigen Wippinger aus dem 880-Seelen-Dorf in der Samtgemeinde Dörpen sitzen nebeneinander und lästern, was das Zeug hält. »Du«, sagt Fietje dann, »ich war neulich mal bei den Emsland Hillbillies **87**, die machen ja klasse Country-Musik, kennst du die? Und was macht die so sympathisch außer dieser Musik? Na, ich sag es gleich selbst, dann hast du mehr Zeit zum Nachdenken. Du, Erwin, der eine hat als Hobby Schlafen angegeben. Echt jetzt. He bekkek sick fan binnen (*er schläft*). Ist der mir sympathisch! Hast du auch so'n Hobby?«

»Ich sage nur: Woar de Häärgott 'ne Kaike baut, daor baut de Düüwel 'ne Kapelle (*neben jeder Kirche steht ein Wirtshaus*), ich sitze gern inner Kneipe«, erwidert Erwin.

Fietje warnt ihn: »Pass upp, in Fuusel fersuupt määr Mensken es in't Waater (*am Alkohol gehen mehr Menschen zugrunde als im Wasser ertrinken*).

Fietje legt dazu seinen Kopf in den Nacken und blickt zur Kappe der Mühle hoch und traut seinen Augen kaum. »Erwin, du Erwin, siehst du das auch da oben? Da hängt eine angezogene Strohpuppe, was ist das denn für ein Ritual von unserem Heimatverein oder was? Mitten im Juli, ich dachte, die werden im Frühjahr angezündet, damit der Winter abhaut«, sagt Fietje.

Erwin schaut auch hoch. Er steht auf und geht näher zur Mühle, die auf einem gemauerten Torbogen steht, durch den die Fuhrwerke unten durchfahren konnten.

»Fietje, du Fietje«, wird der Wippinger etwas lauter, »die haben der Puppe auch im Gesicht rote Wunden eingemalt und im Rücken. Seltsam, habe ich noch nie gesehen, was soll das denn sein?« Beide stehen jetzt vor der Mühle und reiben sich die Augen. Schließlich sehen sie Tropfen einer roten Flüssigkeit, die aus der in etwa fünf Meter Höhe hängenden Figur die Holzschindeln der Mühle und den Weg davor bekleckern.

»Du Fietje, das ist Blut!«, meint Erwin plötzlich.

Da die beiden so verblüfft dastehen, hält Marlis Menninge, die mit ihrem Fahrrad vorbeifährt, an und ruft hoch: »Na ihr zwei, ist euch nicht gut heute Morgen, ihr seht so aus, als hättet ihr im Lotto gewonnen und findet den Tippschein nicht wieder.« Sie lacht und hält an.

»Du Marlis, haben wir wirklich nicht«, sagt Fietje, »aber hier oben hängt diese Puppe, und unten tropft Farbe heraus oder Blut, wie Erwin meint. Kannst du mal mit deinem Ackersnacker (*Handy*) in Dörpen bei unserem Polizisten durchklingeln, der soll das mal untersuchen, du!«

Marlis geht zu den beiden, schaut hoch und schreit: »Von wegen Puppe, wie blind seid ihr denn? Da hängt ein Mann!« Die beiden Polizisten, die sie mit ihrem Handy alarmiert, sind schon nach 15 Minuten zur Stelle. Sie lassen sich eine Leiter bringen, machen Fotos und telefonieren. Es dauert nur eine weitere Stunde, da steht schon ein Mannschaftswagen voller Polizisten an der Mühle. Die rund 20 Schaulustigen werden hinter das rot-weiße Flatterband zurückgeschickt, das zwei Polizisten ziehen.

Jana Kuhlmann, die ermittelnde Kommissarin aus Lingen, muss sich schon einen Weg durch die Menschentraube bahnen, denn es scheint sich hier der halbe Ort versammelt zu haben. Sie hört Satzfetzen wie »Der arme Lucas, dass der hier nicht warm wurde, ist doch wohl klar …«, oder »Wo die Liebe so hinfällt, aber ob die Edda mit dem glücklich war, ich weiß nicht …«, oder »Warum die wohl keine Kinder hatten, naja mit 54 wäre der ja auch wohl etwas alt gewesen …«

Die schluchzende Frau Edda Mandelow hat ihren Mann schon identifiziert. Lucas Mandelow war nicht gerade der Mann ihrer Träume, 54 Jahre alt, zweimal geschieden, ein Urlauber aus Berchtesgaden, den sie vor drei Jahren hier kennenlernte. Und da die heute 33-jährige Bauerstochter noch ledig war, heiratete sie schnell.

»Einmal war ich unten am Königssee«, erzählt sie der Kommissarin, »seine Eltern wollten mich gar nicht sehen, aber ich habe die mal kennenlernen wollen.« Sie schwärmt von der Gegend, der Fahrt nach St. Bartholomä, dem Echo der Trompete, die jemand auf dem Elektroboot mitten auf dem Königssee blies. Jana hört sich in ihrem Polizeiwagen die Lebensgeschichte der Bauerstochter mindestens eine Stunde lang an.

»Wer könnte Ihren Mann umgebracht haben?«, will sie schließlich wissen und stellt diese Frage so beiläufig, als sei sie so belanglos wie etwa »Wissen Sie noch, was Sie heute gefrühstückt haben?«

Edda schaut hoch und meint leicht verträumt nur: »Nein, wir hatten nur Freunde.« Jana spürt, dass das nicht stimmt. Sie hat noch die Stimmen in der Menge der Dorfbewohner im Ohr.

Als am nächsten Tag die Ergebnisse der Spurensicherung und die Vernehmungsprotokolle von Fietje, Erwin und Marlis vorliegen, ist klar, wie viel Hass der Mörder gegenüber Lucas Mandelow gehabt haben muss. Es sind tiefe Einstichwunden vorhanden, rund 20 an der Zahl und verteilt über den ganzen Körper. Es gibt Würgemale am Hals. Ein tiefrotblaues Hämatom am Hinterkopf lässt auf Gewalt wie etwa einen Schlag mit einer schweren Eisenstange schließen. Jana meint: »Es hat ganz den Anschein, als wollte der Täter ihn auf ganz viele Arten umbringen, um ja sicher zu sein, dass er stirbt. Fehlt nur noch, dass er auch vergiftet wurde.«

»Du lagst ganz richtig, Jana«, beginnt ihr Kollege Matthias seinen Bericht, den er gerade von der Rechtsmedizin auf sein Tablet gespielt bekommt. »Die haben in seinem Magen einen tödlichen Mix aus Rizinus, Samen vom Goldregen und den Gefleckten Schierling gefunden, sozusagen alles alte Hausmittel für Hobbymörder.« Jana schüttelt den Kopf. Manchmal hat sie schon Tote gesehen, denen eine emotionale Wiedergutmachung anzusehen ist. Da legt der Mörder die Person in eine schlafende Position, faltet deren Hände, legt Blumen auf den Körper. »Ich habe auch schon Wiederbelebungsversuche erlebt und den Ruf nach dem Notarzt, wenn der Täter plötzlich erkennt, was er Unumkehrbares angerichtet hat«, sagt Jana, die leicht erschüttert wirkt angesichts dieses Verbrechens. »Erhängt wurde der Tote dann auch noch, Genickbruch«, schließt Matthias seine Ausführung.

»Wer hat so viel Hass auf einen Mann aus Bayern, der seit drei Jahren hier mit einer Bauerstochter verheiratet ist?«, fragt sie sich. »Die Handschrift des Täters ist jedenfalls als recht grob zu bezeichnen, ungelenk, fast eckig, auf keinen Fall geschwungen und elegant«, überlegt sie sich. »Und dann diese Art von öffentlicher Hinrichtung, wie am Galgen baumelt der Tote oben an der Mühle, aber da wurde er erst hingehängt, als er schon viele Tode gestorben war«, beklagt sie. »Wer hat so viel Wut? Da müssen wir ja das halbe Dorf verhören«, sinniert Jana.

Die weiteren Ermittlungen bringen Folgendes: Edda hat keine Geschwister, ihre Eltern Ulla und Heinrich, sie 66 und er 67 Jahre alt, wohnen mit ihr auf dem Bauernhof in Wippingen und zeigen sich todunglücklich. »Unser lieber Schwiegersohn ist tot, verstehen Sie, tot, dabei war das unsere Hoffnung, er hat sich in die Landwirtschaft eingearbeitet, wobei sich unsere Tochter natürlich besser auskennt, aber er war so ein guter Mann, nur Kinder hatten sie leider noch keine«, erzählt Ulla und schluchzt dabei.

Heinrich erklärt entsetzt: »Wir wollten uns doch langsam zur Ruhe setzen und unser Altenteil mal genießen, jetzt das!« Sein älterer Bruder Wilhelm, der neben dem Hof in einem umgebauten Stall wohnt, scheint ebenfalls untröstlich: »Er hat für meine Nichte Edda viel getan, sehr viel, nur selten war er mal auf dem Dorffest beim Trinken zu sehen so wie die anderen Männer in seinem Alter.« Sylvia Meyer, die mit Edda im Dorfchor singt, schlägt dagegen ein paar andere Töne an: »Ich glaube, der hatte eine Geliebte, dieser Lucas Unschuldig. Ich nenne ihn so, weil er so aussah, aber der hatte es faustdick, sage ich Ihnen, der hat die Edda betrogen, in Bayern war er schon zweimal verheiratet. Vielleicht hatte er sogar Kinder.«

Auch Dörte Bremer, die in der Sommerrodelbahn von Surwolds Wald 88 arbeitet, kannte den Toten und meint nur: »Als der hier ankam, da war das doch ein armer Wicht. Ich glaube, der hat gezielt eine der besten Erbinnen hier in der Gegend gesucht und Edda gefunden. Bezirzt hat er sie, die Edda. Die jungen Menschen hier wollen doch alle am liebsten in die Stadt, wer will denn noch auf einen Hof einheiraten – und dann auch noch mit Viehzucht? Sieben Tage die Woche, von früh bis spät, kaum Urlaub. Edda kann davon ein Lied singen. Sobald es mal ernst wurde, haben die Kerle gekniffen. Dabei könnte Edda den Laden auch alleine schmeißen, aber ihre Eltern wollten unbedingt einen Schwiegersohn! Da hat sie dann halt den Lucas genommen. Große Liebe war es bestimmt nicht.«

So entsteht langsam ein buntes Mosaik aus den Vernehmungen, das sie noch zusammenpuzzeln muss. Ihr Kollege Jan-Hinnerk Eilers, der die Gegend und ihre Bewohner fast noch besser kennt als sie, ist leider im Urlaub. Was hätte der jetzt gemacht?, fährt es ihr durch den Kopf. Der hätte abends in der Dorfkneipe gesessen und mit den Leuten gequatscht, stundenlang. Diese rustikale Ermittlungsmethode liegt Jana nicht, zudem befürchtet sie, dass ihr niemand so offenherzig seine Gefühle anvertrauen würde wie dem breitschultrigen Jan-Hinnerk, der mit seiner gemütlichen Figur und seinen 1,90 Meter und dem Alter von 58 Jahren jemand ist, bei dem sich manche gern »ausweinen«. Sie könnte ja vom Luftsportverein in Börgerwald bis zum Heimat-Museum Esterwegen **89** alles im Nordhümmling abklappern und die Menschen befragen, überlegt sie sich.

Jana schlägt jedoch eine andere Richtung ein: Spuren zurückverfolgen. Wo wurde der Strick gekauft? Woher kamen die giftigen Pflanzen? Welche Fingerabdrücke sind festzustellen? Wie sah die Tatwaffe aus, das Messer? Wo ist der Mann getötet worden? Der Todeszeitpunkt liegt bei vier Uhr morgens, wie die Rechtsmedizin ermittelt hat. Lucas war die Nacht nicht zu Hause, wie seine Frau sagt. Doch das habe sie nicht beunruhigt, da er sich mit den Worten verabschiedet habe: »Ich komme erst morgen zum Frühstück wieder, denn Hein und ich treffen uns bei ihm in Vrees **90**, der zeigt mir Pastors Goarn, den Dorfteich mit dem Backhaus, wo wir noch einen trinken, da fahre ich lieber nicht zurück.«

»Ja, das hat er öfter mal gemacht, zu Hein nach Vrees, das war sein Kumpel, mit dem er gern mal trank, aber ich mag diesen Hein nicht, ich will da nie hin«, bestätigt Edda Janas Nachfrage. Nur hatte dieser Hein ausgesagt, sein Freund Lucas sei an dem Abend niemals bei ihm angekommen, er hätte sich nicht einmal vorher angekündigt. Wollte er etwa mit dem Fahrrad die rund 30 Kilometer von Wippingen bis Vrees fahren? Die Polizei fand sein grünes Fahrrad kurz hinter Wippingen an der Straße nach Werpeloh im Graben. Es trug Lucas' Fingerabdrücke – ausschließlich.

»Rätselhaft«, sagt Jana zu ihrer Freundin Susanne, als sie sich am späten Nachmittag zum Plausch bei Kaffee und Himbeerkuchen in ihrer Lingener Wohnung treffen.

»Also wenn du mich fragst, Jana«, redet sie drauflos, »dann würde ich mal die Eltern von ihm fragen, die in Bayern, haben die denn getrauert, sind die denn irgendwie emotional da drin oder was? Und hatte der wirklich irgendwelche Kinder, die vielleicht plötzlich aufgetaucht sind, der könnte doch Kinder haben, die sind locker 20 oder 30 Jahre alt, vielleicht war er schon Großvater mit 54, weißt du's?«

Jana orakelt mit, während sie die Himbeertorte von Susanne probiert und den Geschmack lobt: »Wie du das wieder hinzauberst, Susannchen, deine Himbeertörtchen – also die Kinder bringen ihn um, weil sie ihre Mutter rächen wollen, er so früh abhaute, er sie im Stich ließ oder sie von ihm nachträglich Geld wollen, irgendwie in der Richtung meinst du?«

»Klar, die wollten ihn ausnehmen, und jetzt hatte er doch dickes Geld über seine Frau und den Hof«, überlegt sich Susanne. Jana widerspricht: »Nein, erst, wenn seine Frau gestorben wäre, dann hätte er geerbt, dazu hätten die Kinder die Edda umbringen und ihn erpressen müssen.« Die Ideen und Spekulationen sind so süß und zahlreich wie die Tortenstücke, die die beiden vernaschen. Es wird ein Nachmittag, den beide so richtig genießen. »Du Susanne, ich bin mit meinem Stricken wieder ganz weit vorn. Es macht so Spaß. Ich habe Schals und Fäustlinge für die Kinder fertig, bald kommt ein Untersetzer«, meint Jana.

»Kreisch, nein, Untersetzer, wie spießig ist das denn? Und diese Fäustlinge, meinst du, Ole und Birte tragen das? Das klingt so nach Oma, was du da machst.« »Reg dich ab, ich habe Spaß dran, also bitte, ja?«, schränkt Jana ein.

Die Nachforschungen am nächsten Tag mit Hilfe der Polizeikollegen aus Berchtesgaden bringen tatsächlich ein paar Überraschungen hervor. Lucas, der als Mister Unschuldig gern die Wippinger Szene betrat, hat tatsächlich zwei erwachsene Kinder. Mechthild ist 19 und Martin 23 Jahre alt. Sie hat er seiner jetzigen Frau Edda verschwiegen, was nicht schwer war, denn er hatte seit zehn Jahren anscheinend keinerlei Kontakt.

Jana atmet tief durch. Was hat das zu bedeuten?, rätselt sie vor sich hin. Derweil läuft zum Feierabend an der Wippinger Mühle mal wieder ein fröhliches Stelldichein. Fietje und Erwin sitzen wieder auf ihrer Lieblingsbank. »Für die Edda tut sich ja nun eine neue Welt auf. Witwe, gut situiert, in ungekündigter Stellung, hahaha, auf ihrem eigenen Bauernhof sucht heiratsfreudigen Prachtmann zwecks Vermehrung«, ulkt Fietje.

Erwin lacht und ergänzt: »Mal sehen, wer diesmal anbeißt, könnte ja mal was Jüngeres sein, nur hier läuft so etwas nicht mehr frei herum, sind alle vergeben. Bäuerin sucht Mann von weiter wech, das wäre doch die Schlagzeile. Hier auf dem MoorInfoPfad **91** oder in der Esterweger Dose **92** findest du doch keinen neuen Partner«, meint Erwin.

»Tja, wenn alle Männer derart perfekt wären wie man selbst, was wäre das Leben doch leicht«, stimmt Marlis in den Dialog der beiden ein. Sie ist mit dem Fahrrad gekommen und setzt sich zu Fietje und Erwin. »Zwischen euch, da ist es am wärmsten«, meint sie forsch. Die beiden Männer schauen sich ernst an und schweigen lieber. Dann zeigt Fietje auf das Standesamt und sagt: »Da hat die glückliche Ehe der beiden, ich meine Eddas und Lucas', vor drei Jahren ja ihren Lauf genommen, nur war das gestreckte Langeweile«, meint Fietje.

»Jaja, das habe ich auch gehört«, posaunt Erwin hinterher. »Was ihr alles wisst«, bezweifelt Marlis die vermeintliche Erkenntnis der beiden. »Glück gleicht an Höhe aus, was ihm an Länge fehlt, vielleicht hatten die beiden einen grauen Alltag und einige Regenbogen-Momente, das reicht doch, oder wie ist das bei euch?«

»Joooo«, stöhnt Fietje, »bei uns ist immer Alltag.« Erwin nickt. Marlis amüsiert sich: »Nu is de Schiite an't Dampen (*das habt ihr von eurem Gerede*).«

»Ist denn diese Kuhlmann, diese Kommissarin aus Lingen, jetzt weiter? In der Zeitung stand, die tappen voll im Dunkeln beim Mörder. Aber das soll doch so 'n Mannsweib sein, höre ich immer, der einzige Mann im ganzen Revier, das sagen die hier jedenfalls aus der Polizei in Dörpen, die beiden kenne ich«, steuert Fietje bei.

Erwin ist auch ganz kundig: »Ich glaube, die verraten der

Presse nicht alles, die wissen mehr, als du denkst, vielleicht sitzen die hier unter der Bank und belauschen uns.« Marlis schaltet sich ein: »Ach, ihr glaubt, überall wird abgehört, das ist doch viel zu teuer und bringt nichts, diese Kuhlmann ist cool, das stimmt, ich kenne ihre Freundin, die Susanne. Und die sagt, die Jana zieht ihren Stiefel durch, die hat Intuition, oder wie das heißt, die kann aus ihrem Bauch den Kopf bedienen.« Fietje lässt eine Pause und kontert: »Das kann ich auch, wenn ich Hunger hab, hol ich was zu essen. Reine Kopfsache.«

Jana lässt der Fall keine Ruhe. Die Presse fragt fast täglich in der Polizeiinspektion nach, ob es in dem spektakulären Mord neue Erkenntnisse gäbe. »Nein«, sagt sie dann zur Pressesprecherin, »wir äußern uns erst in einer Woche.« Das nährt aber neue Spekulationen, wie sie merkt. Es werden fast täglich aus Wippingen Nachbarn zitiert. Der Lehrer von Edda kommt zu Wort. Es gibt Bilder vom Hof der Eltern, die sich aber nicht in der Zeitung zitieren lassen wollen. Auch das steht in der Zeitung. Als Jana dann nach einem langen Tag in der Polizeidienststelle zu Hause den neuen »Hümmling-im-Blick« aufschlägt, ist ihre Geduld am Ende.

Die Postille zeigt Fotos von der hängenden Leiche an der Wippinger Durchfahrtsmühle und stellt die These auf, das ganze Dorf sei an einer Verschwörung gegen diesen Lucas Mandelow beteiligt gewesen, und die Polizei ermittle in völlig falscher Richtung. Mandelow aus Berchtesgaden sei ein Versager auf breiter Front gewesen. Er habe eine abgebrochene Ausbildung als Tischler und als Landwirt vorzuweisen und sei jahrelang einfach nur Lastwagen gefahren. Hohe Schulden hätten ihn ins Emsland getrieben, um hier nach einer »guten Partie«, einer reichen Tochter, Ausschau zu halten. Angedeutet wird, dass Edda ihren Mann umgebracht haben könnte.

Jana holt ganz tief Luft. »Jörn«, sagt sie zu ihrem Mann, »ich kann nicht mehr, wir ziehen ins Ausland, gehen auf Weltreise, ich ermittle hier Tag und Nacht und gehe 1000 Spuren nach, alles ein verworrener Mist, und mir wird fast täglich nachgesagt, die Polizei tappe voll im Dunkeln.«

Jörn weiß, wie sehr seine Frau ihren Job liebt, gerade hier in Lingen. »Ganz cool in die Ablage, Frau Kuhlmann«, rät er seiner Frau, »atme dich frei, denk an Fußballspieler oder besser Fußballspielerinnen, die könnten auch täglich über sich lesen, dass sie ihren linken Fuß nicht richtig einsetzen oder eine Flanke nicht ankam. Alles Mist. Ignorieren und auf das nächste Spiel konzentrieren. Du bist Weltklasse, das weiß ich, du hast Intuition und Ausdauer, wobei dein Intellekt dir ungemein hilft, anderen eine Falle zu stellen, du kannst hineingrätschen, wenn es nötig ist, du bist der einzige wirkliche Mann in der ganzen Polizeiinspektion.«

»Jörn, wo hast du denn das gehört?«, will Jana wissen. »Wer sagt denn das mit dem Mann?« Jörn kühl: »Das hat mir mal Susanne erzählt, das sagen die Kollegen in den anderen Polizeistationen quer durchs Emsland, die dein Tun wohlwollend verfolgen und sich freuen, wenn du besonders deinen Kollegen mal zeigst, wo der Hammer hängt.« »Ach, echt?«, erkundigt sich Jana und weiß nicht, ob sie das als Kompliment verbuchen soll. »Aber mit dem ersten Teil hast du recht, ich konzentriere mich weiter.«

Am nächsten Tag fährt Jana am Abend nach ihrer Büroarbeit noch einmal zu Ulla und Heinrich Kleemann in Wippingen, Eddas Eltern. Sie sollen ihr perfektes Alibi, sie seien den ganzen Abend und die Nacht zu Hause gewesen, als der Mord geschah, einfach nur wiederholen. Vielleicht habe ich etwas übersehen, sagt sie zu sich selbst. Die beiden sitzen auf einer Bank vor dem alten Bauernhaus und sehen zufrieden aus. »Frau Kuhlmann, Sie wollen uns sicher etwas Neues vom Mord an Lucas erzählen«, beginnt Heinrich Kleemann die Unterhaltung.

»Wir sind noch nicht viel weiter. Aber wie haben Sie den Mord bislang verkraften können, wie geht es Ihnen damit und wie Ihrer Tochter?«

Das Gespräch entwickelt sich spiralförmig, kreist um Selbstmitleid, große Trauer und wird von Allgemeinplätzen gespeist, dass es Jana schon längst auf die Nerven gegangen wäre, wenn sie nicht augenblicklich einen Plan entwickelt hätte.

»Sie lesen den ›Hümmling-im-Blick‹? Dann haben Sie ja wahrgenommen, dass vermutet wird, das ganze Dorf stecke hinter dem Mord, und das im Auftrag, nun ja, im Auftrag Ihrer Tochter, gar nicht so unwahrscheinlich, oder?«, setzt sie bewusst eine kühne Behauptung in den Raum.

Ulla Kleemann bekommt große Augen und stiert Jana an. »Glauben Sie diesen Schwachsinn etwa? Wir wollen dagegen vorgehen, das ist doch schädlich und schändlich«, tobt die 66-jährige Bäuerin.

Ihr Mann wird noch klarer: »Wir verlangen eine Richtigstellung. Ich habe schon mit unserem Anwalt telefoniert.«

»Ach, wie lautet denn Ihre Richtigstellung, kann ich die mal lesen?«, greift sie den Vorschlag auf.

»Nein, die haben wir noch nicht getippt, aber es gibt nur einen Mörder, warum sollte das ganze Dorf über unseren Schwiegersohn herfallen bitte, und was soll unsere Tochter damit zu tun haben?«

Jana weiß, dass sie jetzt die zulässige Grenze überschreitet. Sie folgt ihrer spontanen Intuition, legt Frau Kleemann einen Arm um die Schulter. »Frau Kleemann, wissen Sie, was ich vermute? Der Lucas, der hat Ihre Tochter nur wegen des, oh, Entschuldigung, darf ich einmal Ihre Toilette benutzen? Ich habe mir einen Magen-Darm-Virus eingefangen, naja, also ich glaube, der hat Edda nur wegen des Erbes geheiratet«, sagt Jana und krümmt sich leicht nach vorn.

Ulla Kleemann will ihr den Weg zur Toilette weisen, wird aber kurz unterbrochen, weil Janas Telefon klingelt.

»Entschuldigen Sie«, sagt sie rasch zu den Kleemanns und nimmt den Anruf ihres Mannes entgegen. »Jana, unsere beiden wollen dir noch Gute Nacht sagen.« Jana hört die Stimmen von Birte und Ole.

»Gute Nacht, meine Süßen, ich küsse euch, bis morgen, in den Träumen bin ich bei euch, ihr seid doch meine Besten, Jörn, bis später …«, sagt sie liebevoll und blickt gleichzeitig in die beiden Gesichter des älteren Ehepaares, das vor ihr steht. Sie sieht Tränen, jedenfalls bei der Frau. Der Mann schaut auch sehr traurig. Die Frau schluchzt kaum hörbar. Jana hat das Telefonat beendet, schaltet ihr Handy aber auf Aufnahme und legt es neben ihre Tasche auf die Bank vor dem Haus, auf der die drei bis eben saßen.

»Ach ja, die Toilette«, stottert Frau Kleemann und geht voran, »kommen Sie!« Ihr Mann setzt sich wieder auf die Bank, wo auch die Frau nach wenigen Sekunden wieder Platz nimmt. Mit ihrer vorgespielten Magen-Darm-Entleerung lässt sie sich rund zehn Minuten Zeit. Dann geht sie langsam wieder zur Bank vor dem Haus zurück. Sie bedankt sich, entschuldigt sich für ihre Unpässlichkeit und wünscht dem Paar noch einen angenehmen Abend. Handy und Tasche sind anscheinend unberührt. Sie drückt auf Stopp und packt alles ein.

»Sie mussten weinen, als ich mit meinem Kindern telefonierte, was hat Sie bewegt?«, erkundigt sie sich. »Sie hätten gern Enkel, ist es das?«, wird sie sehr direkt zum Abschluss des Besuchs.

Die beiden starren sie an, sagen aber nichts.

»Na, das wird schon eines Tages«, spricht sie den beiden Mut zu und verabschiedet sich. »Ich muss erst mal ins Bett und mich auskurieren.«

Schon im Auto macht sie einen Test und prüft, ob ihr Handy etwas aufgenommen hat. Das hat es, die Stimmen der beiden sind klar zu verstehen. Jana pfeift vor sich hin. Sie fährt aber erst nach Lingen zu ihrem Mann nach Hause. Die Zeit bis dahin freut sie sich, wie man sich auf ein Geschenk zum Geburtstag freut. Es ist ganz sicher zu erwarten, aber man weiß nicht, was drin ist. Sie kostet genau diese Vorfreude aus. Ob sie belohnt wird, ob ihre spontan gestellte Falle zugeschnappt hat? Es dauert eine halbe Stunde, dann hat sie Gewissheit.

Jana sitzt mit Jörn im Wohnzimmer, die Kinder schlafen schon. Sie erzählt ihm von den Umständen während des

Telefonats, von den Tränen der Kleemanns. Dann drückt sie die Wiedergabetaste. Ulla: »Wie kommt die plötzlich auf das Erbe von Lucas? Meinst du, die hat uns im Visier?«

Heinrich: »Blödsinn, das ist dieser Zeitungsmist. Wir haben ein perfektes Alibi, uns wird niemand auf die Schliche kommen, glaub mir.«

Ulla: »Aber wenn die jetzt das lange Messer findet, das liegt doch noch im Schweinestall, oder?«

Heinrich: »Ja klar, kommt die nie drauf, die Eisenstange liegt im Gartenhaus, die Giftpflanzen hattest du im Garten, aber die sind alle entfernt und entsorgt. Also das wird niemand herausfinden, das haben wir alles unter Verschluss. Wir haben das genau richtig gemacht.«

Ulla: »Dass nur unsere Edda nichts mitbekommt. Die hat sich diesen Feigling, diese falsche Type an Land gezogen, und der wollte nicht einmal Gütertrennung. Edda hat allem zugestimmt. Wir konnten doch nicht zulassen, dass der sich ins gemachte Nest setzt und später unseren ganzen Familienbesitz erbt. Und dass sie mit dieser Blutkrankheit keine ganz große Lebenserwartung hat, das ist doch absehbar.«

Heinrich: »Ich weiß, jetzt bleib ruhig, wir hoffen mal, dass sie jetzt den Richtigen findet, und dann gibt es endlich Enkel.« Ulla: »Hoffentlich.« Ein Schluchzen ist zu hören.

Jana drückt auf Unterbrechung und guckt ihren Mann an. »Glaubst du, was du hörst?«

Jörn schüttelt den Kopf und meint nur: »Dass sie das in dem Moment alles erzählen, das ist ja ein Volltreffer, du wirst sie zu einem Geständnis bringen können, wenn auch diese Aufnahme vor Gericht keinen Bestand hat.«

Jana lächelt. »Du kennst dich ja genau aus, gute Schule.«

Heinrich und Ulla Kleemann werden an nächsten Morgen unter Tatverdacht festgenommen. Jana führt das Verhör in der Polizeiinspektion. Es gibt wenig, was die beiden noch erzählen, sie nehmen sich einen Anwalt. Auch der rät ihnen zum Geständnis. Nur Edda ist tieftraurig. Sie will nichts von den Mordplänen ihrer Eltern gewusst haben. »Die haben immer ihr Ding gemacht und mich nicht eingeweiht«, beschuldigt sie sie und weint.

Fietje, Erwin und Marlis sitzen ein paar Tage später wieder auf der Bank an der Wippinger Durchfahrtsmühle. Es ist ein lauer Abend. »Nun hat die Edda ihre Ruhe vor den beiden Alten«, kommentiert Fietje den Ausgang des Wippinger Mordfalls. »Die sitzen nun ein paar Jahre hinter Gittern, da kann die Tochter sich mal richtig ausleben«, ergreift Marlis ebenfalls Partei für die Frau, »die hatte ja von den Bevormundungen die Nase so voll, das hat sie mir mal erzählt.«

Erwin ist sich da auch sicher: »Die hatte doch diesen Lucas nur genommen, um sich Verstärkung zu holen im hausinternen Kampf, verstehste? Dieses scheinheilige Getue der Alten, nee, Kattenköddel kaans ock in Düüstern ruuken (*Lügen lassen sich nicht lange verbergen*). Aber mit der Liebe war das ja nun bei Edda und dem Lucas auch nicht weit her.« Fietje kommentiert nur trocken: »Viele passen ineinander, nur wenige zueinander, so isses halt.«

Nordhümmling

Zu dieser Samtgemeinde gehören Esterwegen, Bockhorst, Breddenberg, Hilkenbrook und Surwold. Es ist eine naturnahe Region mit einmaliger Tier- und Pflanzenwelt. Wippingen gehört zur Samtgemeinde Dörpen und liegt nahe am Hümmling.

86 **Wippinger Mühle**

Der »Durchfahrtsholländer« von 1862 ist liebevoll vom Heimat- und Verkehrsverein Aschendorf-Hümmling restauriert worden. Das Ensemble mit Schafstall und alten Häusern ist ein ruhiger, beschaulicher Ort zur Entspannung.

87 **Emsland Hillbillies**

Die lockere Countryband aus Aschendorf, 1973 gegründet, spielt auf vielen Bühnen im Emsland (www.hermannlammersmeyer.de).

88 **Surwolds Wald**

Im Erholungsgebiet auf den nördlichen Hügeln des Hümmlings gibt es eine Sommerrodelbahn und einen Kletterwald (Waldstraße, 26903 Surwold). Im Märchenwald geht es um die 13 schönsten deutschen Märchen. Der Rundumblick vom 32 Meter hohen Aussichtsturm ist grandios. Spaß machen auch Minigolf, das beheizte Freibad und der Campingplatz mit 100 Stellplätzen.

89 **Heimat-Museum Esterwegen**

Was in der Region von Bedeutung ist, wird hier gezeigt (Dorfplatz 4, 26897 Esterwegen).

90 **Vrees**

Das idyllische »Gold-Dorf«, das diesen Titel 2016 errang, ist angeblich das »am wenigsten fotografierte Dorf in ganz Niedersachsen«. Jedenfalls bemerkte das SPIEGEL-online im Februar 2016, als die Daten der 77 Millionen Mitglieder starken Fotografen-Community »Flickr« ausgewertet waren. Doch die »Perle des Hümmlings« hat mit Dorfteich und Backhaus oder auch »Pastors Goarn« mit wilden Blumen oder dem Umweltzentrum sehr viel zu bieten. Bei dem bundesweiten Wettbewerb »Unser Dorf hat Zukunft« setzte es sich 2016 sogar gegen 2400 Mitbewerber durch. Das »Dorf der 1000 Eichen« erhielt zusätzlich den einen von drei erstmals vergebenen Sonderpreisen für herausragende Projekte zur Bewältigung des demografischen Wandels. Vrees zeigt sich als gelebte Gemeinschaft.

91 **MoorInfoPfad**

Jederzeit frei zugänglich ist diese informative Strecke (Hinterm Busch, 26897 Esterwegen, www.moorinfopfad.de).

92 **Esterweger Dose**

Das geschützte Hochmoor in der Samtgemeinde Nordhümmling ist im Süden durch einen Moorlehrpfad zu begehen. Im Norden werden Fahrten in einer umgebauten Lorenbahn, dem »Seelter Foonkieker«, angeboten (Tulpenstraße 8, 26683 Ramsloh). Rund um das Hochmoor verläuft eine 100 Kilometer lange Fahrradroute (www.moorerlebnisroute.de). Zudem lässt sich von hier die Deutsche Fehnroute durch Ostfriesland, das Saterland und Oldenburger Münsterland befahren.

9. DREI STUNDEN FEHLEN

EIN UNFALL? DER BAUAMTSLEITER STIRBT IN DER NÄHE DER GRÖSSTEN WELTKARTE AM KRAFTWERK MEPPEN-HÜNTEL

An diesem Freitagnachmittag hat es sich Meeno Tietjen in einem der Strandkörbe von »Schmidt am Markt« auf dem Meppener Marktplatz gemütlich gemacht. Der 64-jährige Bauingenieur schaut in eine Karte, die 1868 im »Journal für Landwirtschaft« erschienen ist. Eindrucksvoll ist die Verbreitung des Moorrauchs eingezeichnet. Emma Justhoff, die Serviererin, begrüßt den ehrenamtlichen Leiter des Stadtmuseums 93 in der Obergerichtsstraße hier nicht zum ersten Mal.

»Na Meeno, was studierst du da gerade für eine historische Karte?«, will Emma wissen.

Der fröhliche Mann, leicht untersetzt mit Halbglatze und dicker Brille, sagt nur: »Ist für die Geschichtswerkstatt im Heimatverein, der widme ich mich jetzt intensiv. Ich habe doch vor einer Woche aufgehört zu arbeiten, sowohl im Bauamt als auch im Stadtmuseum, das zweite war ja eh ehrenamtlich. Jetzt bin ich Rentner. Wusstest du, dass der Rauch der Moorbrände hier aus dem Emsland im Mai 1857 im Süden bis Straßburg zog und im Osten bis hinter Krakau in Polen? Die andere Wolke vom Juli 1863 reichte bis Lyon herunter.«

Emma, der 45-jährigen Meppenerin, ist das ziemlich egal. Sie sagt dann: »Viel Rauch um nichts, aber Meeno, hast du von dem schweren Unfall letzte Nacht gehört? Der Heiko Spankracht ist tot.« Meeno blickt entsetzt auf. »Was? Mein Gott, der hat doch erst vorige Woche noch bei meiner Verabschiedung geredet. Der beste Chef aller Zeiten, kein anderer hätte genehmigt, dass ich auf 50 Prozent reduziere, um ehrenamtlich unser Stadtmuseum zu leiten. Und jetzt stirbt der mit nur 45 Jahren? Ich fass es noch gar nicht. Weißt du mehr? Wie ist es passiert? Ich brauche erst mal einen Korn, trinkst du einen mit?«

»Er soll mit seinem kleinen Fiat letzte Nacht gegen einen Baum gefahren sein, am Rögelberg, der Straße zum Funpark, weißt du doch, da werden Kart, Quad und Buggy gefahren, und da nebenan ist die größte Weltkarte der Welt, in Orange am Kühlturm vom stillgelegten Gaskraftwerk aufgemalt«, meint Emma. »Klar, kenne ich doch«, meint Meeno. »Ob der was getrunken hatte?«, fragt Emma. Meeno schüttelt den Kopf. »Der doch nicht, der war trocken wie ein Stockfisch.«

Am nächsten Tag wird der Unfall in der »Meppener Tagespost« beschrieben, es sind Fotos von Spankrachts blauem Fiat 500 zu sehen – Totalschaden. »Aus bislang ungeklärter Ursache«, heißt es in dem Bericht, sei der Bauamtsleiter gegen ein Uhr am Morgen gegen den Baum gerast, mit etwa Tempo 80. Das Polizeikommissariat Meppen hat das Auto zur kriminaltechnischen Untersuchung gebracht. Das gesamte Bauamt trauert, die Stadtverwaltung hat Halbmast geflaggt. Meeno geht zu seinen früheren Kollegen, um Näheres zu erfahren.

»Er war bis etwa 22 Uhr bei unserem Grillfest an der Höltingmühle 94, Meeno«, sagt Peer Söhnholz, sein Kollege. »Er war fröhlich, wie immer hat er nur alkoholfreies Bier getrunken, kennst ihn doch.«

»Ja, und wo ist er dann hingefahren?«, fragt Meeno im Stil eines Ermittlers.

»Ich glaube, der wollte noch den Lars besuchen, an der Koppelschleuse 95 neben dem Emsland Archäologie Museum 96 wohnt der, aber da kam er nicht an«, erzählt Peer. »Da kam er nicht an, aber das ist doch keinen Kilometer von der Mühle entfernt?«, rätselt Meeno und nimmt seine dicke Brille ab. Er fängt an, sie zu putzen. »Das ist alles sehr traurig, Peer, aber auch seltsam, finde ich«, sagt Meeno.

Für den Historiker und Bauingenieur – er hatte beides studiert und mit Bravour abgeschlossen – bleiben viele Fragen offen. Sein alter Chef stand mitten im Leben, hatte zwar keine Frau, aber mehrere Hobbys und ein traumhaftes Zuhause. Dieses hatte Meeno ihm sogar vor Jahren vermittelt, als er begann, sich um die bis 1990 sanierte Herrenmühle 97 an der Nordradde im Auftrag des Heimatvereins zu kümmern. Das Haus steht direkt daneben. Und warum sein Chef, die Zuverlässigkeit in Person, zu einer Verabredung, die quasi auf seinem Weg lag, nicht erscheint, statt dessen aber mehr als zehn Kilometer entfernt gegen einen Baum gefahren ist, bleibt für ihn sehr rätselhaft. Er überlegt, ob er sich an die Polizei wenden soll.

»Überhöhte Geschwindigkeit, Unfall, Totalschaden«, ist die knappe Antwort von Sven Willenborg im Meppener Polizeikommissariat auf die Frage von Meeno Tietjen. »Das Auto wird noch weiter untersucht, aber bisher gibt es keinen Hinweis auf Fremdverschulden.« »Sie meinen

Selbstmord?«, fasst Meeno zusammen. »Das haben Sie gesagt, wir können das nicht feststellen. Vielleicht war er übermüdet, vielleicht nur einen Moment unkonzentriert, vielleicht hat er nur das Lenkrad verrissen, vielleicht hat er mit seinem Telefon gespielt, es gibt viele Möglichkeiten, aus Versehen gegen einen Baum zu fahren. Es war ein Unfall. Für uns ist der Fall erst einmal abgeschlossen.«

»Aber Herr Spankracht, mein ehemaliger Chef hatte sich doch nach dem Grillfest an der Mühle noch mit seinem Freund Lars an der Koppelschleuse verabredet, wo er nie ankam. Warum? Was hat er nach dem Grillfest gemacht? Sie müssen doch ermitteln, was er in den drei Stunden gemacht hat!«, insistiert Meeno.

»Sie klingen ja wie ein Ermittler, das mögen Polizisten nicht, warten Sie ab, was in den nächsten Tagen in der Zeitung steht. Vorläufig ist das beendet, guten Tag«, verabschiedet sich Sven Willenborg.

In seinem Wohnzimmer hat Meeno eine Sammlung von Haselünner Schnäpsen. Er schenkt sich ein Gläschen voll und beginnt, über Spankracht nachzudenken. Selbstmord? Warum?, sinniert Meeno. »Der 45-Jährige war ein umgänglicher, unkomplizierter Fachmann und Kollege, manchmal etwas verschlossen, lebte sich in seinen Hobbys beim Blues und Jazz aus oder lieh sich irgendwo ein Boot zum Paddeln auf der Ems«, spricht er langsam vor sich hin. Ihn irritiert, was er von diesem Willenborg im Kommissariat erfuhr.

»Das war sehr schwammig, und als Historiker liebt man Fakten und bewertet sie, puzzelt sie zusammen, als Ingenieur arbeitet man ebenfalls exakt und klar, aber was der da abgab, war doch nichts als Abwimmeln«, empört sich Meeno. Er ruft seinen ehemaligen Kollegen aus dem Bauamt an. »Hallo Peer, ich brauche deine Hilfe. Ich war heute bei der Polizei, die wollen nicht weiter ermitteln, die warten lediglich auf die technische Untersuchung des Autowracks und hoffen, dass da nichts zu sehen ist. Wollen sich bloß keine Arbeit machen. Ich muss rausfinden, was Meeno nach dem Grillfest gemacht hat und warum er nicht bei seinem Freund Lars angekommen ist.«

»Du hast recht, Meeno, ich finde das auch seltsam. Aber wie könnten wir da etwas in Erfahrung bringen? Wir sind doch nicht Sherlock Holmes«, ist Peer skeptisch. »Nee, aber wir können einen Sherlock Holmes engagieren, die ›Meppener Tagespost‹ über das skandalöse Vorgehen der Polizei informieren, uns bei der Kripo in Lingen beschweren, das sind die Vorgesetzten von dem Willenborg und Co. hier bei uns. Aber wenn ich das alleine mache, nehmen die mich vielleicht auch nicht ernst«, zählt Meeno auf. »Oh je, du guckst zu viel ›Tatort‹. Wir sollten wirklich erst mal abwarten, ob an dem Auto was war, Reifen zerstochen oder so, dann überlegen wir weiter«, wehrt Peer die Aktivität seines früheren Kollegen ab. »Lass uns morgen weiter beratschlagen«, beendet er das Gespräch. »Da vergeht wertvolle Zeit, nur weil so eine Schlafmütze von Willenborg und meine bedröppelten Kollegen keinen Mumm zeigen«, regt sich Meeno noch stundenlang auf.

Am nächsten Morgen schon gegen sieben Uhr ruft er Lars an, den Heiko ja in jener Nacht besuchen wollte.

»Klar, Meeno, ich frage mich auch, warum Heiko an dem Abend nicht zu mir kam. Der ist ja immer pünktlich, und wenn ihm was dazwischenkommt, ruft er an. Korrekt wie ein Beamter halt. Aber an dem Abend eben nicht, und sein Handy war ausgeschaltet«, erzählt Lars und fährt fort: »Ob er Angehörige hat, willst du noch wissen? Ja, eine ältere Schwester, die lebt in Emmen drüben, aber die wird die Polizei schon ausfindig gemacht haben, ich kenne sie leider nicht persönlich. Seine Eltern sind tot, das weiß ich. Bleibt noch die frühere polnische Geliebte in Ostroleka, unserer Partnerstadt in Polen.« »Polnische Geliebte? Ist die noch aktuell, weißt du da Näheres? Ich hätte nie gedacht, dass Heiko eine Beziehung zu einer Frau hat«, reagiert Meeno überrascht. »Egal, wir müssen verhindern, dass die Leiche verbrannt wird, dann sind alle Spuren verschwunden, verstehst du?«, insistiert Meeno.

Am nächsten Tag liest Meeno eine kleine Notiz in der »Meppener Tagespost«: »Unfallauto des verunglückten Heiko Spankracht untersucht. Kein Hinweis auf technischen Defekt. Alles sieht nach einem tragischen Unfall aus. Warum der erst ein Jahr alte Fiat 500 gegen den Baum prallte, wird für immer ein Rätsel bleiben«, liest er in der dürren Meldung. »Jetzt reicht's aber, schlimmer als befürchtet«, tobt Meeno und wählt die Nummer der Polizeiinspektion Lingen.

»Eilers hier«, hört er eine kräftige Stimme und hat sofort den Kriminaloberkommissar an der Strippe. Meeno Tietjen stellt sich vor, korrekt, höflich und voller Ärger über den nicht weiter verfolgten Tod des Unfallopfers, seines früheren Vorgesetzten. Er lässt auch den Namen des Polizisten Willenborg fallen, wird aber sonst nicht abfällig. Er bittet Eilers, sich um den Fall zu kümmern, und würde notfalls auch einen Anwalt oder Privatdetektiv beauftragen.

»Ich glaube nicht an einen Unfall oder gar Selbstmord, Herr Eilers, bitte unternehmen Sie etwas!«, sagt Meeno.

Jan-Hinnerk Eilers hat mit seinen 58 Jahren, wovon er 30 Jahre hier im Emsland im Dienst ist, genug Erfahrung, diesen Anrufer und sein Anliegen einzuschätzen. Er sagt ihm natürlich nicht, dass er diesen Willenborg ebenfalls für eine große Schlafmütze hält, sondern bedankt sich für die Hinweise. Er werde sich gleich mal in Meppen erkundigen und ihn zurückrufen, verspricht Eilers.

Als er aufgelegt hat, entscheidet sich der Kommissar jedoch anders, denn er weiß, dass er genauso abgewimmelt würde und auch keine Handhabe hätte, den Fall an sich zu ziehen. Also entwickelt er eine kleine List. Eilers ruft den Kollegen Willenborg in Meppen an. »Ihr habt doch da den Unfall mit dem blauen Fiat 500. Kann ich mir den mal ansehen? Ich glaube, das ist der, der vor zwei Wochen mein Auto gerammt hat. Fahrerflucht. Ich bin dem nicht nachgegangen, weil es nur eine kleine Beule war, aber jetzt fiel mir das ein, wo habt ihr den Wagen?«, fragt Eilers.

»Der ist seit eben wieder bei uns auf dem Hof, wird bald verschrottet, aber das Gutachten liegt vor, ich würde empfehlen, gleich mal vorbei zu kommen«, erklärt Willenborg.

Der Kripo-Beamte macht sich auf den Weg, nimmt aber seinen versierten Techniktüftler Jürgen Lohmüller vom Kriminaltechnischen Dienst mit.

»Du Jürgen, du musst dir die Karre mal ansehen, ob da was manipuliert wurde, der Mann raste mit 80 gegen einen Baum, ich habe Hinweise, dass da was mächtig faul ist«, stimmt Eilers ihn ein.

»Na schauen wir mal«, freut der Kollege sich.

Die beiden Polizisten besehen sich die Reste des total zerstörten Wagens in Meppen und lesen den Bericht des externen Gutachters, den die Meppener Kollegen beauftragt hatten. Darin ist nichts von manipulierten Bremsen oder Lenker zu lesen, kein geplatzter Reifen, keine Hinweise auf einen Defekt.

»Im Moment sieht ja wirklich alles wie ein Unfall ohne Fremdeinwirkung aus«, stellt Lohmüller fest. »Aber der Spankracht hat wohl öfter ›französisch‹ eingeparkt, da sind einige Beulen am Heck.«

»Herr Kollege, haben Sie für mich bitte mal die ganze Akte?«, wird Eilers gegenüber Willenborg konkret.

»Ja, da liegt sie, aber warum, der Fall ist doch geklärt?«, bekommt der Lingener Kommissar zur Antwort.

»Nur mal schauen«, murmelt der und vertieft sich in die wenigen Seiten. Er erfährt: Der Fahrer hat nicht telefoniert, sein Handy war ausgeschaltet. Er hat zur Unfallzeit kein Radio gehört, hatte null Promille Alkohol im Blut und war allein im Auto.

»Was meinst du, Jürgen, könnte der Gutachter etwas übersehen haben?«, fragt Jan-Hinnerk seinen Kollegen.

»Was mir auffällt: Der Tote hat sich gar nicht in der Rechtsmedizin in Oldenburg vorgestellt«, gibt Jürgen Lohmüller zu bedenken.

»Stimmt, davon steht hier nichts«, antwortet Jan-Hinnerk Eilers, »aber du hast recht.«

»Ach Kollege Willenborg, wir haben da nur eine Frage, wo ist der Tote jetzt, und warum wurde er nicht zur Rechtsmedizin gebracht?«, will Eilers wissen.

»Der starb im Auto beim Unfall, was sollen wir da untersuchen lassen? Ein Verkehrsunfall wie jeder andere, der wird heute Nachmittag verbrannt, fertig, Mensch, wir haben doch nicht die Zeit, bei jeder Mücke zu gucken, ob wir nicht einen Elefanten daraus machen können. Ihr habt in Lingen vielleicht nichts Besseres zu tun, aber wir sind total unterbesetzt und schieben hier 400 Überstunden vor uns her – jeder von uns!«, prustet Willenborg los.

»Haben Sie schon einmal einen Elefanten im Porzellanladen gesehen, Herr Kollege? Sie erinnern mich gerade daran. Also wo liegt der Tote? Ich lasse ihn sofort von den Kollegen der Rechtsmedizin in Oldenburg abholen«, kehrt Eilers den Vorgesetzten heraus. Im Krematorium stehen die Särge Schlange. Der von Heiko Spankracht wäre vermutlich in Kürze dran gewesen. »Puh, noch rechtzeitig«, sagt Eilers, als er dort eintrifft. Schon nach zwei Stunden liegt der Tote in der Rechtsmedizin in Oldenburg und wird obduziert.

Meeno Tietjen ruft am nächsten Morgen wieder in Lingen an. Kommissar Eilers entschuldigt sich, dass er noch nicht zurückgerufen habe. »Wir ermitteln sehr intensiv, ich habe noch Fragen an Sie, bitte kommen Sie heute Nachmittag nach Lingen, das ist sehr wichtig für uns«, betont Eilers. Meeno fühlt sich zum ersten Mal ernst genommen. Er erzählt Eilers eine Stunde lang alles, was er über Heiko Spankracht weiß. Der Kommissar ist einigermaßen erschüttert, denn im Protokoll aus Meppen steht nichts von der Suche nach einer Schwester in Emmen oder einer Ex-Geliebten in Polen. »Wir halten Sie auf dem Laufenden«, verabschiedet der Polizist den Meppener Historiker.

»Die haben in Meppen kein bisschen rechts und links ermittelt, nicht einmal Dienst nach Vorschrift könnte man das nennen«, empört sich Jan-Hinnerk. Seit wenigen Minuten blinkt auf seinem neuen dienstlichen Tablet eine Mail auf, die ihn die nächsten Wochen beschäftigen wird: Die Rechtsmedizin aus Oldenburg hat nicht nur den Todeszeitpunkt von Heiko Spankracht ermittelt – 22.30 Uhr – und damit deutlich vor dem Autounfall, sondern auch die Ursache: Er ist an Kohlenmonoxid erstickt.

Jan-Hinnerk schüttelt den Kopf. »Der Mann wurde vermutlich mit den Abgasen seines eigenen Autos vergiftet, jetzt muss Jürgen Lohmüller ran, das Auto wird nicht länger schweigen«, sagt er vor sich hin.

Lohmüller lässt sich das Wrack des blauen Fiat 500 nach Lingen bringen. Jetzt weiß er, wonach er suchen muss. Mit etwas Fantasie wird ihm klar: Der oder die Täter haben Spankracht den Schlüssel abgenommen, ihn ins Auto gesetzt, durch eine vorbereitete Vorrichtung mit einem Schlauch Autoabgase ins Innere geleitet und gewartet, bis er bewusstlos wurde und erstickte. Aber wie haben sie ihn und das Auto dann gegen den Baum gefahren?

Lohmüller hat auch dafür bald eine Theorie.

»Jan-Hinnerk, dieses Auto ist gegen den Baum geflogen, guck, an den Vorderreifen keinerlei Reste von Erde und Grünstreifen, die es vor dem Baum gab. Dann hier unten an den Holmen rechts und links seltsame runde Beulen von unten, und schau, ganz verdächtig ist die gesamte hintere Partie am Heck und den Rückleuchten, alles eingedrückt. Das kommt nicht vom Einparken«, beschreibt Lohmüller seine Ergebnisse. Er holt tief Luft und schaut seinem staunenden Kollegen ins Gesicht.

»Weißt du, was das heißt? Ich vermute mal, der Täter hatte einen großen Radlader. Nehmen wir an, diese Schaufel vorn ist etwa 2,50 Meter tief, fasst ungefähr zwölf Kubikmeter, das sind schon größere, aber die gibt es auch im Emsland. Der Fiat 500 ist 3,57 Meter lang. Wenn man ihn längs in die Schaufel nimmt, steht er vorn noch einen Meter über. So, Jan-Hinnerk, nun könnte der Täter diesen blauen Fiat 500 mit dem erstickten Spankracht, fein angeschnallt auf dem Fahrersitz, so in die Radladerschaufel genommen haben. Dann hat man ihn mit Schwung wenige Zentimeter über dem Boden schwebend gegen den Baum gefahren. Unfall fertig.« Jan-Hinnerk ist platt. »Hätte ich nie gedacht, mein Lieber. Der perfekte Mord.« Lohmüller holt weiter aus: »Ich prüfe jetzt mal, welche Zahnabdrücke die Radladerschaufel unten im Auto hinterlassen hat, vielleicht kann ich bald mehr zum Typ sagen, wir sind auf der Spur, lieber Jan-Hinnerk.«

Meeno hat heute im »Rathaus-Café« am Markt Platz genommen. Er hört Kinder johlen von den Hüpfmatten hinter dem Rathaus. Hier vorn ist es sonnig. Er blättert in einem Jahresheft der Stadt und findet ein Zitat des Bundespräsidenten Joachim Gauck, als der 2016 Meppen besuchte. »*Dies ist eine Gegend, in die man fahren sollte, wenn man mal trübsinnig ist.*« Meeno schüttet sich aus vor Lachen. »Der meinte wohl: ›Wenn du trübsinnig bist, wirst du im Emsland wohlgelaunt.‹ Aber so klingt das, naja, der hat schon bessere Zitate geliefert«, sagt er zu sich. Das erinnert ihn an ein Zitat aus Samuel Becketts berühmtem Werk »Warten auf Godot« von 1953. Darin sagt Estragon zu Wladimir: »*Und wir gehen ins Emsland … Ich wollte schon immer durchs Emsland wandern.*« Meeno schmunzelt. »Deshalb haben wir seit 1953 hier so viele Wanderer«, meint er leise und freut sich über seine ihm sehr ans Herz gewachsene Heimat.

Da klingelt sein Handy. »Eilers hier, Herr Tietjen, ich muss Sie mal stören, haben Sie in Ihrer Zeit im Bauamt in Meppen Kollegen erlebt, von denen Herr Spankracht niemals ein Gebrauchtauto gekauft hätte? Verstehen Sie, was ich meine? Gab oder gibt es Mitarbeiterinnen oder Mitarbeiter, denen Ihr verstorbener Chef nicht über den Amtsflur traute?« Meeno überlegt kurz. »Sehr geehrter Herr Eilers, Ihre Frage steht vermutlich im Zusammenhang mit Ihren Ermittlungen, ich sitze hier im Rathaus-Café, da kann ich Ihnen sozusagen öffentlich kaum eine Antwort am Handy geben. Jeder kann mithören. Es gibt zwei Möglichkeiten: Sie kommen vorbei oder ich.«

Jan-Hinnerk gefällt dieser Meeno zunehmend. »Sie haben völlig recht. Bleiben Sie sitzen, ich komme vorbei, und wir sehen uns gemeinsam den Tatort am Kraftwerk an, den möchte ich ohnehin mal sehen, diesen Todesbaum«, beeilt sich der Kommissar, »bis gleich.«

Der Kommissar trifft Meeno im Rathaus-Café, von wo aus sie durch die Gassen zum Auto schlendern.

»Meppen ist doch die Perle und verdiente Hauptstadt des Emslandes, finde ich«, erklärt der Historiker.

»Ja, das empfinde ich auch so«, pflichtet ihm der Kommissar bei, der seit seiner Geburt in Haselünne lebt. »Lingen ist zwar die größte Stadt, aber die ist gefühlt doch schon in Nordrhein-Westfalen«, fügt er noch hinzu.

Meeno schmunzelt nur zufrieden. Der 64-jährige Tietjen und der 58-jährige Eilers funken auf einer Wellenlänge.

Sie spüren eine Verbundenheit wie bei alten Schulkameraden, die sich nach Jahrzehnten wieder treffen. Eilers ist froh, dass ihm seine Kollegin Jana Kuhlmann nicht dazwischen funken kann. Sie ist mit ihrer Familie gerade im Urlaub auf Borkum.

»Die ehemalige Landesherrin Jutta von Ravensberg ließ ihr Pferd verkehrt herum beschlagen – um die Verfolger in die Irre zu leiten, dann hier vor allem die Gymnasialkirche und Residenz, gehört zum Windthorst-Gymnasium, da ging mein Sohn hin, die Propsteikirche St. Vitus **98** finde ich auch gelungen, und die jüdische Geschichte mit dem Friedhof, bestens aufgearbeitet«, berichtet Meeno stolz.

»Ja, Meppen hat echte Schätze. Wenn man hier in der Gegend aufwächst, fällt einem das wohl erst im Alter so richtig auf«, betont Jan-Hinnerk. »Sie sind ja einer der besten Kenner der Stadt durch Ihren Heimatverein«, lobt er den Meppener. »Nun, ich kenne hier wirklich viel«, sagt Meeno. »Mal sehen, wie Ihr Wissen so am Tatort ist, wir fahren jetzt mal hin«, schlägt Jan-Hinnerk vor.

Während der Autofahrt erzählt Meeno von seinen Kollegen im Bauamt. »Da sind mir schon zwei bekannt, die ihm auswichen, zwei Frauen: Euphemia Rudolf und Jorine Mewes. Die hielten wir, also mein Kollege Peer Söhnholz und ich, für bestechlich. Sie wissen, das spielt im Bauamt immer eine Rolle. Baufirmen gehen ein und aus. Dann gibt es noch einen Kollegen, den Benno Bollwein. Der war immer für Sonderfälle zuständig. Bollwein klingt wie ein Bollwerk, und so verhielt er sich auch. Er lehnte fast alles ab und ist dabei so bollerig, also grobmotorisch, allein diese Maulwurfshände, nein, und einige Leute weinten, wenn sie raus gingen ohne Baugenehmigung. Die Silbe ›wein‹ passt also für die anderen. Aber der Spankracht setzte auf ihn, diesen Bollwein, sie sind zusammen zur Schule gegangen«, erzählt Meeno.

Jan-Hinnerk schmunzelt bei der Deutung des Namens Bollwein. Gerade sind sie an der Todes-Eiche am Rögelberg nahe dem stillgelegten Kraftwerk angekommen und besehen sich den Unfallort, da klingelt das Polizei-Handy. »Jan-Hinnerk, ich habe anhand der Löcher im Blech von den Zähnen der Radladerschaufel den Typ ermittelt, ein neues Volvo-Modell, gelb, ziemlich groß, und ich prüfe mal, wer das in der Gegend hat«, sagt Lohmüller. »Danke dir, wenn du es gleich machst, fahren wir von hier aus direkt hin«, erwidert Jan-Hinnerk. Er erzählt den neuesten Stand der Ermittlungen in verkürzter Form nun auch Meeno, den er für verschwiegen genug hält und gleichzeitig fragen kann, ob er einen Bauunternehmer mit so einem Radlader kennt.

»Ach wirklich, so kann es gewesen sein, das ist ja unglaublich«, stammelt Meeno, »erst Kohlenmonoxid, dann mit dem Radlader das Auto gegen den Baum, soviel kriminelle Energie und die Baumaschine dazu, das könnte auf Bagger-Siegfried passen.« »Wäre Bagger-Siegfried was für uns, mit dem Volvo-Radlader meine ich?«, erkundigt sich der Kripo-Mann sofort per Telefon bei seinem Kollegen Lohmüller in Lingen.

»Ja, habe ich gerade gecheckt, käme infrage, ist bei euch um die Ecke in Versen.«

Als der 50-jährige Bagger-Siegfried den in Zivil gekleideten Kommissar in seinem neutralen Dienstauto mit dem ihm bekannten Meeno Tietjen auf den Hof fahren sieht, bleibt er sofort stehen. Das Gespräch verläuft nicht unfreundlich, aber als der Kommissar, der sich auch kurz ausweist, mal die Radlader des Betriebes sehen möchte, zuckt der Mann doch zusammen. »Nein, die sind alle im Einsatz, warum fragen Sie?« Jan-Hinnerk holt sein Handy heraus, wischt ein paar Mal und zeigt Bagger-Siegfried ein Foto vom ermittelten Typ. »Von dem haben Sie doch einen, und genau den möchte ich jetzt sehen«, wird der Kommissar dienstlich.

Meeno erinnert sich, wie Bagger-Siegfried oft bei ihnen im Bauamt ein- und ausging. Er hat nicht nur dieses Bauunternehmen, sondern ist auch als Bauträger aktiv. Er kauft Grundstücke, bebaut sie und verkauft die fertigen Häuser. Oft hatte er mit Jorine Mewes und Benno Bollwein zu tun. Jetzt schien er wieder die Technik des Mauerns zu bevorzugen. »Nee, der Radlader ist schon wieder verkauft, und zwar nach Hamburg«, lügt er schnell. »War was damit?«

Meeno schüttelt den Kopf und schaut den Kommissar aus Lingen an. »Ich muss leider eine Hausdurchsuchung beantragen, können wir mal in Ihr Büro da drüben gehen, vielleicht zeigen Sie mir bis dahin noch die Liste mit den Einsatztagen des Radladers seit vergangenem Montag, okay?«, sagt Jan-Hinnerk zu dem Bauunternehmer.

»Ich muss gar nichts, sondern rufe meinen Anwalt an«, bekommt der Kommissar zur Antwort.

»Bitte, ich warte«, sagt der und startet mit Meeno zu einem Spaziergang über das Gelände. Zeitgleich mit dem Anwalt treffen zwei Streifenwagen mit jeweils zwei Polizisten aus

Meppen sowie die Spurensicherung aus Lingen ein. Ein Radlader des gesuchten Typs ist in einer Halle geparkt und wird kriminaltechnisch untersucht. Die Einsatzstunden sind nicht dokumentiert, aber es gibt ein Fahrtenbuch mit Kilometerständen. Am Tag, als Heiko Spankracht starb, sind 20 Kilometer eingetragen. »Wohin sind Sie da gefahren?«, erkundigt sich Jan-Hinnerk. »Zum Ölwechsel«, meint Bagger-Siegfried etwas flapsig. »Wird mein Mandant als Zeuge oder Verdächtigter befragt?«, will der Anwalt noch rasch wissen. »Wie kommen Sie darauf, dass er verdächtig sein könnte und wofür?«, kontert Jan-Hinnerk.

Die Antwort gibt Kollege Lohmüller, der bei der kriminaltechnischen Untersuchung rasch zum Ergebnis kam: »In der Schaufel befand sich eindeutig der blaue Fiat 500, sehen Sie diese Fotos, da sind blaue Lackreste sogar ohne Lupe zu sehen, ich werde die Lackproben mit denen vom Auto vergleichen lassen. Dann haben wir gelbe Spuren vom Radlader am Auto. Wir haben auch einen ausgeklügelten Federungsmechanismus mit Schaumstoff, Gummimatten und Haken gefunden, der sich in der Radladerschaufel befand. Damit wurde die hintere Partie des Autos eingefasst und so das Heck beim Aufprall nahezu verschont. Sonst hätte sich das genauso zusammengedrückt wie die Frontpartie des Fiat. Das wäre dann natürlich sofort aufgefallen. Und dass die Zähne der Schaufel exakt in die Löcher im Fahrzeug passen, wissen wir schon. Und wir haben Fingerabdrücke am Lenkrad, Schalthebel und so weiter. Könnten wir mal von Ihnen welche nehmen, Herr Siegfried?«

»Ja, aber dass da von mir welche dran sind, ist ja wohl klar, denn das ist mein Radlader«, empört sich Bagger-Siegfried. »Was haben Sie am Dienstag vergangener Woche von 22 bis ein Uhr am nächsten Morgen gemacht?«, fragt Jan-Hinnerk. »Ölwechsel hier in der Halle«, lügt er erneut. Der Anwalt schüttelt den Kopf. Der Kommissar sagt nur noch: »Wir nehmen Sie und Ihren Anwalt gleich mit zur Polizeiinspektion in Lingen zur Vernehmung. Einsteigen bitte, dort drüben bei meinen Kollegen!« »Wenn Bagger-Siegfried Ihren Chef getötet und den Unfall vorgetäuscht hat, frage ich mich nach dem Motiv. Und er muss einen Helfer gehabt haben. Haben Sie eine Idee, Herr Tietjen?«, fragt Jan-Hinnerk Meeno auf der Fahrt in die Polizeidienststelle.

Der Kripo-Beamte lernt derweil von Meeno etwas über Baurecht, vom Bauen im Außenbereich auch ohne Bebauungsplan, vom Ermessensspielraum der Mitarbeiter, oder wie vom Rat beschlossene Bauvorhaben von der Verwaltung immer noch verzögert oder gar gestoppt werden können. Notfalls weisen die Leute vom Bauamt den Bürgermeister schriftlich darauf hin, dass größere Gerichtskosten auf die Stadt zukommen könnten, sollte der Plan in dieser Form umgesetzt werden, wie Meeno erläutert. Besonders beliebt seien seltene Tierarten.

»Der Juchtenkäfer hat schon die Planungen zu ›Stuttgart 21‹ lahmgelegt, eine Fledermausart, die Hufeisennase, erschwerte den Bau von Dresdens Waldschlösschenbrücke, und Feldhamster sind mittlerweile zum Albtraum vieler Bauherren geworden«, sagt Meeno.

Ein kreatives Sparmodell, um die Grunderwerbsteuer zu umgehen, ist dem gerade pensionierten Bauamtsmitarbeiter auch bekannt: Der Käufer gründet eine Firma, die das Haus oder Grundstück kauft. Nur hat der Käufer dabei weniger als 95 Prozent Anteil an der Firma, mehr als fünf Prozent gehören einem Dritten, denn dann wird keine Grunderwerbsteuer fällig. »Dieses Modell erfreut sich bei uns in Meppen in den letzten Monaten immer größerer Beliebtheit. Ich kann mir vorstellen, dass da jemand gezielt in diese Richtung beraten hat«, erläutert Meeno. »Der Käufer spart fünf Prozent, und der Stadt entgehen Hunderttausende an Einnahmen«, fügt er hinzu.

Jan-Hinnerk hört sich das alles an. Ihm sind solche Machenschaften fremd wie seinem Hund Timmy ein Wanderurlaub in den Alpen. »Könnten da Mitarbeiter aus dem Bauamt ihre Finger im Spiel haben, Herr Tietjen? Seien Sie ganz offen«, versucht es der Kommissar nochmals. Doch so klar und schnell er diesen Bagger-Siegfried für windig und korrupt und der Tat für fähig hielt, so wenig fällt ihm jetzt ein Name ein.

»Ja klar, sind doch auch alles nur Menschen. Aber im Vermuten bin ich schlechter als im Belegen von Fakten – Historikerkrankheit«, antwortet er. »Einzig der Peer Söhnholz, der hat bestimmt niemanden begünstigt, das ist so ein Paragrafenreiter und Obergenauer.« »Was mir noch einfällt, Herr Tietjen; Wer übernimmt denn jetzt die Leitung des Bauamtes«, hakt Eilers nach. »Hm«, überlegt Meeno, »ich vermute mal der Bollwein, aber vielleicht holen sie ja auch einen Externen. Täte dem Laden extrem gut.«

Die Beweislage reicht für einen Haftbefehl gegen Bagger-Siegfried nicht aus, dabei ist Eilers sich sicher, dass der Mann Dreck am Stecken hat. Ich sollte mich jetzt erst einmal auf den oder die Helfer konzentrieren, alleine kann

Bagger-Siegfried das nicht gemacht haben. Vielleicht ein Mitarbeiter aus dem Bauamt, vielleicht aber auch ein Baggerfahrer der Firma. Wenn ich den finde, dann überführe ich auch Bagger-Siegfried, denkt Eilers und verabschiedet sich mürrisch von diesem und dessen Anwalt.

Am nächsten Tag knöpft er sich alle Mitarbeiterinnen und Mitarbeiter des Meppener Bauamtes vor und vernimmt sie einzeln in seiner Dienststelle. Meeno, der hinter einer Glasscheibe die Gespräche ausnahmsweise mit anhören darf, wundert sich, wie nervös ein paar seiner ehemaligen Kollegen dabei sind. Doch er kann zunächst nichts Ungewöhnliches heraushören, wie er später Jan-Hinnerk berichtet. Das sieht jedoch bei Euphemia Rudolf und Jorine Mewes, die sich eine volle Stelle teilen, anders aus. Die beiden wollen nicht gewusst haben, dass alle Bauanträge von Bagger-Siegfried ausschließlich auf ihren Tischen gelandet sind.

»Das muss Zufall sein. Die Verteilung hat doch Heiko gemacht«, meinen sie.

»Das stimmt so nicht, jeder wusste, dass die beiden alles dafür getan haben, die großen Anträge von Bagger-Siegfried bearbeiten zu können. Und die Verteilung hat in den letzten Monaten auch immer mehr Bollwein gemacht, nicht mehr der Chef selbst«, schreibt Meeno auf einen Zettel, den er Eilers zukommen lässt. Er ergänzt noch: »Bollwein war auch der Einzige aus dem Büro, der nicht beim Grillen war, dabei nimmt der sonst an jeder Gratis-Veranstaltung teil. Und dass er an dem Abend bis ein Uhr im Bootshaus in der Widukindstraße gegessen und getrunken hat, bezweifle ich. Die machen erfahrungsgemäß Punkt 24 Uhr zu.«

Und was können Sie noch beitragen?«, will Jan-Hinnerk nach den zähen Vernehmungen von Meeno wissen.

»Mehr ist mir nicht aufgefallen, und so einfach einen ehemaligen Kollegen mit meinen Vermutungen belasten, das kann ich auch nicht. Selbst wenn der eine oder andere sich da mal hat was zustecken lassen, das ist doch kein Grund, den Heiko umzubringen«, versucht Meeno, sich etwas Luft in seiner inneren Qual zu verschaffen. »Ich schlage Ihnen mal was vor«, sagt Jan-Hinnerk plötzlich sehr vertraulich und beugt sich dicht zu Meeno, »Sie schreiben einen Brief an den lieben Gott oder von mir aus an Ihre tote Mutter, von der Sie erzählt haben. Sie schreiben sich das von der Seele, was Sie bedrückt.«

Meeno nickt zustimmend. »Und dann?«, fragt er. »Dann werfen Sie den Brief in den Papierkorb und …« Hier unterbricht der Kripo-Beamte seinen Satz. Meeno drückt Luft aus seiner Nase, als wollte er mitteilen »wozu das Ganze?« Jan-Hinnerk schaut ihn an und meint nur: »Und dann rufen Sie mich an und sagen mir, wo der Papierkorb steht.«

Exakt eine Woche später wird Benno Bollwein, der 45-jährige Mitarbeiter des Meppener Bauamtes, festgenommen. Er ist nach dem Tod seines Chefs Heiko Spankracht inzwischen zum kommissarischen Leiter der Behörde aufgestiegen. In der Stadt sorgt die Verhaftung für großes Aufsehen. Einige Bauprojekte, die Bollwein im vergangenen Jahr genehmigt hat, werden nochmals überprüft und sofort infrage gestellt. Seine umfangreiche E-Mail-Ablage im Bürocomputer ist ein Hort der Vernetzungen und Terminabsprachen. Erst auf den zweiten Blick lassen sich daraus Fakten ableiten, die zu den Tätern und Mittätern führen. Zwei Tage vor der Ermordung Spankrachts hatte der, wie sich jetzt herauslesen lässt, von den Verfehlungen seines Kollegen Bollwein Wind bekommen und ihn zweimal deshalb in sein Büro einbestellt. Das gab offenbar den Ausschlag für Bollwein, den Mord rasch zu verüben, sonst wäre er vermutlich innerhalb weniger Tage aufgeflogen.

In den zurückliegenden zehn Jahren hat Bollwein mindestens drei Millionen Euro an Bestechungs- und Beratergeldern kassiert. Das ergeben die Recherchen der nächsten Wochen. Rund zehn Bauträger haben darüber sogar Buch geführt, wann sie ihm das Geld in bar übergeben haben. Auf seinen Privatkonten ist es allerdings bis auf eine Ausnahme von 20.000 Euro nicht aufgetaucht. Er muss es irgendwo vergraben oder bei Freunden deponiert haben. Dazu verweigert Bollwein, der ansonsten geständig ist, die Aussage.

Jan-Hinnerk kann mithilfe von Bagger-Siegfried, den er noch zweimal befragt und dann festnimmt, auch den Tathergang rekonstruieren. Er hat zusammen mit Bollwein Spankracht nach dem Grillabend in der Höltingmühle abgepasst. Beide sind zu ihm in den Fiat 500 gestiegen und haben ihn unter einem Vorwand in die Nähe des alten Kraftwerks fahren lassen. Da hat Bagger-Siegfried Spankracht plötzlich mit beiden Händen am Hals die Luft abgedrückt. Sie haben ihn im Auto mit den Kohlenmonoxidgasen vergiftet, was allerdings länger dauerte als erwartet. Dann hat Bagger-Siegfried seinen in der Nähe abgestellten großen Radlader mit dem vorbereiteten Mechanismus in der Schaufel geholt und das Auto samt Leiche gegen den Baum gesetzt.

Die Haftbefehle für Bollwein und Bagger-Siegfried wegen Mordes und Beihilfe zum Mord wurden schnell ausgestellt. »Herr Eilers, mir fällt ein Stein vom Herzen, endlich sitzen die Mörder hinter Gittern!«, bedankt sich Meeno artig. Jan-Hinnerk kontert: »Ja, das ist mir auch wichtig, darum liebe ich ja meinen Beruf. Aber dabei sind wir auf Menschen wie Sie angewiesen, sonst wäre die Tat unentdeckt geblieben. Sie sind im richtigen Moment vor dem Abheften des Falls als Unfall noch aktiv geworden, dafür gebührt Ihnen allerhöchster Dank. Zivilcourage haben Sie bewiesen, auch während der Ermittlungen, so etwas habe ich sehr selten. Und Ihr handgeschriebener Brief mit den letzten Hinweisen auf den Tatverdächtigen Bollwein und seine Verfehlungen, die Sie ja darin als dringende Vermutung sehr detailliert zum Ausdruck brachten, das war das entscheidende Puzzlestück. Ich darf doch jetzt Meeno sagen, oder? Ich bin Jan-Hinnerk.«

»Gern, Jan-Hinnerk, wir können in unserer Geschichtswerkstatt in Meppen noch ein paar historische Mordfälle aufklären«, schlägt Meeno vor. »Ich bin dabei, Meeno«, hört er zur Antwort.

Meppen
Als Missionszelle gegründet, erhob Bischof Adolf von Münster Meppen schon 1360 zur Stadt. Kurz gehörte sie zur Hanse, lange war sie Festungsstadt. Prächtige Bauten sind um das historische Rathaus am Markt zu bewundern. Drei Wege bieten sich an, die Stadt zu erkunden: die Kulturmeile, die Wasser- und die Stadtwall-Route.

93 **Stadtmuseum**
Der Ausbau der Stadt zur Festung ist ebenso thematisiert wie Stadtarchitektur und Siedlungsgeschichte (Obergerichtsstraße 7, 49716 Meppen, www.heimatverein-meppen.de). Im oberen Stockwerk sind wechselnde Sonderausstellungen zu sehen.

94 **Höltingmühle**
Eines der Meppener Wahrzeichen. Das Café darin ist beliebt wegen seiner Mühlenburger und der Terrasse zwischen Hase und Dortmund-Ems-Kanal nahe der Altstadt (Am Nachtigallenwäldchen 2a, 49716 Meppen). Benannt ist die Mühle nach dem Hölting-Bürgerschützenverein, der den vermutlich 1639 erbauten Wallholländer in Bockhorn (Friesland) kaufte und 1960 als Geschenk an Meppen zur 600-Jahr-Feier an der Stelle aufbauen ließ.

95 **Koppelschleuse**
1826 bis 1830 erbaut, konnten Schiffe am Ende des früheren Ems-Hase-Kanals in die Hase geschleust werden. Heute ist hier die Wohlfühloase des Kneipp-Vereins mit Kräutergarten, Tretbecken und zwei Barfußwegen zu erleben (Helter Damm 1, 49716 Meppen). Im einstigen Wohnhaus des Kanalbauinspektors sind der Kunstverein und das Kunstzentrum mit Mal- und Kreativschule untergebracht.

96 **Emsland Archäologie Museum**
Spannende Funde werden verständlich präsentiert (An der Koppelschleuse 19a, 49716 Meppen, www.archaeologie-emsland.de). Mit Café und Parklandschaft ist das Kulturnetzwerk Koppelschleuse perfekt.

97 **Herrenmühle**
Seit einer Sanierung 1990 kümmert sich der Heimatverein Meppen um das idyllisch gelegene Areal an der Nordradde (An der Radde, 49716 Meppen, www.muehlengruppe-meppen.de) am Ortsausgang Richtung Haselünne. In dem Mühlenensemble von 1732 laufen auch kulturelle Veranstaltungen.

98 **Propsteikirche St. Vitus**
Zentral in der Innenstadt (Kuhstraße 44, 49716 Meppen) ist die mächtige Kirche seit dem 13. Jahrhundert von größter Bedeutung.

10. TOD EINER HOLLANDGÄNGERIN

DAS SCHICKSAL DER SCHAPENER STOFFVERKÄUFERIN LEONIE KNIEP BAHNTE SICH AN

Schon am frühen Montagmorgen stehen die Telefone in der Polizei in Lingen nicht mehr still. Das E-Mail-Postfach quillt über. Grund dafür ist ein Bericht mit Zeugenaufruf in der »Lingener Tagespost« und auf Facebook. Darin wird über den mysteriösen Tod von Leonie Kniep am gestrigen Sonntag berichtet. Wie Sabine Kniep, die Mutter der 32-jährigen Toten, berichtet, fand sie ihre Tochter am Morgen erschlagen unter einem Regal mit zentnerschweren Stoffballen. Was für ein tragisches Schicksal für die aufstrebende Stoffverkäuferin!

Sabine Kniep schildert, dass sie es schon am Samstagabend merkwürdig fand, Leonies Hund bellen zu hören. Gegen Mitternacht waren Leonies Eltern vom Dorffest am Töddenhaus Urschen 99 in Schapen zurückgekommen. »Ihren Jackie lässt sie doch nie länger als drei Stunden alleine«, wunderte sich Sabine Kniep da schon und ließ den Jack-Russel-Terrier kurz vor die Tür. Als Jackie auch am nächsten Morgen wieder laut wimmerte, ließ sie erst den Hund hinaus und suchte dann ihre Tochter, die sie in dem ehemaligen Schuppen auf dem Hof fand, der jetzt als Materiallager für ihren Stoffhandel diente.

Während Sabine Kniep auch am nächsten Tag noch nicht vernehmungsfähig ist, kann ihr Mann Harald der ermittelnden Kommissarin Jana Kuhlmann zumindest ein paar nützliche Informationen geben.

»Sie ist unser einziges Kind. Als sie sich nach ihrem Studium der Betriebswirtschaft entschloss, unseren kleinen Dorfladen hier in Schapen fortzuführen, waren wir erst gar nicht begeistert. Die Leute wollen zwar alle einen Lebensmittelladen im Ort, kaufen dann aber doch bei den Discountern auf der grünen Wiese. Aber Leonie war fest entschlossen, sprühte vor Ideen und Tatendrang.«

»Ja«, bestätigt Jana. »Ich habe das im vorigen Jahr in der ›Lingener Tagespost‹ sehr genau verfolgt. Die Umwandlung Ihres kleinen Supermarktes in eine Genossenschaft, das könnte ja für viele Orte im Emsland Vorbildcharakter haben.«

»Mehr als die Hälfte der Schapener sind Mitglied geworden, viele haben sich sogar als Mitarbeiter gemeldet, obwohl der Verdienst sehr gering ist. Ein richtig neuer Treff im Ort ist entstanden, mittlerweile betreiben die Dorfbewohner sogar ein Café hier. Das hat den Zusammenhalt der Schapener noch einmal richtig gesteigert. Leonie hätte glücklich darüber sein können, wenn …«, zeigt sich der Vater auf einmal sehr bedrückt.

»Wenn was?«, fragt Jana nach.

»Wenn sie sich in letzter Zeit nichts mehr als ein neues privates Glück gewünscht hätte. Sie hat sich kurz vor ihrem 30. Geburtstag von ihrem Malte getrennt. Fast zehn Jahre waren die beiden zusammen, und kurz vor der geplanten Hochzeit hat er sie betrogen. Das ist jetzt drei Jahre her. Sie hat das uns gegenüber nie zugegeben, aber ich glaube, ihr Kinderwunsch ist in den letzten Monaten immer größer geworden«, erzählt der Vater nachdenklich.

»Wie kommen Sie darauf?«, fragt Jana. »Na ja, in der letzten Zeit haben so viele ihrer Freundinnen Kinder bekommen und das mit Kilberstuten gefeiert, Freunde oder Arbeitskollegen der Eltern tragen zu Ehren des Kindes einen ›großen Stuten‹ in das Elternhaus. Das Hefeteiggebäck wird auf einer Holzleiter abgelegt und von vier Personen durch den Ort getragen. An jeder Haustür wird geklingelt und ein Ständchen gesungen und ein Korn getrunken. Kennen Sie vielleicht …« Jana lächelt: »Ja, ich bin im Emsland aufgewachsen.«

»Freitagabend erst haben die jungen Leute das Kind von Laura Hartgen, ihrer besten Freundin, ›pinkeln‹ lassen. Und als sie sich gestern von unserem Dorffest am Töddenhaus Urschen so gegen 20 Uhr von uns verabschiedete und vorgab, dass sie noch ein Geschäft mit einer Kundin abwickeln müsse, da haben meine Frau und ich schon gehofft, dass diese ›Kundin‹ ein Verehrer sein würde.«

Geschäft abwickeln – das bekommt beim Stoffverkauf ja auch gleich einen ganz anderen Klang, denkt Jana. »Wissen Sie, was das für eine Kundin war oder mit wem sie sich sonst so traf?«, fragt Jana.

»Nein, im Detail nicht. Wenn sie uns nicht genau sagen wollte, mit wem sie sich trifft, sagte sie immer: Ich gehe zur Volkshochschule und lerne Humpisch. Das war die Geheimsprache der Tödden, der Wanderkaufleute. Auf gar keinen Fall traf sie sich mit ihrem Ex Malte. Der hat zwar in letzter Zeit wieder öfter bei ihr angerufen und um ein

Wiedersehen gebettelt, wie sie erzählte, aber da war Leonie sehr klar«, erzählt der Vater.

»Herr Kniep, es muss sehr hart für Sie sein, aber können Sie mir noch mehr über Leonie erzählen? Was war ihr noch wichtig, welche Hobbys hatte sie? Hatte sie irgendwelche Sorgen in den letzten Tagen?«, erkundigt sich die Kommissarin. »Ihre drei größten Hobbys waren Reiten, Reisen und Nähen. Das Nähen und vor allem die Begeisterung für Stoffe hat sie von meiner Frau geerbt und jetzt ja auch mit zu ihrem Beruf gemacht. Sie importiert asiatische Bio-Stoffe, die wohl fast alle aus so Frauenkooperativen kommen, die Leonie auf ihren Reisen ausfindig gemacht hat. Meine Frau könnte Ihnen da mehr zu erzählen. Zumindest fährt sie mit ihren Öko-Stoffen seit einem Jahr auf holländische Stoffmärkte. Ich habe sie damit immer ein wenig aufgezogen. Sie war eine moderne Tödden-Frau. Denn schon im 17. und 18. Jahrhundert verkauften die Tödden aus dem Emsland Leinen in Holland und brachten im Ausgleich Eisenwaren und so von dort mit, die sie dann im Emsland vertickten. Die Holländer nutzten das feste Leinen als Segeltuch und für wetterfeste Matrosenkleidung. Die Tödden waren schnell überall bekannt, das besondere Löwent-Linnen, rein weiß und fein, war sehr geschätzt. Es beherrschte bald auch den englischen Markt. Die Tödden sind durch den Vertrieb dieses Leinens berühmt geworden, es wurden Hemden, Bettlaken und Handtücher daraus hergestellt.«

Jana ist verblüfft über so viel Wissen und schaut ihn fragend an, während er gleich weitererzählt. »Ein Töddengroßhändler hatte oft bis zu 200 einfache Tödden in seinem Dienst, die die Waren dann in Nord-, West- und Osteuropa an den Endverbraucher brachten. Anfang des 19. Jahrhunderts ging der Handel durch Gewerbefreiheit und das Aufkommen von Baumwolle zurück. So weit war unsere Tochter ja nicht. Außerdem: Eine Karriere wie die der alten Töddenfamilien Brenninkmeyer, aus der die Gründer von C&A stammen, oder die der Cloppenburgs, die zusammen mit der Familie Peek das Textilhandelsunternehmen Peek & Cloppenburg gründeten, schwebte ihr auch gar nicht vor«, erläutert der Vater.

Jana merkt, dass Vater Kniep historisch bewandert ist und sich mit diesen Erzählungen vom Tod seiner Tochter kurzfristig ablenken lässt. »*Tödden* bedeutet ja nichts weiter als Kaufmann. Diese Stoffmärkte, sind die nicht auch eine Männerdomäne, wie damals bei den Tödden?«, fragt sie nach.

»Jein«, antwortet der Vater. »Nach Holland zogen damals zwar vorwiegend Bauernsöhne ohne Erbrecht, um in Holland Geld zu verdienen und damit einen kleinen Hof im Emsland kaufen zu können. Denn den Hof bekam ja damals automatisch der Älteste. Aber auch Bauerntöchter, die für ihre Aussteuer arbeiten mussten, gingen als Dienstmädchen nach Holland. Das war zu einer Zeit, als die Holländer schon vom Land in die Stadt zogen und dringend billige Arbeitskräfte brauchten. In Sachen Aussteuer musste Leonie sich ja Gott sei Dank keine Sorgen machen. Unser Wohnhaus hat sie so geschickt in barrierefreie Wohnungen umbauen lassen, dass die Mieteinnahmen weit höher sind als das, was sie zum Leben braucht.«

»Das klingt ja so, als sei sie sehr geschickt und geschäftstüchtig gewesen«, schiebt Jana ein. »Ja, und unsere alten Schuppen nebenan, die hat sie saniert. Ein Teil ist jetzt ihr Stofflager, da, wo sie jetzt auch tot lag, der andere ist an die Sozialstation des Deutschen Roten Kreuzes vermietet. Das alles war ihr wichtig, denn sie wollte uns gut versorgt wissen, falls es mir und meiner Frau mal nicht mehr so gut gehen sollte. Und von Männerdomänen hat sie sich noch nie abschrecken lassen.«

»Aber auf diesen Stoffmärkten«, hakt Jana nach, »da herrscht doch das reinste Hauen und Stechen, oder?« Sie erzählt dem Mann von einem Stoffmarkt, den sie in Hannover besuchte, als sie für ihre beiden Kleinen, Ole und Birte, nach günstigen Stoffen suchte, um einfache T-Shirts und Hosen daraus zu nähen. »Manche Stände waren aber so mit Stoffen verhüllt, dass ich mir einen Weg bahnen musste«, erklärt sie. »Weg bahnen, das kommt doch auch von Stoffbahn, oder?«

»Vermutlich ja, deftig geht es auf diesen Märkten zu, aber das kannte sie ja von der Reiterei. Da wird auch keiner mit Samthandschuhen angefasst. Was musste ich meine Kleine früher oft trösten. Aber mit ihren fair gehandelten und produzierten Bio-Stoffen, frei von Kinderarbeit, hatte sie wohl eine echte Nische gefunden. Sie vernetzte Kundinnen mit Baumwollpflückerinnen und Mitarbeiterinnen in Färbereien in Indien über ihre Facebook-Seite. Und auf einmal hatten die Kundinnen einen ganz anderen Bezug zu ihrer Ware. Der Preis war nebensächlich, aber Leonie hat auch niemanden über den Tisch gezogen. Vor ein paar Monaten aber, da sind auf einmal zwei andere

Händler mit Fairtrade- und Bio-Ware auf den Märkten aufgetaucht und haben ihre Preise deutlich unterboten. Leonie konnte sich überhaupt nicht erklären, wie die das machen«, meint Harald Kniep.

»Und hat sie da etwas rausbekommen?«, fragt Jana. »Nicht, dass wir wüssten«, antwortet der Vater des Opfers. »Aber ich könnte mir vorstellen, dass ihre beste Freundin, Laura Hartgen, Ihnen darüber und über ihre sozialen Kontakte mehr erzählen kann als ich. Ich würde jetzt gerne nach meiner Frau sehen, die ist ja von ihrem Arzt erst mal mit Tabletten ruhig gestellt worden, aber sobald mir noch etwas einfällt, rufe ich Sie gleich an«, verabschiedet sich der Vater.

Laura Hartgen, die beste Freundin von Leonie, hat sich als eine der Ersten als Zeugin gemeldet – über Facebook. »hallo, ich bin Leonies beste freundin, bin völlig fertig, weiß viel über sie, auch über ihren neuen tinder-freund. rufen Sie mich an. Tel. 0176/29105008. oder kontaktieren Sie mich über email: laura1985web.de.«

»Was bitte ist ein Tinder-Freund?«, fragt Jan-Hinnerk Eilers, als er die ausgedruckten Hinweise in der Lingener Polizeiinspektion auswertet. »Also«, klärt der junge Kollege Matthias ihn auf. »Tinder, das ist eine Dating-App, zum Verabreden also, allerdings mit Menschen, die man noch gar nicht kennt. Du meldest dich einfach über dein Facebook-Profil an. Sofort werden dir andere Nutzer mit Bild vorgeschlagen, die sich in der Nähe befinden, und mit einer einfachen Wisch-Bewegung nach rechts (gefällt mir) oder links (gefällt mir nicht) sortierst du schon mal vor und siehst auch gleich, ob es gemeinsame Bekannte gibt.

Und wenn es dann ›matcht‹, also beide den jeweils anderen attraktiv finden, dann kann man sich direkt verabreden.«

»Und im Bett landen, ist das das Ziel?«, fragt Eilers etwas schockiert nach. »Na ja, beide schließen das zumindest nicht aus«, antwortet Matthias. »Tinderst du etwa auch?«, kann Eilers sich gar nicht beruhigen.

»Manchmal, warum nicht?«, erwidert der junge Kollege, der Single ist. »Besser den Schatz in der Hand als den Spatz auf dem Dach«, fügt er noch hinzu. Jan-Hinnerk schüttelt den Kopf.

Bei den Zeugenmeldungen geht es munter weiter: Eine Serviererin will Leonie Samstag gegen 15 Uhr im Café des Erlebnisparks Emsflower 100 mit einem Mann gesehen haben. Anfang 30, Typ Surfer, blonde lange Haare, braun gebrannt, sehr attraktiv, wie sie betonte. Weitere fünf Zeuginnen sahen Leonie wild gestikulierend mit einer etwa 50-jährigen Frau beim Frauenflohmarkt Samstagfrüh im Kulturzentrum Alte Molkerei 101 in Freren. Leonie verkaufte da regelmäßig ihre selbst genähten Sachen. Eine Frau will sogar gehört haben, dass die Ältere mit einem holländischen Akzent sagte »das werden wir ja sehen« und in einen weißen VW Passat mit niederländischem Kennzeichen stieg.

»Na also«, fasst Jana zusammen. »Das sind doch schon brauchbare Ansätze. Matthias, kümmere du dich doch bitte um die Online-Kontakte der Toten. Leider haben wir bis jetzt das Smartphone des Opfers noch nicht gefunden. Kannst du trotzdem diese Tinder-Kontakte, ihre Whatsapp-Nachrichten und Telefonprotokolle besorgen?« »Da muss ich mich auch erst mal schlaumachen, Jana«, antwortet Matthias. »Und Jan-Hinnerk, frag du bitte bei den Frauen nach, die Jana auf dem Frauen-Flohmarkt gesehen haben wollen, und erstelle bitte mit ihnen eine Phantomzeichnung von der Frau, mit der Leonie sich anscheinend gestritten hat. Diese Frau wollen wir finden. Du warst doch neulich erst auf der Fortbildung ›digital physiognomy‹, da kannst du ja gleich mal deine neuen Computerkenntnisse einsetzen. Schau auch, ob es da irgendwo Überwachungskameras gibt, vielleicht auf dem Parkplatz oder so«, ordnet Jana an, worauf Jan-Hinnerk mit einem gequälten »Jawoll!« antwortet und nicht zugeben mag, dass von dem Seminar zum Erstellen von Phantombilder nicht gerade viel bei ihm hängen geblieben ist.

»Und Jan-Hinnerk, fahr doch anschließend noch zum Café von Emsflower und mach auch gleich von dem Typen, mit dem Leonie sich da getroffen hat, eine Zeichnung. Ich kümmere mich um die Freundin Laura Hartgen. Heute Abend um 18 Uhr treffen wir uns alle wieder hier«, gibt Jana die Richtung vor. »Freitag war bei uns ja Kilberstuten, fast 30 Leute waren da«, erzählt Laura Hartgen, die beste Freundin der Toten. »Die waren alle schon ein bisschen duhn (*angetrunken*), Leonie war auch ganz gut zufrieden, wie man so sagt, und hat mir einen Typen auf ihrem Telefon gezeigt. Sie haben sich über Tinder kennengelernt, da habe ich dann gar nicht mehr so richtig zugehört, da wird ja eh nie was draus. Ich glaube, der hieß Joris, oder nein, das war sein Portalname, der hieß Joshua Rister, Risling, ach, den Nachnamen habe ich vergessen. Aber Leonie war fest überzeugt, dass das der Typ sei, auf den sie gewartet hätte. Sonntagabend waren sie wieder verabredet, da wollte er zu ihr kommen, die sind schon beim ersten Date in der Kiste gelandet, da kann ja eigentlich nichts Festes draus werden. Vielleicht hat der ja Leonie umgebracht?«, mutmaßt Laura. »Können Sie den Mann näher beschreiben?«, hakt Jana nach. »Nein, wie gesagt, ich habe Leonie nicht ernst genommen und ehrlich, ich war den Tag schon auf dem Töddenland-Radweg 102 gefahren und den Lehrpfad der Speller Dose 103 abgegangen, danach war ich ziemlich fertig.«

Bei der Dienstbesprechung am Abend berichtet Matthias, dass er alle E-Mails, Facebook- und Tinder-Kontakte auf dem Computer der Ermordeten einsehen konnte. Dabei war auch »Joris1985«. Sie hatten sich das erste Mal am Donnerstag getroffen und waren für Sonntag um 21 Uhr wieder verabredet. Dieser Joris schrieb ihr am Freitag: »Liebe Leonie, was für ein Abend gestern. Ich bin immer noch beglückt, dich kennengelernt zu haben. Beim ersten Date kneippen am Saller See 104, inbrünstig alte Volkslieder an der Straße der Lieder 105 schmettern und dann von deinem Wasserbett aus bei den Franziskanerinnen in Thuine 106 gemeinsam online ein Gebetsanliegen einreichen, ein aufregenderes erstes Date hatte ich noch nie. Bin völlig verwirrt und gespannt auf Sonntag, freu mich auf dich. Übrigens: Ich habe meinen Tinder-account gelöscht, und du? Meine Telefonnummer hast du ja. Und ja, ich glaube auch nicht an Zufall. Voller Vorfreude, dein Joshua.«

»Leonie hat darauf aber nicht geantwortet. Geantwortet hat sie allerdings ihrem Ex, Malte Gesemann. Auf seine E-Mail in der letzten Woche mit den Worten ›Leonie, ich höre, du bist bei Tinder? Wenn du Sex brauchst, ruf mich doch an, war doch immer geil mit uns beiden‹, antwortete sie nur: ›Arschloch! Lass mich ein für alle Mal zufrieden.‹«

»Und dann ist hier noch eine E-Mail von einer Marita Mair aus München von Samstag, 16 Uhr. Sie schrieb: ›Liebe Leonie, gerade wollte ich Stof (*Auffällig, Stof nur mit einem f, denkt Jana*) für mein Nähcafé ›ZickZack‹ bei dir bestellen, da sehe ich, dass du im Emsland sitzt. Ich mache hier gerade Urlaub, fahre morgen zurück. Könnte ich die Sachen nicht heute Abend bei dir abholen? So gegen 20 Uhr wäre klasse. Adresse habe ich ja. Bussi, Marita.‹ Das scheint die Kundin zu sein, mit der Leonie verabredet war«, führt Matthias weiter aus, »aber, ein Nähcafé ›ZickZack‹ gibt es in München nicht, die E-Mail-Adresse zickzack@online.de ist erst kurz zuvor bei dem Anbieter angelegt worden, und verschickt wurde die E-Mail aus einem Internet-Café in Freren. Der Inhaber kann sich zwar an niemanden erinnern, aber diese Spur sollten wir weiter verfolgen. Da stimmt was nicht.«

»Was ist denn mit dem Ex, diesem Malte Gesemann, das scheint ja ein ziemlich eingebildeter Typ zu sein«, fragt Jan-Hinnerk. »Den habe ich natürlich gleich befragt«, antwortet Matthias. »Er hätte sich mit Leonie eine kleine Affäre vorstellen können, aber die hat ihn abblitzen lassen. Und Samstagabend, der Todeszeitpunkt war ja so gegen 21 Uhr, oder?«, vergewissert sich Matthias noch einmal, »da war der bei einer Familienfeier in Lünne, im Landhaus Brauerei Borchert **107**. Sie haben erst die Brauerei besichtigt und dann bis zum frühen Morgen dem Lünner Craft Beer zugesprochen. Da ich heute eh zum Fußballgolf Emsland **108** musste, um für meine Kumpel da einen

Abend zu organisieren, bin ich vorher vorbeigefahren. Die Inhaber bestätigen das. Der scheidet also schon mal aus.«

Jan-Hinnerk zeigt stolz seine beiden Phantomzeichnungen. Die Frau könnte auch meine Mutter sein, und der Typ sieht aus wie mein erster Surflehrer, sinniert Jana, während sie sich sagen hört: »Deine Phantombilder, Jan-Hinnerk, sind super. Die geben wir gleich an die Presse, zusammen mit der Info, dass wir einen Mann Anfang 30 als Zeugen suchen, der unter ›Joris1985‹ in den sozialen Medien aktiv ist. Ich schalte unser Grenzüberschreitendes Polizeiteam ein. Die sollen beide Bilder auch an die niederländischen Medien geben und vor allem bei diesem Stoffmarkt-Veranstalter nachfragen, wer da neuerdings neben Leonie auch Bio-Stoffe anbietet. Das lässt mir keine Ruhe.«

»Herr Kniep, ist Ihnen noch etwas eingefallen?«, fragt Jana den Vater der Toten am nächsten Morgen. »Nein, aber ich bin schockiert, dass die ›Wild-Zeitung‹ hier furchtbare Lügen über Leonie verbreitet, dass Leonie eine sexbesessene Frau und skrupellose Vermieterin sein soll, die den armen Rentner Stumpel mit einer Luxussanierung über den Tisch zieht, was soll das?«, regt sich Harald Kniep auf. »Meine Frau ist schon wieder völlig fertig.« »Herr Kniep, ich kann Sie gut verstehen. Uns ist es auch ein Rätsel, woher die ›Wild-Zeitung‹ von den Aktivitäten Ihrer Tochter auf dieser Verabredungsseite im Internet wissen kann. Aber dass die so etwas ausschlachten, das ist ja leider deren Geschäftsmodell«, versucht Jana, sich das Ganze schön zu reden. Denn mit einem Zeugenaufruf zu »Joris1985, der in sozialen Medien aktiv« ist, hat sie der Spekulation ja auch Tür und Tor geöffnet. »Aber was hat es denn mit dem Mieter Stumpel auf sich?«, fragt Jana.

»Ach, der alte Knauser«, sagt Harald Kniep. »Als wir unser Haus vor drei Jahren in Wohnungseigentum aufteilten und der Herbert die Wohnung unten links von uns kaufte, da haben wir sogar im Kaufvertrag vereinbart, dass das Dach erneuert werden muss und hierfür alle Parteien verantwortlich sein werden. Heute will er davon nichts mehr wissen und weigert sich, seinen Anteil von 12.000 Euro zu zahlen.«

»Und was könnten die mit Luxussanierung meinen«, fragt Jana nach. »Leonie wollte halt, dass alles ökologisch gedämmt wird, mit Jute, Flachs und Kork. Immerhin lebt sie ja in ihrer Wohnung unter dem Dach in dem Haus und ist davon in erster Linie betroffen. Das ist natürlich etwas teurer. Der Herbert lebt halt noch in den 70ern und meint, Glaswolle würde es ja auch tun. Dabei ist das doch krebserregend und brennt sehr leicht.«

»Könnte der Herr Stumpel, also ich meine, könnte der Herbert etwas mit dem Tod Ihrer Tochter zu tun haben?«, fragt Jana. »Nein, das glaube ich nicht«, antwortet der Vater. »Er ist zwar ein Choleriker und he is mit de Breeden Biile behauen, wie man hier so sagt *(er hat einen unschönen Charakter, ist egoistisch, hat eine grobe Art),* aber letztendlich machen den 12.000 Euro mehr oder weniger nicht arm, der hat sein Anwesen damals gut verkauft. Außerdem wäre der gar nicht die zwei Stufen zum Lager hochgekommen. Der sitzt im Rollstuhl und wird abends gegen 20 Uhr von Pflegekräften der Sozialstation ins Bett gebracht.«

»Eine Frage habe ich noch, Herr Kniep«, ergänzt Jana und hält ihm die beiden Phantomzeichnungen hin, die Jan-Hinnerk erstellt hat. »Kennen Sie diese Personen?« Nebenbei notiert sie sich auf ihrem Tablet »Pflegedienst 20 Uhr – nachfragen!« »Also das hier, das ist eine nette Karikatur ihres besten Jungendfreundes Kai. Die beiden gehen manchmal zusammen zum SwinGolf-Park Mehringer Heide **109** in Emsbüren und anschließend noch was zusammen trinken ins Bauernhofcafé ›In't Hürhus‹ oder in das Café des Emsflower Parks. Da ging Leonie so gerne hin, es würde sie immer in Urlaubslaune versetzen, meinte sie. Wäre es nicht so traurig, ich könnte wirklich herzlich über das Bild lachen, aber ja, er ist es«, erzählt Leonies Vater. »Aber die ältere Frau da, die habe ich noch nie gesehen.«

Die Spurensicherung hat mittlerweile vieles ausgewertet, was sie im Lager und in Leonies Wohnung sichergestellt hat. Einen auffälligen Brief scannen sie ein und schicken ihn Jana mit dem Hinweis »Posteingang beim Opfer am Freitag« sofort als E-Mail auf ihr Tablet. »Liebe Frau Kniep«, liest Jana leise die weitergeleitete Mail und entschuldigt sich für einen Moment bei dem Vater. »Vielen Dank für die eingesandten ›Bio-Stoffproben‹. Unser Labor an der Universität von Exeter hat in allen drei Stoffen fortpflanzungsschädigende Weichmacher, krebserregende und hormonell wirksame Chemikalien, Pestizidrückstände in der Baumwolle, dazu Chlor und Chrom feststellen können. Sämtliche Stoffe sind in Europa verboten, werden in den klassischen Textilproduktionsländern wie China, Bangladesch oder Indien aber weiterhin verwendet. Wenn Sie uns Ihre Bezugsquelle nennen, treten wir gerne als Kläger auf, denn wir können uns vorstellen, dass Sie es sich mit Ihren Kollegen oder Lieferanten nicht verscherzen wollen. Auch das Kostenrisiko und die Bestellung eines unabhängigen Gutachters würden wir übernehmen. Die Einhaltung der engen Grenzen der Bio-Zertifikate ist uns ein großes Anliegen. Vielen Dank für Ihr Engagement, Greenpeace Hamburg.«

Zeitgleich schreibt Matthias, der weiterhin Leonies E-Mail-Konto verfolgt: »Hallo Jana, ich leite dir gleich eine E-Mail von dem gesuchten ›Joris1985‹ weiter. Der heißt übrigens Jonas Rasta. Entweder sitzt der nichts ahnend und völlig verknallt am Strand einer thailändischen Insel, oder der bastelt sich gerade ein perfektes Alibi: ›Liebe Leonie, schade, dass du Sonntagabend nicht zu Hause warst. Ich habe noch bis zehn gewartet, aber dann bin ich gefahren, dein Handy war ja auch ausgeschaltet. Mein Flug Montag nach Thailand war easy, und jetzt habe ich hier endlich auch WLAN-Zugang. Ich hoffe sehr, dass dir nur etwas dazwischengekommen ist und du es dir nicht anders überlegt hast. Ich hatte mich so gefreut, dich vor meinem Urlaub noch zu sehen, zu riechen, zu schmecken und überall zu berühren, von dir berührt zu werden, und stelle mir gerade vor, wie wir beide hier am Strand von Ko Samui liegen, uns morgens und abends lieben, gemeinsam Yoga im Resort praktizieren, Curry essen, Cocktails trinken, das Leben genießen … ach, mir fallen noch so viele andere Sachen ein, die wir zusammen erleben können. Aber wir haben ja auch noch viel Zeit, wir holen das nach. Liebe Leonie, gib mir doch aber bitte ein kurzes Lebenszeichen und: Ich komme nächsten Mittwoch zurück. Sehen wir uns dann gleich am Abend?

Wir können auch skypen – große Sehnsucht, du hast mich verzaubert, dein Joshua.‹«

Jana antwortet nur kurz: »Prüf sofort, ob der Montagmorgen wirklich geflogen ist. Ich will die Passagierliste aller Flugverbindungen von Deutschland und den Niederlanden nach Thailand an dem Tag. Umgehend. Und lass dir die Zeiten des Rückflugs geben. Den holen wir persönlich ab. Danke dir!«

Jana verabschiedet sich von Leonies Vater und fasst gedanklich zusammen: Wir haben drei Verdächtige. Der Tinder-Freund Joshua, der sich angeblich nichts ahnend in Thailand sonnt. Eine etwa 50-jährige Frau, die sich mit Leonie am Samstagmorgen auf dem Frauenflohmarkt im Kulturzentrum in Freren gestritten hat, jemanden, der sich als Marita Mair, Inhaberin eines nicht existierenden Nähcafés ausgibt und sich mit ihr um 20 Uhr im Lager verabredet. Aber was hat es mit den Stoffproben auf sich, die Leonie an Greenpeace schickte, die angeblich mit Bio-Zertifikat verkauft werden, aber völlig vergiftet sind?

Die Kollegen vom Grenzüberschreitenden Dienst, André de Graf und Sina Spillmann, melden sich bereits am nächsten Morgen telefonisch: »Beste Jana, wir haben noch einiges gefunden: Seit rund drei Monaten sind zwei neue Händler mit Bio- und Fair-Trade-Stoffen auf den Märkten in Holland unterwegs, die auch Leonie Kniep beschickte. Beide beziehen ihre Ware über einen Großhändler, Geschäftsführerin ist Alida van Daal, eine 50-jährige Frau aus Zandvoort nahe Amsterdam. Jan-Hinnerks Phantombilder haben in den Niederlanden für großes Medieninteresse gesorgt. Die meisten, aber leider nutzlosen Hinweise gehen ein zu dem

Mann, mit dem Jana im Café des Emsflower-Parks gesehen wurde. Einige meinen, das sei der niederländische Magier Hans Klok mit gefärbten Haaren, andere meinen, es könnte der Fußballer Arjen Robben mit Perücke sein. So, und dann: Bei der 50-jährigen Frau vom Flohmarkt sieht es besser aus. Da werden zwar auch Sylvie van der Vaart oder Linda de Mol ins Spiel gebracht, aber ein ganz heißer Hinweis kommt von einem Mitarbeiter einer Autovermietung aus Amsterdam. Er ist sich sicher, dass die Frau bei ihm am Freitag einen VW Passat am Flughafen gemietet hat. Den Namen und das Rückgabedatum bekommen wir heute Nachmittag.« Sina Spillmann beendet ihren Bericht mit »veel geluk! (*viel Glück*)« »Ihr seid Spitze!«, dankt Jana den beiden. »Könntet ihr auch gleich diese Alida van Daal aufsuchen? Oder besser noch«, Jana macht eine kurze Pause, »ich komme mit. Ich fahre gleich los und bin in drei Stunden in Zandvoort. Bis gleich.«

»Frau van Daal, warum sind Sie am Samstag bei dem Frauenflohmarkt gewesen und worüber haben Sie mit Frau Leonie Kniep gestritten?«, fragt Jana im Beisein von Sina Spillmann und André de Graf die sehr modern und durchgestylte gekleidete Verdächtigte. »Warum geht frau wohl auf Flohmärkte? Ich habe nach ausgefallenen Sachen Ausschau gehalten, ich liebe Secondhand-Klamotten. Leonie traf ich da zufällig, und sie warf mir vor, dass ich ihr die Preise auf den Stoffmärkten kaputt mache. Aber was kann ich dafür, wenn sie zu teuer einkauft?«, antwortet van Daal kurz.

»Frau van Daal, Leonie hatte Beweise, dass Ihre Stoffe, die ja von zwei Händlern neuerdings auf den Stoffmärkten verkauft werden, weder biologisch hergestellt noch fair gehandelt sind. Hat sie Sie erpresst oder hat sie Ihnen mit einer Anzeige gedroht?«, hakt Jana nach, denn sie ist sich sicher, dass sich die Antwort von Greenpeace auf die eingeschickte Stoffprobe dieser Frau bezieht.

»Ach das meinen Sie. Nein, ich war der Leonie ja so dankbar, dass sie mich auf diesen Betrug aufmerksam gemacht hat. Ich habe dem indischen Lieferanten natürlich sofort gekündigt«, antwortet van Daal sehr gespielt.

»So, Sie fahren also 300 Kilometer, um auf einem kleinen Dorfflohmarkt im Emsland Klamotten zu kaufen. Sie treffen rein zufällig Frau Kniep, die sie dann am Abend als Marita Mair aus München auch noch in ihrem Lager in Schapen aufsuchen. Und Sie nehmen sich dafür extra einen Leihwagen, damit Ihr Porsche hier vor Ihrem Haus Ihre Nachbarn glauben lässt, Sie seien zu Hause. Hatten Sie den Mord genauso geplant, erschlagen vom zentnerschweren Stoffregal?« Jana und Sina schauen genau auf das blasse Gesicht der Befragten, um ja jede Gefühlsregung registrieren zu können.

»Ach, was unterstellen Sie mir denn da alles?«, prustet sie eine Spur zu künstlich. »Ich kenne keine Marita Dingsbums und in Leonies Lager war ich auch nie. Es ist ja wohl nicht verboten, mit einem Leihwagen zu fahren, mein Porsche sprang nämlich nicht an, als ich losfahren wollte. So, ich sage jetzt nichts mehr und will meinen Anwalt sprechen«, meint Alida van Daal.

»Tja, schade nur für Sie, dass Sie gesehen wurden, als Sie das Lager von Leonie Kniep in Schapen betraten. Eine Altenpflegerin schaute zufällig gerade gegen 20 Uhr nebenan aus dem Fenster, als sie einen alten Mann vom Rollstuhl ins Bett umsetzte. Ihr Deutsch ist ja soweit klasse, aber in Ihrer Mail unter dem Namen Maria Mair vom Münchener Nähcafé ›ZickZack‹, das Sie sich so hübsch ausgedacht haben, schreiben Sie ›Stof‹ nur mit einem f wie im Holländischen. Und überhaupt: Wissen Sie, dass ein indischer Arbeiter keine zwei Jahre in einer Färbefabrik arbeiten kann, dann sind seine Beine verätzt, die Lunge ist defekt, das alles wegen der Chemikalien zum Färben der Hosen. Und Sie verkaufen das als Bio-Ware!«, wird Jana etwas lauter als sonst. Alida van Daal blickt schweigend zum Boden. »André, kümmerst du dich um den Haftbefehl?«, sagt Jana dann etwas leiser.

»Klar«, antwortet der holländische Kollege.

»Jetzt konnte ich den Kindern schon wieder nicht Gute Nacht sagen. Waren sie sehr traurig? Wie war euer Tag?«, fragt Jana ihren Mann, als sie spät am Abend nach Hause kommt. »Ole war noch am Abend ganz aufgeregt von den vielen alten Treckern im neuen Krone Museum 110 und will später auf jeden Fall Bauer werden. Und Birte wird Umweltschützerin. Das hat sie im Umweltbildungsgarten des Burgparks Venhaus 111 heute beschlossen. Wir haben noch deine Eltern am Blauen See 112 getroffen. Die vier sind dann Boot gefahren, und ich konnte endlich mal wieder in Ruhe lesen«, erzählt Jörn vom Tag mit den Kindern.

»Das ist prima, endlich will sie nicht mehr Polizistin werden. Wusstest du eigentlich, dass unsere Klamotten uns krank machen können? Lass uns nie wieder etwas kaufen, das mit bügel- oder knitterfrei beworben wird, und auf gar keinen Fall diese Jeans im Used-Look. Das sind reine Giftschleudern. Und bitte nur noch Bio-Baumwolle und -leinen und …«, aber dann ist Jana auch schon eingeschlafen.

Spelle

Schapen gehört wie Lünne zur Samtgemeinde Spelle im Süden des Emslandes. Aus Schapen kamen einige Tödden. Das waren Wanderkaufleute, die sich nach dem Dreißigjährigen Krieg (mit der Blütezeit im 18. Jahrhundert) aus Hollandgängern entwickelten. Der Töddenhandel brachte den Heimatgemeinden einigen Wohlstand, was heute noch die Töddenhäuser mit ihren aufwendig gestalteten Giebeln bezeugen. Der Marktplatz von Schapen ist von Töddenhäusern umgeben. Auf dem Platz befinden sich auch ein Schäferdenkmal und der Handwerkerbaum.

Emsbüren

Die Gemeinde bietet neben dem großen Emsflower-Park Ausflüge auf einem Fahrgastschiff oder die Erzählung vom »Pastor sine Koh«, die als Gassenhauer in Norddeutschland verbreitet ist (Denkmal an der Kirche).

Freren

Die Kleinstadt mit 5000 Einwohnern zeigt viele Facetten wie etwa Hünengräber, Klosterkultur und Nordic-Fitness am Saller See.

99 **Töddenhaus Urschen**

Im Dachgeschoss des 1739 errichteten Pfarrhauses hat der Heimatverein Schapen (Hörstraße 24,

48480 Schapen) der Töddengeschichte Raum gegeben: Bilder, Dokumente, Karten und Exponate machen das Wirken der Wanderkaufleute deutlich – zu besichtigen gibt es auch einen Tragkasten, mit dem die Tödden ihre Waren transportierten. Der Töddenhandel als besondere Form des Hollandgangs war im 17./18. Jahrhundert Bestandteil eines Warenhandelssystems. Viele Bauernsöhne wanderten in die Niederlande, um als Torfstecher, Grasmäher oder Stuckateur ihr Geld zu verdienen. Sie arbeiteten in der Landwirtschaft und verkauften nebenher die überzähligen Leinenrollen, die in der Winterzeit hergestellt wurden und zu Pfingsten verkaufsbereit waren. Wandergesellen oder Tödden waren somit monatelang unterwegs, und zum Winter kamen sie nach Hause.

100 Erlebnispark Emsflower

In Europas größter Topf- und Beetpflanzen-Gärtnerei lässt sich in die Schaugewächshäuser blicken. Eine Erlebniswelt voller frei fliegender und farbenprächtiger Schmetterlinge inmitten tropischer Pflanzen und Bäume ist zu sehen. Den Park kann jeder selbst erkunden, oder Gästeführer präsentieren ihn bei einer 90-minütigen Führung (Carl-von-Linné-Straße 1, 48488 Emsbüren, www.emsflower.de). Ein Café und ein Restaurant sind vorhanden.

101 Kulturzentrum Alte Molkerei

Außer dem Flohmarkt für Frauen gehen hier Kabarett und Comedy, Rock-Klassiker und Big Band über die Bühne. Beliebt ist auch »Singles breakfast« (Bahnhofstraße 79, 49832 Freren, www.impulse-freren.de).

102 **Töddenland-Radweg**

Der Radwanderweg erschließt auf einem 122 Kilometer langen Rundkurs die Handelswege der Tödden, Wanderkaufleute aus dem 17. bis 19. Jahrhundert. Er verbindet die Orte Freren, Beesten und Schapen im südlichen Emsland mit Hopsten, Recke, Mettingen und Ibbenbüren im Tecklenburger Land.

103 **Speller Dose**

Die Moorlandschaft im Norden von Spelle, mit Lehrpfad und Aussichtsturm, ist für Kinder spannend und jederzeit geöffnet (Moorstraße, 48480 Spelle).

104 **Saller See**

Kneipp-Wassertretanlage, ein Minigolfplatz und der Nordic Fitness/ Skiking-Park Südliches Emsland machen den frei zugänglichen See (Am Saller See, 49832 Freren) zu einem Anziehungspunkt.

105 **Straße der Lieder**

Die drei Kilometer lange Erlebnisroute beginnt bei der Josefsklause am Waldfriedhof (49832 Thuine). Zwölf Liedertafeln animieren zum Singen. Das Besondere: Ein Kneipp-Becken auf dem Rundweg wird über einen natürlichen Zufluss aus dem Quellgebiet des Mühlenbachs gespeist.

106 **Franziskanerinnen in Thuine**

Es ist eine der bedeutendsten emsländischen Klostergründungen und äußerst sehenswert. Neben dem Kloster, der alten St. Georgskapelle und der Christus-König-Kirche befindet sich auf dem Gelände auch ein kleines Missionsmuseum. Es dokumentiert die Ordensgeschichte und präsentiert Kunsthandwerk aus den Missionsgebieten (Klosterstraße 14, 49832 Thuine, www.franziskanerinnen-thuine.de). Die Anbetungskapelle ist zugänglich für jeden, der dort beten möchte.

107 **Landhaus Brauerei Borchert**

Mit handwerklichem Können stellt der Chef persönlich unverwechselbare Biere in der Erlebnisbrauerei her. In der rustikalen Atmosphäre der Braustube lassen sich diese emsländischen Spezialitäten dann verkosten (Heinrich-Schulte-Straße 2, 48480 Lünne, www.landhaus-brauerei.de). Ritterbankett, Bierathlon, Boßeln und Armbrustschießen für Gruppen auf Anfrage.

108 **Fußballgolf Emsland**

Der Ball wird mit dem Fuß ohne Einsatz eines Schlägers mit möglichst wenigen Kicks über Hindernisse zum Loch gespielt (Heitel Nr. 2, 48480 Lünne, www. fussballgolf-emsland.de).

109 **SwinGolf-Park Mehringer Heide**

Was für ein Spaß: Sowohl Bälle als auch Löcher sind beim SwinGolf deutlich größer als beim traditionellen Golfsport. Im neun Hektar großen Gelände der Mehringer Heide (Mehringen 19, 48488 Emsbüren, www.swingolf-mehringen.de) erwartet Einzelspieler ebenso wie Gruppen ein geselliger Wettstreit auf 18 Bahnen.

110 Krone Museum

Seit 2016 ist hier zu erfahren, wie sich das Unternehmen Krone von einer kleinen Schmiede zu einem weltweit agierenden Landtechnikhersteller entwickelte (Bernard-Krone-Straße 20, 48480 Spelle, www.krone.de). In dem Museum werden alte Landmaschinen gezeigt, die in der über 110-jährigen Geschichte der Maschinenfabrik gebaut wurden. Auch ein Lanz-Landbaumotor mit fest angebauter Bodenfräse von 1912 gehört dazu.

111 Burgpark Venhaus

Von einer ritterlichen Vergangenheit kündet die ehemalige Wasserburg Venhaus, auf deren Areal heute die katholische Kirche St. Vitus steht. Mit interaktiven Elementen fungiert der Burgpark gleichzeitig als Umweltbildungsgarten (Dorfstraße 15, 48480 Spelle).

112 Blauer See

Der fünf Hektar große und 17 Meter tiefe See, ursprünglich auch Herta-See genannt, (Moorlager Straße 4, 48480 Lünne) ist überregional als Ausflugs- und Freizeitziel bekannt. Schwimmen, Surfen, Bootfahren und Angeln sind möglich. Ein Café mit Seeterrasse lädt zum Stopp ein. Seinen »Urlaub am Wasser« kann man auf dem Campingplatz verbringen.

11. DIE MANN-IG-FALTIGKEIT

DIE SCHAUSPIELERIN HANNAH ROLFES WIRD NACH IHREM AUFTRITT AUF DEM THEO-LINGEN-PLATZ ERSCHOSSEN

Theo Lingen ist unsterblich! Das sieht der Besucher der Stadt Lingen an der Ems schon an dem eigens nach ihm benannten Theo-Lingen-Platz. Seit 2007 ziert ein übergroßes Schwarz-Weiß-Bild die schnöde Betonwand an einer Unterführung am Bahnhof. Theo Lingen hält seinen rechten Mittelfinger an seine hochgezogene rechte Augenbraue und legt die Stirn unter dem mittig gescheitelten, glatt gekämmten Haar in Falten.

Jana Kuhlmann steht vor dem Bild und fragt sich: Was er da wohl dachte? Die Kommissarin ermittelt seit gestern Abend im Mordfall »Theater«. Direkt hier, vor dem Bild mitten auf dem Theo-Lingen-Platz, wurde die 38-jährige Schauspielerin Hannah Rolfes aus nächster Nähe erschossen.

»So ist Theo Lingen posthum noch zum Zeugen eines Mordes geworden«, sagt die Kommissarin leise zu sich, »und es hat eine der beliebtesten Schauspielerinnen in Lingen getroffen.«

Rolfes war nach ihrem Auftritt im Professorenhaus **113**, wo sie auf der kleinen Bühne im Theaterpädagogischen Zentrum der Emsländischen Landschaft ihr viel beklatschtes Einpersonenstück »Die Mann-ig-Faltigkeit« zum Besten gab, auf dem Weg nach Hause in die Kaiserstraße, in der Nähe des Wasserturms **114**. Kurz vor der Unterführung am Bahnhof wurde sie aus nächster Nähe niedergeschossen. Sie war sofort tot.

»Jan-Hinnerk, gestern Abend wurde die Schauspielerin Hannah Rolfes ermordet. Ich wollte dich so spät nicht aus dem Bett klingeln und bin alleine hingefahren«, beginnt Jana am nächsten Morgen die Dienstbesprechung. »Eine Studentin hat die Leiche gegen 23.30 Uhr gefunden, der Tod soll 20 Minuten davor eingetreten sein, schreiben die Kollegen von der Rechtsmedizin gerade.«

»Oh, wie tragisch«, erwidert Jan-Hinnerk sichtlich berührt. »Ich bin ja nicht ganz so kulturbegeistert, aber Helga besteht auf einem Abo für das Theater an der Wilhelmshöhe [115]. Und da habe ich die Hannah Rolfes öfter gesehen, tolle Schauspielerin. Im Alten Schlachthof [116] ist sie neuerdings sogar als Sängerin in einem Kabarettstück aufgetreten. Und die ist trotzdem so natürlich geblieben, hat auf der Straße jeden gegrüßt, wie sich das hier halt so gehört.«

Jana nickt. »Finde ich auch traurig, eine mitreißende Person, sehr authentisch, da sind wir ja mal einer Meinung, Jan-Hinnerk. Die Unterführung am Bahnhof zwischen Innenstadt und dem Campus Lingen [117] ist ja um die Zeit auch nicht mehr so belebt. Ich gebe mal einen Aufruf an die Medien«, beginnt Jana ihre Ermittlungen.

»Jan-Hinnerk, du klemmst dich bitte mal hinter die Abfrage der Überwachungskameras. Am Theo-Lingen-Platz sind doch zwei, am Bahnhof zwei weitere, möglich, dass der Täter oder die Täterin mit dem Zug geflohen ist«, sagt die Kommissarin zu ihrem Kollegen.

Zum Mittagessen hat sie sich heute mit ihrem Mann Jörn bei ihrem Lieblings-Italiener »Da Sandro« ganz in der Nähe vom Theo-Lingen-Platz verabredet. »Was machen unsere beiden, Birte und Ole?«, erkundigt sie sich bei Jörn, der sich um die Kinder kümmert, aber heute das Mittagessenkochen und die Betreuung bis zum Abend Janas Eltern überlassen hat, die heute aus Papenburg bei ihnen zu Gast sind.

»Jörn, du bist doch in Hannover aufgewachsen«, beginnt Jana, ihren Mann zu befragen. Sie hat ihn dort kennengelernt, als sie zur Polizeischule ging und sie danach ein paar Jahre in der Landeshauptstadt lebten.

»Was weißt du über Theo Lingen, vielleicht ist es kein Zufall, dass diese Schauspielerin genau vor seinem Bild ermordet wurde. Jörn, ihr beide, der Theo und du, seid doch alte Hannoveraner«, sagt sie ihm grinsend.

»So alt bin ich aber nicht, dass ich Theo Lingen gekannt hätte«, empört Jörn sich etwas künstlich.

Der bekannte Schauspieler mit der näselnden Stimme, dem Lustspiele und Komikerrollen am besten lagen, hieß bei seiner Geburt Franz Theodor Schmitz. Als sein schauspielerisches Talent aufblitzte, was schon während seiner Schulzeit in den 1920er-Jahren geschah, suchte er einen Künstlernamen, um den guten Namen der Familie nicht zu »beschmutzen«, wie sein Vater befürchtete. Dieser war in Lingen an der Ems geboren, und das fand der junge Theodor chic. »Der Vater war doch Justiziar und wollte, dass sein Sohn Anwalt wird, dann überraschte er ihn mit seiner Schauspielerkarriere«, doziert Jörn. Jana erinnert sich: »Und ich weiß, dass dieser Vater aus einer alteingesessenen Lingener Kaufmannsfamilie kam und 1861 im Haus Am Markt 20 geboren wurde, wo sich heute das Café am Markt 118 befindet. Da gibt es sogar eine kleine Ausstellung.«

»Stimmt. Ich weiß über Theo Lingen noch, dass er schon früh sein Talent auf den Brettern des Boulevardtheaters ›Schauburg‹ an der Hildesheimer Straße in Hannover zeigte. Er ist 1903 in der Drostestraße im hannoverschen Stadtteil List geboren, sein Geburtshaus wurde im Zweiten Weltkrieg weggebombt. Da ganz in der Nähe ist die Lister Meile, da habe ich doch zuerst gewohnt, als wir uns kennenlernten«, erzählt Jörn weiter.

»Ach ich weiß, ja, deine Eltern habe ich da zuerst gesehen, die waren so süß«, meint Jana schnell und lacht.

»Was ich kurios finde: Theo Lingen heiratete 1928 die Sängerin Marianne Zoff. Die war zehn Jahre älter als der 25-Jährige und gerade frisch von Berthold Brecht geschieden, mit dem sie eine Tochter hatte«, ergänzt Jörn noch. Jana schaut verblüfft. »Bereitest du dich heimlich auf ›Wer wird Millionär?‹ vor? Ich staune echt, was du so aus dem Ärmel schüttelst, mein lieber Mann«, wundert sich die Kommissarin. »Ja, ich kann mir einfach solche Sachen merken.«

Jana schüttelt nur den Kopf. Sie wählen ihr Mittagsmenü – gedünstetes Lachsfilet in Krabbensoße mit Salat, Tiramisu und eine Rhabarbersaftschorle. »Aber was ist das für ein Stück, das sie gestern Abend spielte, diese ›Mann-ig-faltigkeit‹, gibt das nicht Hinweise auf den Täter? Du hast das doch mit Susanne vor zwei Wochen in Bremen gesehen, oder?«, erkundigt sich Jörn. »Ja, das ist ziemlich gelungen, lustig und geht unter die Haut, wenn man das so sagen kann. Es geht um die Falten eines Mannes und die Vielfalt seiner Möglichkeiten, das zu ignorieren. Das Stück gucken meist Frauen an. Wir lernen doch von klein auf, uns über unseren Körper zu definieren, sehen unzählige Unzulänglichkeiten an fast jedem Körperteil. Da habt ihr Männer es einfacher, ob faltig, Glatze oder Bart, ihr gefallt euch immer«, meint Jana.

Jörn schaut sie an. »Du gefällst mir auch mit allen Körperteilen«, gibt er ihr zurück und gibt ihr einen Kuss.

»Danke Jörn, du bist ein Schatz. Aber im Ernst, wir wissen noch gar nichts. Ich stelle nur so meine Vermutungen an. Vielleicht war es ein gekränkter Macho, vielleicht hat es etwas mit dem Kulturbetrieb hier in Lingen zu tun und der Tatort ist bewusst gewählt worden. Vielleicht war es doch ein Raubüberfall, wobei Geld und Handy noch da waren«, zählt Jana auf und verabschiedet sich bald von ihrem Mann.

Jörn will an seinem freien Nachmittag noch eine Schiffsglocke für sein Boot kaufen und endlich mal die neue Ausstellung über »Sommerblütenträume« in der Kunsthalle **119** ansehen. Danach schaut er kurz ins Knastlädchen an der Justizvollzugsanstalt, die nur ein paar Schritte weiter in der Marienstraße liegt.

»Ich nehme heute mal diese kleinen Holzpaletten als Untersetzer für zu Hause mit«, sagt Jörn dem Mitarbeiter.

»Alles 100 Prozent aus unserer Tischlerei. Was in der Werkstatt der Justizvollzugsanstalt als Arbeitstherapie an Holzartikeln und -spielzeugen hergestellt wird, ist echt brauchbar«, entgegnet der.

»Ja, finde ich toll, unterstütze ich gern, ich weiß, Sie haben auch eine Schlosserei, Bäckerei, Baumschule …«, zeigt Jörn sein Wissen auf diesem Sektor. »Wenn Sie mal eine maßgeschneiderte Lösung für einen Weinschrank oder ein neues Puppentheater brauchen, unsere Werkbetriebe machen das gern.«

Jörn erfreut: »Werde ich dran denken, bis bald.«

Jana hat sich für heute Nachmittag die Befragung der siebenjährigen Tochter der Toten vorgenommen. Eine Polizeipsychologin ist dabei. Josi wirkt recht tapfer, ihr Vater ist bei ihr. Er hat seinen Dienst als Kapitän auf einem Ems-Schiff für diese Woche abgesagt. »Josi, darf ich mal dein Zimmer sehen und deine Puppen? Ich habe nämlich auch zwei kleine Kinder, die sind ungefähr so alt wie du«, sagt die Kommissarin. »Ja klar«, sagt das Kind. »Hier, das ist mein Zottelbär Max, mit dem kuschle ich abends, wenn mein Papa nicht da ist. Und das ist ›Emsi‹, mit der kann ich dann mit Papa sprechen und ihn sogar sehen.« »Wie geht das denn?«, fragt Jana stirnrunzelnd. »Während ich auf der Ems schippere, kann ich so mit Josi in Verbindung sein«, erläutert der Vater. »Sie hängt so an mir. Hinter den Augen der Puppe ist eine Kamera eingebaut, hinter dem Mund sind Mikrofon und Lautsprecher. Und diese Klappe hier ist der Bildschirm, auf dem Josi dann mich sieht.«

»Ach, Hightech im Kinderzimmer, Sie können also vom Schiff aus über Ihr Handy die Puppe steuern und quasi eine Liveschaltung einrichten wie beim Fernsehen. Sie können Josi jederzeit auch heimlich belauschen, ist das so richtig?«, erkundigt sich Jana. »Ja genau.« »Papa hat sich oft so mit mir unterhalten und mir eine Gutenacht-Geschichte erzählt, und er konnte mich sogar sehen, wenn ich einschlief«, freut sich Josi.

Jana ist einigermaßen überrascht, sie kombiniert rasch und hat beim Rausgehen an den Vater nur eine Bitte: »Kann ich mich mal in Ihr WLAN-Netz einwählen? Und Josi, schlaf gut, du bist ganz toll, ich besuche dich bald mal wieder.«

Dieter Brandes hat damit scheinbar kein Problem und verrät ihr das Passwort. Jana wählt sich ein, entdeckt die internetfähige »Emsi« in der Liste, die ihr jetzt angezeigt wird, und klickt drauf. Es öffnet sich ein Link zu einer Cloud. »Darf ich?«, erkundigt sich Jana beim Vater. Die beiden sind jetzt ins Wohnzimmer verschwunden und haben die Tür zum Kinderzimmer geschlossen. Jana kann auf etwa 20 Videos zurückgreifen, die dort gespeichert sind. Alle stammen von vergangener Woche. »Wie oft *puppen* Sie denn so, wenn Sie unterwegs sind? Oder wie nennen Sie diese Verbindung zu Josi via Puppe ›Emsi‹?«, fragt die Kommissarin.

»*Puppen* klingt lustig, aber nein, eigentlich nur einmal am Tag, abends, bevor sie ins Bett geht. Wie die anderen Aufnahmen zustande gekommen sind, keine Ahnung«, antwortet Brandes.

Jana lädt sie sich auf ihr Polizei-Tablet. »Wir schauen mal«, sagt sie zu ihm und hat aber noch ein paar Fragen.

Brandes wirkt niedergeschlagen und fassungslos. »Meine Frau war eine Ritterin für die Gerechtigkeit, vielleicht hat das einige Leute gereizt«, sinniert der 48-Jährige. Jana möchte es genauer wissen. »Hat sie sich irgendwo öffentlich engagiert?« Brandes überlegt nicht lange: »Ja, sie war im Kulturforum St. Michael [120], hat den ›Gedenkort Jüdische Schule‹ öffentlich unterstützt, förderte das Emslandmuseum Lingen (Ems) [121] und war in der Bürgerinitiative ›Vollgas gegen Biogas‹ die Galionsfigur.«

Jana wirkt nachdenklich. »Ich brauche mal alle Kontakte Ihrer Frau, und wir müssen ihren Computer durchsehen, Herr Brandes, sowie auch die Anrufe von ihrem Handy prüfen und die hier vom Festnetz. Reine Routine, Sie verstehen.« Brandes nickt. »Hat sie sich denn in der vergangenen Woche mit irgendwem verabredet, hatte sie einen Kalender, in dem wir das nachlesen können?«, erkundigt sich Jana weiter.

»Hier ist er, da steht aber nicht viel drin«, meint der Witwer. Die Kommissarin lässt ihren jungen Kollegen Matthias alles prüfen – die E-Mails, die letzten Anrufe und die Kontakte zu den Vereinen und Initiativen.

»Mir fallen zwei Dinge auf«, beginnt Matthias seinen Vortrag am nächsten Morgen. »Sie schrieb und bekam unglaublich viele E-Mails. Die Bürgerinitiative hatte sie als bekannte Schauspielerin gewonnen, um öffentlich gut mit der nicht ganz leichten Kampagne gegen Biogas dazustehen. Denn viele denken, alternative Energie ist klasse, aber so viel Mais, wie jetzt nicht nur im Emsland für dieses Gas aus pflanzlichen Stoffen angebaut wird, erzeugt eine schrille Monokultur und geht als Fläche für die Nahrungsmittelproduktion verloren. Das hat sie recht deutlich gemacht, wurde aber von zwei Seiten unter Druck gesetzt: von den Landwirten, die damit gut Geld verdienen, und von dem Vorsitzender der Initiative, einem Volker Gersdorf. Der fühlte sich durch sie zur Seite gedrängt.«

Jana hört weiter zu. »Dann sind da noch ihre Anrufe. Sie hat in den letzten fünf Tagen vor ihrem Tod mindestens einmal täglich diese Bremer Nummer gewählt. Das ist die von dem bekannten Drehbuchautor, Regisseur und Filmemacher Theo Krach, kennst du den?« Jana schüttelt zunächst den Kopf, doch dann sagt sie: »Klar, ist das dieser junge aufstrebende Österreicher, der in Bremen wohnt, sich schon in Hollywood wähnt und diesen bekannten Roman geschrieben hat, na, wie heißt er noch?« »Die ›Mitternachtsvenus‹«, ergänzt Matthias, »der soll jetzt verfilmt werden, vielleicht wollte sie eine Rolle. Jedenfalls sollten wir diesen Herrn Krach mal befragen, finde ich.« Jana knetet wieder ihre Unterlippe. »Wird nicht ganz einfach, was ich so in den Klatschblättern lese, ist der eitel, viel beschäftigt und trägt weiße Anzüge als Zeichen seiner Unfehlbarkeit. Aber den holen wir uns hierher nach Lingen und bekommen dann vielleicht einmal mit, wie es sich so anfühlt, auf dem Sprung nach Hollywood zu sein«, kündigt die Kommissarin an und zeigt etwas Vorfreude, indem sie dazu lächelt. »Ja, und dann telefonierte sie noch genauso oft mit ihrem Steuerberater, den sollten wir auch mal befragen«, beendet der Polizist seinen Vortrag.

Jan-Hinnerk Eilers, der sich um die Auswertung der Kameras am Bahnhof und am Theo-Lingen-Platz gekümmert hat, findet nur zwei Verdächtige aus der fraglichen Zeit am späten Abend. »Hier, schaut mal«, sagt er, »diese Frau trägt einen weißen Mantel, und das im Juli. Ist mir sehr verdächtig. Der Kragen steht hoch, die Blicke gehen nach unten. Sie verschwindet im Zug nach Bremen. Genauso nimmt dieser Mann, ganz in Schwarz, ebenfalls den Zug um 23.20 Uhr nach Bremen. Das wäre dann etwa zehn Minuten nach der Tat gewesen. Der trägt eine Sackmütze, hat sie sich tief ins Gesicht gezogen und könnte etwa 40 Jahre alt sein. Es ist nur ein Gefühl, aber der geht komisch, der guckt komisch, der ist irgendwie nicht echt.«

Matthias kurz: »Zoom mal ran, Jan-Hinnerk, können wir sein Gesicht sehen?« Der Kommissar tut das und stutzt: »Der hat blonde Haare, hier, du siehst die oben unter dem Rand der Mütze, aber einen schwarzen Oberlippen- und Spitzbart, der erinnert mich an diesen russischen Revolutionär Leo Trotzki, hüstel, ich würde wetten, der Bart ist angeklebt.« Jana fasst zusammen: »Jan-Hinnerk, gleiche die Gesichter bitte mit denen aus unserer Straftäterdatei ab und hilf bitte Matthias beim Vernehmen der Kontakte. Da sind ja mindestens zehn auf der Liste, die wir vom Witwer Brandes bekommen haben. Ich rufe mal bei diesem Mega-Schreiber Krach durch und bestelle ihn einfach her, was meint ihr?« Matthias rät: »Lies vorher ›die Mitternachtsvenus‹. Dann bist du besser vorbereitet. Da geht es um Erotik, Sex und irgend so eine massentaugliche, banale Beziehungskiste.«

Der Steuerberater, den Matthias befragt hat, verheddert sich in Widersprüchen. Er hat nicht nur mehrfach und jeweils lange mit Hannah Rolfes telefoniert, sondern sie haben sich auch zweimal in der vergangenen Woche getroffen. Es sei um die Steuererklärung gegangen, berichtet er dem Polizisten. »Ja, naheliegend, aber dann sagte er, sie hätte eine große Summe Steuern nachzahlen müssen und noch mehr voraus, denn ihr Einkommen habe sich im abgelaufenen Jahr verdreifacht. Und so viel Geld habe sie nicht auf der hohen Kante gehabt. Sie war in Panik, meinte er. Schließlich gab er zu, ihr mit 10.000 Euro aushelfen zu wollen, was ich sehr verwunderlich finde«, erzählt Matthias von der Befragung des Mannes. Matthias wollte noch wissen, warum sich ihre Einkünfte so plötzlich erhöht hätten, aber da habe der Berater gemauert. Zur Tatzeit will er in der EmslandArena 122 gewesen sein. »Aber das Konzert von Bushido war schon um 22.30 Uhr zu Ende«, stellt Matthias fest.

Jan-Hinnerk kann keines der beiden verdächtigen Gesichter auf den Videofilmen vom Bahnhof und Theo-Lingen-Platz in den Polizeidateien finden. Die Porträts werden an die Presse gegeben. Die Frage dazu lautet: Wer kennt diese Frau oder diesen Mann? Der Vorsitzende der Bürgerinitiative »Mit Vollgas gegen Biogas«, Volker Gersdorf, lobt die Getötete in höchsten Tönen. Nie habe er auch nur ein böses Wort über sie verloren. Sein Alibi zur Tatzeit: Er war mit seiner Frau erst in den Linus Lingen Wasserwelten 123, dann in einem Restaurant am Lookentor in der Innenstadt essen, hat aber die Rechnung nicht mehr. »Wenn du mich fragst, Jana, lügt der von A bis Z«, kommentiert Jan-Hinnerk diese Spur. »Der konnte doch die Rolfes nicht ausstehen, das sagte ja der Ehemann aus, weil sie ihm die Schau gestohlen habe«, fügt er noch hinzu.

»Theo Krach lässt sich nicht in Lingen vernehmen, er hat Terminschwierigkeiten, aber in 20 Minuten kann ich ihn per Skype befragen. Unsere Bremer Kollegin Maike Ghadban hat ihn in die Kripozentrale einbestellt. Wenn ihr wollt, könnt ihr mitschauen, wird bestimmt spannend, mit diesem Welt-Star-Regisseur«, lädt Jana ihre beiden Kollegen zu einer Art »Tatort«-Milieustudie ein. Sie sitzen also zu dritt vor dem Bildschirm, als Maike Ghadban sich meldet. »Hallo Jana, hier Bremen, siehst du mich?« »Maike, freut mich, ist denn Herr Krach schon da?«, möchte Jana wissen. »Ich schwenke mal rüber«, sagt Maike.

»Guten Tag, Herr Krach, danke, dass Sie Zeit haben. Wir wollen Sie auch nur ganz kurz zu Ihrer Beziehung zur ermordeten Hannah Rolfes aus Lingen fragen. Kannten Sie sie überhaupt?«, beginnt Jana vorsichtig, doch mit einer kleinen Falle. »Nur flüchtig, sehr geehrte Frau Kommissarin. Wir haben uns mal vor zehn Jahren in Wien bei einer Premierenfeier gesehen, und ich fand sie sehr charmant. Ihre makellose Figur, ihre 1,80 Meter, ihre grünen Smaragd-Augen, dieses Lächeln, das muss einen Mann betören. Sehr charmant, na, dann hat sich die Spur verloren. Sie ist Schauspielerin, ich schreibe Romane und mache Filme, zwei Welten.«

Jana bleibt dran. »Ach so, wann haben Sie sie zuletzt gesehen oder gesprochen, Herr Krach? Das liegt doch nicht zehn Jahre zurück, oder?« Der schaut an die Decke und wartet. »Naja, ich weiß nicht, vor einem Jahr mal in Bremen, in Lingen war ich nie, also sie hat ja hier mal ihre ›Mann-ig-faltigkeit‹ aufgeführt, dieses Einpersonenstück, das Frauen so gefällt, nichts für Männer, naja, aber sie fand es toll, nun ja, ich habe sie dann nach der Aufführung kurz gesehen, ein Plausch, das war's halt.«

»Haben Sie jemals miteinander telefoniert?«, setzt Jana nach. »Nein, ich bin kein Fan von ihr, wir haben uns dann nicht mehr gesehen, wissen Sie, und telefoniert schon gar nicht«, lügt der weltbekannte Autor. Jana merkt das, stellt aber eine andere Frage: »Ach so? Herr Krach, Frau Rolfes wurde gegen 23.10 Uhr nach ihrer Aufführung in Lingen am Theo-Lingen-Platz erschossen. Darf ich fragen, was Sie zu der Zeit gemacht haben?« »Na bittschön, was soll diese Frage, Frau –, wie war Ihr Name?«, braust Krach auf. »Wir können das hier auch sofort beenden, sofort.« Maike Ghadban schaltet sich ein: »Herr Krach, die Kommissarin in Lingen, das ist Frau Jana Kuhlmann, sie stellt nur ein paar Routinefragen, möchten Sie noch ein Wasser?«

»Na, a Wein sollte es schon sein, also gut, ich war im Kino hier in Bremen, da kann ich das Ticket vorweisen«, meint er rasch und hält eine Kinokarte in die Kamera, die er aus seiner Hosentasche gefingert hat.

»Darf ich?«, fragt Maike. »Gern doch«, sagt Krach. Die Kripo-Beamtin besieht sich die Karte. »Ist echt, das Kino gibt's, das Datum stimmt, er war im Film ›Anaconda III‹, über Geschmack lässt sich streiten, oder, Herr Krach? Aber Sie brauchten mal was Banales so zur Entspannung«, baut ihm Maike eine Brücke, als sie merkt, er könnte ihren Kommentar als Beleidigung auffassen.

»Na das ist halt Action, meine Damen, da bin ich dabei, das liebe ich, die Erotik, so wie in meiner ›Mitternachtsvenus‹, fehlt da natürlich ganz.« Krach gähnt. »Ich muss nach Hause, es war nett, meine Damen, wir sehen uns sicher nicht wieder, aber Sie bleiben mir im Gedächtnis, wenn ich ab morgen wieder in Hollywood bin. Charmanten Abend noch!« Jana will ihn stoppen, denn sie hat noch zwei wichtige Fragen, doch sie lässt ihn ziehen. »Maike, danke dir, wir sprechen uns gleich noch am Telefon bitte.«

Jan-Hinnerk verdreht die Augen. »Schlimmer als gedacht, die weiße Weste, die er auf dem weißen Hemd zu dem weißen Anzug trägt, ist das der neue Stil der Aufsteiger in Hollywood?« Matthias ist ebenso genervt. »Was für ein Typ, da könnte ich nicht so ruhig bleiben wie du, Jana, gelber Schlips dazu, würg, und ›Anaconda III‹, da wird gevögelt, was das Zeug hält, ist hart an der Grenze zum Porno, vermutlich ist er vor den Szenen eingeschlafen«, prustet der junge Kommissar. »Maike, hör mal, was macht der Krach für einen Eindruck, wenn du ihm gegenüberstehst, und wie riecht er?«, fragt Jana ihre Bremer Kripo-Kollegin am Telefon.

»Wie bitte, wie riecht er? Nun, wenn ich so nachdenke, hat der eher einen Geruch von Mottenkugeln als von Chanel, er raucht nicht, das hätte ich gerochen, und er hat keinen Mundgeruch, das merke ich auch sofort. Der Eindruck heute eben, ja, er wirkt gespielt gelangweilt. Genau. Er spielt seine Rolle. Wie er wirklich ist, kommt nicht zum Vorschein, aber er ist Choleriker, vermute ich jedenfalls. Er war unter Kontrolle, aber gerät leicht aus der Fassung, und er hat einen komisch schwankenden Gang, er eiert herum«, antwortet Maike.

»Danke dir, das hilft mir sehr viel, danke dir!«

Jana lächelt und wiederholt »er eiert herum«. Die Kollegen schauen sie groß an. »Jan-Hinnerk, dieser Gang, das könnte der von deinem Video am Bahnhof in Lingen sein, passt das Gesicht, wenn du dir den Bart wegdenkst? Und Mottenkugeln, wer könnte uns was zum Geruch sagen? Matthias, bist du dir sicher mit den Sex-Szenen in dem Action-Film? Vielleicht hat er den nie gesehen. Maike wird mit einem Bild von Krach mal das Kino aufsuchen und Zeugen suchen, die ihn den Abend gesehen haben.«

Die Ermittlungen bringen im Moment rein gar nichts. Im Kino ist sich die Kassiererin erst sicher, diesen Herrn Krach an dem Abend vor dem Kinosaal zu »Anaconda III« gesehen zu haben, dann wieder nicht. Der Gang mag ähnlich sein, aber ist kein Beweis, dass Krach auf dem Video zu sehen ist. Nur die Lüge, sie hätten nicht telefoniert, steht wie in Stein gemeißelt im Raum. Das reicht für weitere Ermittlungen, aber nicht für eine Hausdurchsuchung.

Drei Zeugen melden sich auf den Aufruf in den Medien zum Mordfall Rolfes. Eine 23-jährige Studentin hat den Sackmützen-Mann auch auf dem Theo-Lingen-Platz gesehen, etwa um 22.45 Uhr, er habe scheu um sich geblickt. Eine 44-jährige Frau ist sich sicher, Volker Gersdorf von der Bürgerinitiative »Mit Vollgas gegen Biogas« gegen 22.50 Uhr am Theo-Lingen-Platz gegrüßt zu haben. Der habe nur betreten weggesehen.

Jana kommt nicht recht weiter. »Hast du noch Zeit, Susanne? Ich wollte mir noch schnell die 3D-Indoor-Minigolf-Anlage 124 hier in Lingen ansehen, vielleicht ist das was für meine Kinder am Wochenende«, fragt sie ihre Freundin. »Na dann nichts wie los«, zeigt sich Susanne wieder mal sehr spontan. Sie spielen eine Runde in der zauberhaft wirkenden Anlage mit Licht- und Klangeffekten.

Dann fährt Jana noch einmal in ihr Büro, denn sie hatte einen Kollegen vom Kriminaltechnischen Dienst gebeten, die Aufnahmen aus Josis Puppe, die sie auf ihrem Tablet gespeichert hatte, umzuformatieren. Irgendwie konnte sie die nicht öffnen. Nun ist es aber soweit.

Was in der folgenden Stunde geschieht, ist gefüllt von Dramatik, Schnelligkeit, Zusammenspiel von der Lingener mit der Bremer Kripo und einem Staatsanwalt in Osnabrück, der sich aus dem Bett klingeln lässt. Als Jana die ersten drei gespeicherten Aufnahmen durchgesehen hat, findet sie zwar nur die Audiospur, doch darauf ist eindeutig Theo Krach in seinem breiten Wienerisch zu hören. Er spricht mit Hannah Rolfes am Telefon. Offenbar hat sie – ob absichtlich oder nicht, das ist hier nicht festzustellen – in Gegenwart der eingeschalteten Elektronik dieser Puppe »Emsi« mit Theo Krach telefoniert. Es sind insgesamt fünf Gespräche aufgezeichnet, jedes dauerte rund 15 Minuten. »Wollte sie das für die Nachwelt dokumentieren?«, fragt sich Jana.

Jana ruft den Staatsanwalt an, bittet um sofortige Hausdurchsuchung bei dem Bremer Schriftsteller. Der Jurist hatte sich schon Schlafen gelegt, aber das Handy noch angelassen. »Bitte es eilt, der Mann will nach Hollywood, wir müssen ihn stoppen, dringender Tatverdacht, Telefonmitschnitte, Hausdurchsuchung sofort und bitte Haftbefehl«, ruft Jana in den Hörer. »Langsam, Frau Kuhlmann, langsam, die Amerikaner können ihn ja auch festnehmen, wenn es nötig ist, aber Hausdurchsuchung meinetwegen, ich faxe Ihnen alles in einer halben Stunde.«

Jana alarmiert Maike Ghadban. »Lass den Krach nicht entwischen, wollte der von Bremen aus fliegen? Flughafen sofort, keine Ausreise, Haftbefehl habe ich beantragt, aber es kommt vom Staatsanwalt zunächst nur die Hausdurchsuchung. Auch dort gleich hinfahren, bitte, es geht um Minuten.« Maike spürt, wie ihre Kollegin smart und schnell schaltet, sie will keine Details wissen, sondern vertraut ihr. Sie schickt drei Streifenwagen los. Krach wird in einem Taxi gestellt, das auf dem Weg von seiner Wohnung zum Flughafen in Bremen ist.

»Was soll das bitte? Ich fliege gleich, ich hebe ab nach Hollywood, und Sie werden mich da nicht aufhalten!«, brüllt der Autor wenig charmant die beiden Streifenpolizisten an. Sie bitten ihn einzusteigen. Es geht zurück zu seiner Wohnung. »Ich denke nicht dran, ich darf den Flug nicht verpassen!«, empört sich Theo Krach. Über die Funkverbindung in den Streifenwagen meldet sich Jana aus Lingen. »Hören Sie mich, Herr Krach? Ich spiele Ihnen mal etwas vor«, sagt die Kripo-Beamtin. Und was der Schriftsteller hört, sind seine eigenen Worte aus dem Telefonat von vor vier Tagen mit Hannah. »Ich glaube nicht, dass ich mit dir diesen Mist anhören muss. Ich habe meine ›Mitternachtsvenus‹ nicht gestohlen, ich habe sie selbst geschrieben, mein Urheberrecht, den ganzen Plagiatsmist ist einfach klumpert!«, hört er sich reden.

»Woher haben Sie das, Frau Kuhlmann? Eine üble Fälschung, und damit wollen Sie meinen Traum von Amerika zerstören, nein danke, ich rufe die Polizei«, behauptet Krach leicht verwirrt.

»Die sitzt ja neben Ihnen, Sie fahren jetzt in Ihre Wohnung, und dann sehen wir ja, wer recht hat, Sie oder ich. Sie sind doch ein Spieler, fifty-fifty wäre doch okay, aus

Ihrer Sicht gewinnen Sie doch mit einer Wahrscheinlichkeit von 90 zu 10, also kein Risiko«, beruhigt ihn Jana. Nach der Hausdurchsuchung, die Maike Ghadban leitet und die zwei Stunden dauert, stellt der Staatsanwalt tatsächlich noch in der Nacht einen Haftbefehl aus. »Mache ich sonst nie, nur für Sie, Frau Kuhlmann«, bescheinigt er ihr Durchsetzungsstärke.

Theo Krach wird gegen zwei Uhr am Morgen in seiner Wohnung vorläufig festgenommen. Am nächsten Morgen fahren ihn die Polizisten nach Lingen – zum Verhör von Jana Kuhlmann und Jan-Hinnerk Eilers.

Krach zieht sich seine weiße Weste glatt. Er hat wenig zur Anschuldigung, er sei der Mörder von Hannah Rolfes, zu sagen. »Ich war es nicht, Herrgott!«, schreit er laut, wobei ihm die Zornesröte die Stirn färbt. Sein Blick ist starr. Die braunen Augen blicken ins Leere. Immer wieder rutschen ihm seine vorderen blonden Scheitelhaare ins Gesicht. »Warum bitte sollte ich sie umbringen? So ein Talent, das fördert man doch, ich habe ihr sogar diese komische ›Mann-ig-faltigkeit‹ verbessert, als sie mir den Text schickte. Ich war ein Fan von ihr.«

Jana lässt den Österreicher einfach reden. Menschen wie Krach, denkt sie sich, die wollen sich darstellen, sich präsentieren, die können auf Befehl losreden und jede Rolle halbwegs glaubwürdig spielen. Dieser Krach beginnt sich zu inszenieren, wenn die Scheinwerfer angehen, weil er denkt, jetzt läuft die Kamera für ihn. Der fängt doch bestimmt auch an zu reden, wenn er den Kühlschrank aufmacht, weil dann das Licht darin plötzlich angeht. Sie wartet auf den passenden Moment, um ihren Trumpf auszuspielen. Es sind die Audiosequenzen aus der Puppe. »Herr Krach, zum einen haben sie behauptet, mit Frau Rolfes niemals telefoniert zu haben, und jetzt wollen Sie sogar ein großer Fan von ihr sein. Das passt nicht ganz zusammen. Was aber hervorragend passt, sind die aufgezeichneten Telefonate, die Sie vergangene Woche mit Frau Rolfes führten, die spiele ich Ihnen mal vollständig vor«, beginnt sie die Vorführung. Der Festgenommene schaut auf, streicht sich über seinen gelben Schlips und verschränkt die Arme.

»*Schau, Theo, du kennst mich. Ich habe lange überlegt, ob ich es dir sage. Ich habe vor zehn Jahren in Amerika gelebt. Damals las ich ›Sinclairs Dream‹, den Jeff Bronsey schon 1988 veröffentlichte. Ein spannendes Werk voller Leidenschaft und Erotik. Dann habe ich jetzt deinen Roman ›die Mitternachtsvenus‹ gelesen, der nun verfilmt wird. Ich konnte es nicht glauben, Theo, aber du hast ALLES abgeschrieben. Ich bin eine ehrliche Schauspielerin, die keine krummen Touren mag, das weißt du. Es könnte mir egal sein, aber das ist es nicht. Du musst das stoppen. Sonst, sonst informiere ich die Presse …*«, dröhnt es aus dem Lautsprecher. Krach schweigt und schaut auf. Jana lässt den Mitschnitt weiterlaufen.

»*Es wird dir nicht gefallen, aber wenn du das nicht zugibst und die Verfilmung nicht absagst, dann zeige ich dich an, Theo. Das ist Betrug an den Lesern, an den Kinogängern und vor allem auch an uns Schauspielern und den anderen Drehbuchschreibern. Ich habe ja auch ein paar Stücke geschrieben, wie jetzt diese ›Mann-ig-faltigkeit‹. Darauf bin ich stolz, ernte Zuspruch und verdiene damit erstmals auch gutes Geld. Ich kenne talentierte Schreiber, die von der Sozialhilfe leben. Auch der Autor von ›Sinclairs Dream‹ lebte recht arm. Und du kassierst jetzt ab, alles nur durch Lug und Trug. Du feige, hinterhältige Sau!*«, ist Hannahs sehr aufgeregte Stimme aus dem Mitschnitt der Puppe »Emsi« zu hören.

Krach scheint in diesem Telefongespräch nicht einmal zu versuchen, die Anschuldigungen zu widerlegen. Er sagt nur plump: »*Bist du mit 50.000 Euro Schweigegeld einverstanden?*« Hannah wird augenblicklich wütend: »*Ich will kein Geld, du verstehst auch gar nichts. Ich lasse mich nicht kaufen. Wenn du nicht öffentlich deinen Fehler eingestehst, werde ich alles an ›Die Zeit‹ schicken, und die werden dann die Übersetzung des Originals ins Deutsche veranlassen sowie bei Professor Herbert Fietemeyer ein Gutachten bestellen. Das habe ich jedenfalls schon in einem ersten Gespräch mit der Literaturredakteurin herausgefunden.*«

»*Du bist wahnsinnig!*«, kreischt Krach auf dem Audioschnipsel, das die Puppe in die Cloud zum Speichern sendete. Die Gespräche führte sie am späten Abend, als ihre Tochter schlief und die Puppe vermutlich am Telefon im Wohnzimmer lag. Jana ist sich jetzt sicher, dass Hannah absichtlich diese Mitschnitte machen ließ, denn sie ahnte offenbar, wie gefährlich dieser Choleriker werden kann.

Fast hysterisch schreit Krach nun in der Aufzeichnung: »*Du blöde Gans, du hast einfach keinen Respekt vor einem Autor wie mir, ich werde in Hollywood gehandelt, ich habe den Deutschen Filmpreis bekommen, ich …*« Er ringt offenbar nach Luft. Es ist zu hören, wie Gläser zu Bruch gehen. Mit ruhiger, fast hypnotischer Stimme sagt sie: »*Hör gut zu. Ich habe Beweise, seitenweise Beweise, dass dein so toller, so grandioser Roman, deine Vorlage für die neue Verfilmung dieses Erfolgstitels ›Mitternachtsvenus‹ zu 80 Prozent aus ›Sinclairs Dream‹ abgeschrieben ist. Ja, eine plumpe, dreiste Kopie, weiter nichts. Bald kracht der kleine Krach krachend in die Gracht. Ende der Durchsage.«*

Jana schaut Theo Krach, den bekannten Autor, genau an. Welche Regung würde er nun zeigen? Was wird er sagen? Jana drückt auf Stopp. Krach schiebt seine Stirn in Falten, zieht beide Augenbrauen hoch und wirkt äußerst angespannt. Dann reißt er die Augen auf, als wären es Scheinwerfer. »Sie wollen mich reinlegen«, sagt er leise in Richtung der Kommissarin. »Sie wollen mich vernichten mit so einem Schmarrn, aber nicht mit mir! Ich falle auf so eine Fälschung nicht herein. Ich weiß, wie man Aufnahmen manipuliert«, grollt der Österreicher.

Krach fingert sein Handy hervor und wischt die Nummer seines Bremer Anwalts herbei. »Bitte ja, rufen Sie ihn an, wenn er gleich kommen kann, wäre das am besten«, betont Jana. »Der ist sofort hier, der schickt einen Kollegen aus Lingen. Außerdem: Gerade startet mein Flug nach Los Angeles«, keift Krach. »Das Ticket wird mir die Staatskasse ersetzen!« »… Ja bitte gleich, sofort, ich werde hier festgehalten«, kann Jana noch das Ende des Gesprächs von Krach mit seinem Anwalt hören, das auf dem Flur geführt wurde. Es klopft etwa 20 Minuten später. Der Anwalt Jasper Henschel kommt herein und bittet um Zeit, sich mit seinem Mandanten zu beraten. Nach zehn Minuten sind beide wieder da.

Krach ist wieder rot vor Zorn. Sein Anwalt bremst ihn mit einer Geste. »Wir möchten gern alle Aufnahmen – die wurden ja illegal aufgenommen – auf Echtheit prüfen«, stellt der Anwalt klar. »Außerdem ist es ja keinerlei Beweismittel, das wissen Sie sicher, Frau Kuhlmann«, fügt Jasper Henschel hinzu. Jana nickt und ergänzt: »Wir möchten Ihnen noch das Ergebnis der Hausdurchsuchung bei Herrn Krach vergangene Nacht mitteilen. Es wurden gefunden: ein schwarzer Oberlippen- und Spitzbart aus dem Theaterfundus in Wien, zum Ankleben gut, schwarze Kleidung und eine Sackmütze, die der aus der Bahnhofskameraüberwachung sehr ähnelt, und weiße Handschuhe mit Schmauchspuren vom Abfeuern einer Waffe. Ich denke, an Beweisen für den Mord an Hannah Rolfes mangelt es nicht gerade.« »Pffff«, macht Krach und will gehen. Krachs Anwalt rät ihm, sich nicht zu widersetzen. Der Erfolgsautor kommt unweit vom Tatort in der Justizvollzugsanstalt Lingen in Untersuchungshaft, die Fluchtgefahr wird als sehr hoch eingestuft.

Jörn schüttelt den Kopf, als Jana sich mit ihm zum Mittagessen in der Alten Posthalterei am Markt 125 am Lingener Marktplatz trifft und sie ihm von der Vernehmung und den Utensilien in dessen Wohnung erzählt.

»So ein Dilettant«, stöhnt der Mann. »Und noch was: Selbst den Titel ›Mitternachtsvenus‹ hat er geklaut. Und von wem? Also: Der Schinken von 1951 wurde im November 2015 neu herausgebracht und handelt von Schneidermeister Schnippel aus Neustadt. Der arbeitet schließlich als Nachtwächter, weil sein Laden nicht läuft und er Geld braucht. In seiner ersten Arbeitsnacht sieht er im Schaufenster des Modehauses, das er zu bewachen hat, die leeren Puppen. Er beginnt, die Puppen komplett mit seinen Stoffen und in seinem Schnitt auszustatten. Am nächsten Morgen stößt das allerdings übel auf.«

»Ach Puppen, die spielen hier ja in unserem Fall auch eine Rolle, gut, aber von wem ist der Film denn nun?«, fragt Jana ihren Mann, der sich als Cineast in dem Metier bestens auskennt.

»Der Heimatfilm in Schwarz-weiß ist vom Münchener Filmregisseur Ferdinand Dörfler, aber mitgespielt hat darin – na? Unser verehrter Theo Lingen!«

Lingen (Ems)

Mit mehr als 55.000 Einwohnern bietet die größte Stadt im Emsland eine ansprechende Mischung aus 1000 Jahre alter Tradition mit historischer Bausubstanz und moderner Leichtigkeit. Sie wird auch durch die Studierenden der jungen Universität unterstrichen. Schon vor 2000 Jahren siedelten im Raum Lingen Ampsivarier – der germanische Name für »Ems-Männer«. Eine Bürgerwehr aus jungen Männern zur Verteidigung der Stadt etablierte sich 1372, es waren die Kivelinge (kiven bedeutet »kämpfen«). Bis heute haben sich Kivelinge gehalten – als Junggesellen-Schützen bei Veranstaltungen und im Kivelingshaus (Markt 8). Auch erlebenswert ist das Erholungsgebiet Hanekenfähr.

113 Professorenhaus

An einem der schönsten Plätze in Lingen (Universitätsplatz 5-6, 49808 Lingen) liegt das restaurierte Gebäude von 1685. Es stammt aus der Zeit, als Lingen unter den Oraniern schon einmal Universitätsstadt war. Innen bietet das »Theaterpädagogische Zentrum der Emsländischen Landschaft« (www.tpzlingen.de) herausragende Darbietungen zu Theater, Spiel, Tanz und Medien. Das »Erlebnishaus« und das Café »Augusto« gehören dazu.

114 **Wasserturm**
Das Trauzimmer in der Kuppel des 1909 errichteten Wasserversorgers bietet besten Ausblick. 42 Meter ragt der Turm auf (Kaiserstraße, 49808 Lingen). Nebenan sind ansprechende Studentenwohnungen zu sehen.

115 **Theater an der Wilhelmshöhe**
Ob Musiktheater, Klassik, Pop oder Schauspiel, die 753 Sitze sind meist ausverkauft. Das Haus (Wilhelmshöhe 14, 49808 Lingen) ist im weiten Umkreis beliebt.

116 **Alter Schlachthof**
Als Treffpunkt für Kinder, Jugendliche und kulturinteressierte junge Menschen sind Konzerte, Aktionen, Proberäume, ein Tonstudio und das Café »Casablanca« zu erleben (Konrad-Adenauer-Ring 40, 49808 Lingen, www.alterschlachthof.de).

117 **Campus Lingen**
Wo früher direkt am Bahnhof in Lingen Dampfloks repariert wurden, studieren seit 2012 rund 3000 Studenten (Kaiserstraße 10c und 10b, 49808 Lingen). Nach dem Haus-in-Haus-Prinzip sind in der Stahltragwerkhalle moderne Räume unter einem Glasdach entstanden. Magnolienbäume wachsen. Die Außenstelle der Universität Osnabrück ist bei Studenten äußerst beliebt und lockt auch Gäste an. Es gibt öffentliche Veranstaltungen. Auch das Burgtheater (Baccumer Straße 3) gehört zur Uni.

118 **Café am Markt**

Hier wurde 1861 der Vater von Theo Lingen geboren (Am Markt 20, 49808 Lingen, www.cafe-am-markt.info). Eine Bronzetafel am Gebäude, eine kleine Ausstellung sowie das »Theo-Lingen-Zimmer« im Haus erinnern daran. Das Café ist heute ein beliebter Treffpunkt in der Stadt. Der Theo-Lingen-Platz liegt an der Fußgängerunterführung unter den Bahngleisen zwischen Innenstadt und Campus nahe am Bahnhof (Bernd-Rosemeyer-Straße 8, 49808 Lingen). Ein großes Porträtbild erinnert an den Schauspieler.

119 **Kunsthalle**

Der »Kunstverein Lingen von 1983« präsentiert spannende Ausstellungen zeitgenössischer Künstler in einem Industriebau des ehemaligen Reichs-, später Bundesbahn-Ausbesserungswerks (Halle IV, Kaiserstraße 10a, 49808 Lingen, www.kunsthallelingen.de). Regionale Kunst wird gefördert, auch die Kunstschule in der Alten Lateinschule am Universitätsplatz gehört dazu. Sie bietet Kurse und Veranstaltungen für alle Altersgruppen (www.kunstschule-lingen.de).

120 **Kulturforum St. Michael**

Der Verein belebt die ehemalige Kirche als Theater- und Konzertsaal mit 400 Plätzen als spannenden Theaterort, für Jazzkonzerte oder auch künstlerische Aktionen (Langschmidtsweg 66 a, 49808 Lingen, www.kulturforum-lingen.de).

121 **Emslandmuseum Lingen (Ems)**
Hübsch gelegen in der historischen Altstadt zeigt das Haus regionale Geschichte und Kultur aus dem südlichen Emsland (Burgstraße 28 b, 49808 Lingen, www.museum-lingen.de).

122 **EmslandArena**
Zusammen mit den Emslandhallen der größte Veranstaltungsort der Region (Lindenstraße 24 a, 49808 Lingen, www.emslandarena.com).

123 **Linus Lingen Wasserwelten**
Mit großer Saunalandschaft und Solehaus mit Panoramablick, Schwimmhalle und Freibad, Aktiv-Angeboten und Bistro sind die Wasserwelten ein Genuss (Teichstraße 18, 49808 Lingen, www.linus-lingen.de).

124 **3D-Indoor-Minigolf-Anlage**
Farben, Umrisse, Lichteffekte und dazu Minigolf in einem Raum – so zeigt sich dieses einmalige Illusionserlebnis. Leuchtende Bilder, 3D-Effekte und magische Klänge sprechen alle Sinne an. Sechs Themenwelten und 18 Bahnen breiten sich auf 400 Quadratmetern aus (Meppener Straße 57, 49808 Lingen, www.dreidgolf.de).

125 **Alte Posthalterei**
Das Traditionshaus (Große Straße 1, 49808 Lingen, www.posthalterei-lingen.de) neben dem historischen Rathaus mitten in Lingen besteht schon seit 1653 und war einst eine Poststation, an der die Boten und Kutscher ihre Pferde ausspannten. Heute

ist es ein uriges Restaurant, das eine schmackhafte Küche bietet und im Inneren an die gute alte Zeit erinnert.

Alle Bücher von Knut Diers:

Chefermittler Henry Hansen ermittelt:
1. Fall: Der Spion von Büsum
ISBN 978-3-8392-2370-3

Wer mordet schon auf Sylt?
ISBN 978-3-8392-1863-1

Mörderisches Emsland
ISBN 978-3-8392-2060-3

Lieblingsplätze Ostfriesische Inseln
ISBN 978-3-8392-2622-3

Lieblingsplätze im Harz
ISBN 978-3-8392-0158-9

Lieblingsplätze im Weserbergland
ISBN 978-3-8392-0388-0

Ella Danz
Theaterdonner
Kriminalroman
368 Seiten, 12,5 x 20,5 cm,
Broschur
ISBN 978-3-8392-8082-9

Über dem Herzogtum Lauenburg hängt unbarmherzig eine Hitzeglocke, als die schöne und charmante Odile tot auf der Bühne der Kulturscheune vom Hof Ananda liegt. Kommissar Georg Angermüller und sein Kollege Claus Jansen treffen auf eine bunte Truppe von Bewohnern und rätseln über eine Vielfalt an Motiven: Neid, Eifersucht oder doch Rache? Die Ermittlungen gestalten sich zäh und nicht nur die Temperaturen bringen die Beamten ins Schwitzen. Es braut sich etwas zusammen und alle hoffen auf das reinigende Gewitter …